똑똑하고
쿨하게
버려하기

나를 괴롭히는 상사와 동료들을 향한 통쾌한 한 방!

똑똑하고
쿨하게

버럭 하기

옌스 바이드너 지음 │ 이덕임 옮김

북클라우드

CONTENTS

합당한 대우를 쟁취하라

착한 직원 콤플렉스 극복하기

당신은 좀 더 공격적일 필요가 있다

ROUND 6 직장에선 누구나 쉽게 무너질 수 있다

약자가 살아남는 법

불분명한 업무의 위험과 상사의 교묘한 일 떠넘기기 책략

ROUND 7 상사보다 똑똑해져라

적의 성향 파악하기

다이아몬드 분석을 통한 서열 정리, 적을 찾아내는 것

인맥 없이는 백전백패!

나는 슈퍼히어로다!

경쟁자를 위한 장미 한 다발

직장인을 위한 9가지 규칙

골키퍼의 집중력, 예방적 거짓말과 무언의 공통점

당신은 원래
공격적인가? 아니면
여전히 소심한가?

삶의 주도권을 찾는 일

2013년 2월, 《프랑크푸르트 알게마이네》라는 신문과의 인터뷰에서 이 책을 통해 직장인들에게 해주고 싶은 말이 무엇인가에 대한 질문을 받았다. 내 대답은 간단했다. "그들이 더 이상 당신을 짓밟지 못하게 하세요." 그런데 어떻게? 역시 답은 간단했다. "직장생활의 룰을 이해하면 됩니다." 이것은 당신이 생각하는 것처럼 어려운 것도 아니고, 직장인인 당신의 삶에 엄청난 부작용을 가져오지도 않는다.

부당한 행동을 재빨리 알아채고 대응해야만 상대가 이 행동을 계속하는 것이 의미 없다는 사실을 일찍 깨닫고 앞으로의 행동을 조심하게 될 것이다. 게다가 부당한 행동을 예측할 수 있게 되면 그러한 일이 벌어지지 않게 미연에 방지할 수도 있다. 멋진 일이 아닌가! 드디어 당신은 업무에만 집중할 수 있게 되었다.

자신의 주장을 당차게 내세울 수 있는 승리자만이 소위 전문가들의 세계에서 당당히 자리할 수 있다. 이 책은 당신을 새롭게 훈련시키고자 한다. 바로 당신과 같은 직장인들을 말이다. 또한 야심 차고 창조적이며 상식적인 직장인들이 자신의 직업 세계에서 똑 부러지는 위치를 획득하고, 나아갈 수 있도록 도움이 되고자 한다. 그렇게 되려면 당신은 가끔 '공격적'이 될 필요가 있다. 직장인의 사전에서 '공격적'이 된다는 것은 '공격적인 태도를 취한다'는 의미이다. 여기에는 육체적으로 타인을 공격하거나 때리는 것 말고도(물론 그래서는 안 되겠지만) 다른 사람을 말로 '디스(독일어 신조어로 '재치 있게 말재주를 펼치는')'하는 것도 포함된다.

책에서 자주 언급될 '공격적'이라는 단어에는 삶을 대하는 태도 전반이 포함된다. "직장에서 동료들이 함부로 대할 수 있는 예스맨이나 굽실거리는 타입? 나는 절대 그런 타입이 되지 않겠어!" 이 책을 읽고 나면 적어도 이 정도의 말은 확신을 가지고 할 수 있게 될 것이다. 하지만 대부분의 사람들은 직장에서 이러한 태도를 취하는 것에 어려움을 느낀다. 그들은 불평하지 않고, 때론 어떤 즐거움도 없이 일하며 순종하고 굽실거리다가 승진 경쟁에서 낙오되거나 자신이 이룬 성과를 인정받지 못한 채 쓸쓸히 밀려나고 만다. 불행히도 이 사회에는 이처럼 침묵하는 이들이 대다수다. 이 책은 수많은 직장인들을 대변하기 위해 쓰여졌다. 린다나 토마스 그리고 트루디 같은 타입의 직장인 말이다.

- 린다는 하노버의 소매상이다. "저는 절대 이기적으로 행동하지 않으려 해요. 아무리 좋은 생각이라도 제 주장만을 내세우는 건 이기적인 것처럼 느껴지거든요. 그보다는 제 생각이 가치 있다고 여겨주는 주변의 인정이 더 필요하다고 생각해요."
- 토마스는 베를린의 한 전신회사에서 일하고 있다. "회의에서 동료가 제게 대놓고 능력 없는 사람이라고 한다 해도 곧바로 반박하지 않습니다. 그 후에 개인적으로 그와 그 문제로 이야기하는 일도 거의 없고요. 생각해보면 그때 회의에서 곧바로 반박하거나 적어도 다음 회의에서는 모든 사람들 앞에서 얘기를 해야 했는데 말이에요."
- 트루디는 기계 엔지니어링 회사의 직원이다. "저는 아직 우리 매장 구조에 대해 충분히 꿰뚫고 있지 못해요. 때문에 가끔 돌아가는 상황을 이해하지 못해 무능력한 모습을 보이기도 한답니다."

당신도 한 번쯤은 이들과 비슷한 생각을 했을지도 모른다. 그러니 당신은 혼자가 아니다. 이 대답들은 '공격성 지수'에 대한 설문조사를 통해 얻은 사례이다. 직업적 대화의 이면을 들여다보면 누구든 매우 놀라게 되리라는 것이 이들의 공통된 모토였다. 이 설문조사는 독일, 스위스, 오스트리아에 거주하는 427명의 남녀를 대상으로 실시된 것이다. 건설, 무역, 금속산업, 화학, 사회서비스, 자동차, 건축 및 세무서, 미디어 또는 광고를 비롯한 매우 다양한 분야에서 활동하는 이들이었다. 이들은 모두 다음 5가지 질문에 대해 대답했다.

1. 공격성 지수에 대해 바라는 것이나 기대하는 것이 있다면 무엇인가?
2. 직업적인 부분에서 자신을 분명히 드러내려면 어떤 방식이 필요할까?
3. 직장에서 당신의 의욕을 꺾는 반응이 있다면 무엇인가?
4. 당신이 직장에서 보인 불미스러운 성격이 있다면 무엇인가?
5. 당신이 직장에서 경험한 사악하고도 불쾌한 경험이 있다면 무엇인가?

우리는 총 2,135개의 답변을 받았다. 이 답변들은 책의 내용을 뒷받침해줄 원본 자료로 핵심적인 위치를 차지하고 있다. 물론 설문자의 이름은 익명으로 처리되었고, 나 또한 그것을 약속하고 지켜주었다. 그 결과 정직하고, 무장해제된, 항상 옳다고만은 볼 수 없는 꽤나 솔직한 답변들을 얻을 수 있었는데, 이를 통해 나는 적어도 한 가지는 분명하게 깨달을 수 있었다. 직업 세계에서는 반격하지 못하는 피해자들이 너무 많다는 사실이다. 나는 소위 말하는 '악마의 변호인'이 되어 부당한 상황에 길들여진 힘없는 직장인들의 손을 잡아주려 한다.

한편 '가끔은 직장에서 공격적이 되세요!'라는 나의 요구는 어떤 설문자에게는 불필요한 부분이기도 했다. 대규모 무역관련 조직에서 일하는 마를리에즈의 경우가 그랬다. "아니, 이따위 질문에 제가 굳이 대답할 게 있겠어요? 스스로 답을 찾아보세요. 혹시 당신도 제가 전에 다녔던 엉터리 전문대학의 가짜 교수 같은 사람은 아닌가요?" 마를리에즈 씨는 이미 상당한 수준의 공격적 태도를 갖추고 있었다. 솔직히 말하자면 그녀가 나의 동료가 아닌 게 다행이다 싶을 정도로…. 어쨌든 그녀의 투지는 강한 전염성을 가지고 있는데, 특히 다음과 같은 직업적 영리함에 대한 그녀의 거창한 은유는 나의 설문조사를 더욱 풍요롭게 만들어주었다. "팀플레이라는 건 다섯 마리의 여우와 한 마리의 토끼가 저녁식사를 두고 투표하는 것과 같아요. 그리고 영리함이라는 건 바로 투표하는 토끼의 앞발에 총을 쏘는 것이죠!" 이 책을 읽고 난 뒤 여러분은 상징적으로나마 방아쇠에 손가락을 걸 수 있게 될 것이다. 하지만 나는 많은 독자들이 단지 '공격성'을 키우는 데만 매달릴 것이 아니라 회사에서 자신의 분명한 위치를 세울 수 있기를 간절히 바란다. 덧붙이자면 이 책은 여러분이 부당하다 외치는 사람이 되라고 무작정 권유하는 것이 아니다. 당신에게 함부로 하는 직장 동료나 상사의 부당한 행동을 참지 말라고 주의를 주는 것에 가깝다. '위험을 인식하는 순간 위험이 사라진다'라는 말도 있지 않은가! 부당한 이들과 함께 일하려면 어느 정도는 당차고 얼굴이 두꺼울 필요가 있다. 이 책에서는 이 두 가지를 모두 다룰 것이다. 하지만 여러분도 내게 하나는 약속해야 한다. 사적인 영역에서는 공감능력을 잃지 않고 너그러우며 이해심 많은 사람으로 남아 있어야 한다는 것이다. 직장에서는 진취적인, 사생활에서는 멋진 사람이 되려면 그래야 한다. 그게 가장 좋지 않겠나?

이 책은 총 10라운드로 나누어져 있다. 나는 직장에서 만날 법한 심술궂은 동료나 으르렁거리는 상사 혹은 얄미운 주변 인간들을 다루는 방법들을 다양하게 제시할 것이다.[1] 그들은 대개 특별한 규칙을 가지고 여러분을 괴롭히는데, 이 규칙을 다루는 방법을 익히지 않으면 계속해서 덫에 걸려 넘어지고 실수를 저지를 수밖에 없다. 어느 쪽이 좋겠는가? 지금부터 당신은 직장에서 발생하는 어려운 상황에 대처하는 법, 이에 당신이 취할 행동에 대한 여러 반응들에 대응하는 법을 배우게 될 것이다. 이것을 사회 이론적으로는 '시퀀스의 불변성'이라고 한다.[2] 여러분은 책을 읽는 동안 중요한 지식을 얻게 될 것이다. 그렇다고 책에 나오는 권유사항에만 집착하라는 것은 아니다. 단지 쉽게 무시하지 말라는 얘기다. 인지심리학에서 말하는 '위계적 선호'라는 것은 인간은 문제나 갈등이 생겼을 때 최악의 가능성을 점쳐본다는 의미이기도 하다.[3] 이 책이 바로 그 가능성을 증가시키는 데 기여하려고 한다. 책을 읽는 동안 여러분은 직장 동료나 상사 혹은 얄미운 주변 인물들을 보다 분명하고 확실한 관점에서 볼 수 있게 될 것이다. 이때 '공격형 지식'으로 무장하게 되면 당신도 역시 상대의 행동을 예견하고 대처할 수 있으며, 기분 나쁜 충격에 대한 면역력을 기르게 돼 사회생활을 예측 가능한 방향으로 주도할 수 있게 된다.

이 책을 통해 여러분은 지금까지 주로 임원급 이상의 몫으로만 여겼던 내용에 관한 특강을 듣게 된다. 혹시 '페페로니 전략'에 대해 들어본 사람이라면 몇 가지는 짐작해볼 수 있을 테지만 이 책에서만큼은 으르렁대는 상사나 못된 동료와 맞서야 하는 직장인들에 더 집중하고자 한다. 직장 내 게임의 규칙에 대한 압축된 기본 요소들을 여러분들이 활용할 수 있기를 바란다. 당신을 괴롭히는 사람들을 속속들이 파악하고 나면 당신도 강한 사람이 될 수 있다. 그것도 불가능하다면 당신은 너무나도 나약한 것이다. 한 회사의 유통과 팀장인 실비아의 예를 들어보자.

그녀는 게임의 룰을 정확하게 알고 있었다. 그에 따라 자신이 원하지 않는 것에 대해 확실하게 자기 의견을 개진할 줄 알았다. "전 깍쟁이니까 이런 설문에 대답하지 않겠어요. 당신의 멍청한 질문들에 제 시간을 허비하고 싶지 않군요. 아무튼 공격성을 탑재해두는 건 중요해요. 그걸 어디에 써야 할지 모르겠다면 제가 도와주죠. 전 진정한 도움을 줄 수 있다니까요!" 그녀는 냉소적 유머를 풍부하게 갖춘 여자였다. 어떤 점에서는 그녀가 공격성을 조금 낮추는 것이 좋을지도 모른다. 하지만 그녀가 일하는 곳은 판매부서로 이곳의 풍토와 규칙은 상당히 혹독한 편이다. 세일즈 회의를 주관하는 한 책임자는 나에게 '우리에겐 얼마만큼의 공격성이 필요하며, 우리는 언제 선을 넘어서야 하는가?'라는 주제로 강연해줄 것을 부탁한 적이 있다. 그가 말했다. "제가 전에 선생님의 강연을 들은 적이 있어서 우리 회사에 초청 강연 자리를 마련한 거예요. 그런데 한 가지 부탁이 있습니다. 강연에서 윤리에 관한 부분은 빼주시는 게 좋겠어요. 사람들이 혼란스러워하거든요."

왜 그런지 궁금한가?

책에서 주장하는 것이 굳이 윤리로부터 자유로운 직업인은 아니다. 하지만 이 책은 직장생활에 적합한 범위에서 당신이 공격적 태도로 처신하도록 용기를 북돋울 것이다. 뷔르츠베르크 근교 전기회사의 사원인 지모네 씨는 다음과 같이 생각을 피력했다. "제가 원하는 건 대화를 나누며 제 관점을 좀 더 오래 고수하는 거예요. 타협에 굴복하고 싶지 않고 무엇보다도 부수적인 사항으로 인해 논점이 흐려지는 것을 원치 않습니다." 독일의 자동차 공급회사에서 프로젝트 매니저로 일하는 크리스토퍼 씨는 스스로에 대해 깨달은 바가 있다. "전 '고집'이 너무 없는 편이에요. 너무 빨리 벨트를 풀어버리죠." 나는 이 두 사람 모두에게 도움을 줄 수 있다. 여기에는 규칙이 있기 때문이다. 직장이 즐거울수록 당신의 직업환경도 나아지고 즐거워지며 갈등을 유발하는 요소도 적어질 것이다. 감사한 일이다. 하지만 그러한 즐거움이 유지되려면 직장 동료들의 머릿속에, 당신도 필요에 의해 혹은 누군가에게 도전을 받는다면 다른 행동을 취할 수도 있다는 사실이 새겨져야 할 것이다.

즉, 당신이라는 사람이
- 착하기만 한 게 아니라 냉철하며
- 사랑스럽기만 한 사람이 아니라 때로는 과묵하며
- 도움을 주는 사람만이 아니라 때로는 성취를 요구하기도 하며 늘 '예스'만 외치는 사람이 아니라 비판적인 논평도 할 줄 아는 사람이라는 것을 알아야 한다는 얘기다.

이 책은 실용적인 모토를 내세운다. '우리가 따라야 하는 것은 현실이다.'[4] 여기에 직업적 노하우라고 할 수 있는 '전문성'도 함께 갖출 필요가 있다. 나는 당신이 자신의 직업에 대해 진지한 자세를 가지고 있을 것이라고 전제할 것이다. 또 당신은 게으름(Faulheit)과 겁(Feigheit), 그리고 상상력 부족(Fantasielosielosigkeit)이라는 세 가지 종말론적 'F'에 잠식당한 사람이 아니어야 한다.[5] 직업인으로서의 프로페셔널리즘이 결여되어 있다면 나의 가르침은 아무 소용이 없다. 내가 목표로 하는 것은 상대에게 인간적 모욕을 가하는 것이 아닌 적절한 교양이 가미된 긍정적인 '공격적' 태도를 키우는 것이기 때문이다.

'예스맨'은
안녕~

당신은 '순한 양 타입'인가?

'순한 양 타입'이란 불평 없이 고분고분 열심히 일하며 승진이나 월급에 대한 요구까지도 수동적인 직장인으로 사람들이 대놓고 무시하는 타입이다. 그는 뛰어난 조력자이며 항상 세 번째 줄에 앉아 기꺼이 지나친 업무를 떠맡는다. 못된 동료와 상사들은 이런 사람이 팀원으로 합류하게 되면 속으로 환호성을 지른다. 절대 거절을 못하는 타입이기 때문이다. 당신도 분명 그렇게 착한 동료를 알고 있으며, 그의 헌신과 사랑스럽고 다소곳한 태도에 호의를 품을 것이다. 어쩌면 혹시 당신이 그처럼 지나치게 착한 사람은 아닌가? 다음의 테스트를 통해 확인해보자!

▌순한 양 판별 테스트 ▌

Q1 차가운 물 속에 내동댕이쳐진 듯한 경험이 있는가?

Q2 웬만해선 거절하지 않는다는 이유로 허드렛일을 떠맡은 적이 있는가?

Q3 당신이 떠맡은 과외 업무에 대해 사람들이 인정해주지 않고 당연시하는가?

Q4 사람들이 당신에게 받은 호의를 갚는 것을 '잊어버리고' 감사할 줄 모르는 가? 생각해보자. 그렇지 않다면 당신의 헌신적인 도움을 사람들이 알아채 고 감사 표시를 했을 것이다.

Q5 당신이 법적 소송을 걸거나 대가를 요구하지 않을 것이라고 생각해서 까다 로운 다른 직원에게는 사탕을 주고, 당신과는 연봉협상을 하지 않거나 흥미 로운 프로젝트를 맡기지 않은 경우가 있는가?

Q6 착하고 이해심 많은 사람이라는 이유로 그들이 당신을 이용하지는 않는가?

몇 가지 질문에 '예스'라고 답했는가? 1개 이상인가? 그렇다면 당신 의 '공격성' 수준을 더 높이기 위해 이 책을 계속해서 읽는 것이 좋겠다. 군이 순한 양으로서의 삶을 포기할 필요가 있겠느냐고 물을 수도 있 다. 답은 간단하다. 스스로를 보호하기 위해서이다. 물론 착한 동료나 직원들과 일하는 것은 매우 기분 좋은 일이다. 하지만 나는 착한 사람 들을 보면 돌봐주어야 할 것 같은 의무감을 느낀다. 이들의 친절함을 재빠르게 이용하려는 사람들이 너무나 많기 때문이다. 순한 양 타입의 사람들 중에는 빈번하게 자신을 내던지고 친절하게 대한 결과, 속이 곪아 버린 경우도 많다. 이들은 받는 것보다 주는 것에 훨씬 익숙하기 때문에 생각보다 빨리 번-아웃(burn-out)되고 만다. 착한 사람들이 번-아웃 증후군에 시달리는 일이 있어서는 안 된다. 이 책에서는 번-아웃 대신에 '번-온 원칙(burn-on principle)'을 내세울 것이다. 함부르크 응용 과학 대학의 물리학자인 게오르그 쉬르거스 교수가 내세운 이론이다.[6] 그는 책임감을 드높이고 스스로의 힘에 집중하며 인정받기 위해 애쓰면서도 직업 세계와 유머를 잃지 않고 거리를 유지하는 것이 필요하다고 주장했다. 유머를 잃지 않고 거리를 유지한다는 것은 너무나 멋진 방식이다. 자신과 타인을 그리 심각하게 대하지 않음으로써 당신을 잠 못 이루게 하는 격한 분노로 가득 찬 괴로운 일상을 상대화시킬 수 있기 때문이다. 이런 점에서 이 책은 당신이 직업적 영역에서 피해자로 추락하는 것을 막아 줄 것이다. 또 직장에서 지나치게 친절한 태도를 유지하는 이들에게 동료나 상사들의 행동을 투명하게 까발려 주는 일종의 건강가이드 혹은 예방 지침서가 되어줄 것이다. 범죄학적인 측면에서 말하자면 이 책은 어둠 속에 싸여 있던 직업적 부당함이란 주제를 백주 대낮으로 끌어내는 역할을 한다.

　독일과 스위스 그리고 오스트리아의 직업 세계에서는 앵글로 색슨 족들이 흔히 사용하는 다음의 격언이 진정한 의미를 가진다. '사람들은 친절함을 약점으로 받아들인다(They take kindness for weakness).' 지나친 친절함과 착함은 서구세계에서 약점으로 해석되고 있다. 스탠퍼드 대학 연구원인 니르 할레비는 '소위 나이스 가이(순한 양 타입)들이 직장에서 많은 어려움을 겪는다'고 했다.[7] "어떤 단체든 자신들을 이끌어 줄 수 있는 강력한 지도자가 필요한 갈등의 시기에는 착한 사람을 꼭 대기에 올리지 않으려 합니다." 이 스탠퍼드 대학의 연구 결과는 다음과 같은 장난스러운 실험에 바탕을 두고 있다.

실험 참가자들은 20달러의 가치를 가진 칩을 각각 10개씩 받았다. 이 칩은 자기가 가지고 있어도 되고, 모두를 위한 항아리에 넣어도 된다. 단, 자신의 그룹만을 위해 칩을 분배하게 되면 다른 그룹이 피해를 볼 수 있다. 참가자들은 이후 실험에 대한 질문을 받았고, 그 결과는 다음과 같았다.

- 자신만을 위해 이기적으로 칩을 쥐고 있거나 일부러 다른 그룹에 해가 될 수 있는 방식으로 칩을 항아리에 넣은 사람을 동료들은 불쾌하게 생각하면서도 지배력을 가진 사람이라고 여긴다.
- 다른 그룹을 해치지 않으면서 자신의 그룹과 칩을 나누는 사람은 사람들의 호의와 공감을 이끌어내는 데는 성공했으나 지배력은 그리 높지 않다고 판단되었다.

• 전혀 이기적이지 않게 자신이 가진 칩을 누구에게든 주려고 했던 사람은 특별히 호감도가 높지도 않았고 지배력이 높은 것으로 판단되지도 않았다.

마지막으로 참가자들은 대회를 위해 각 경쟁그룹의 지도자를 선출해야 했는데, 착하고 공감능력이 높았던 사람보다 지배력이 높은 사람이 더 많은 표를 얻었다. 우리가 여기서 얻는 교훈은 무엇일까? 항상 착하기만 한 사람, 자신을 내세울 줄 모르는 사람은 높은 곳에 올라가기 매우 힘들다는 사실이다. 나는 1994년부터 독일어권 지역에서 수많은 직원교육 세미나를 통해 비슷한 실험을 해왔는데, 당시 스탠퍼드의 실험 결과를 전혀 모르고 있었음에도 불구하고 그 결과는 니르 할레비가 묘사한 내용과 매번 비슷했다. 워크숍에서 주로 던진 질문은 다음과 같았다. "직장에서 감당하기 힘든 문제에 직면했는데 오직 악바리 근성과 확고하게 자기 의견을 개진할 수 있는 능력으로만 이 위기를 돌파할 수 있다. 그렇다면 당신이 속한 집단에서 협상을 이끌어 갈 사람으로 어떤 동료를 선택할 것이며, 어떤 동료를 선택하지 않겠는가?" 이와 같은 현장분석의 장에서는 거의 항상 자신의 의견을 확실히 개진하면서도 다른 동료를 무시하지 않을 것 같은 사람이 지도자로 선택되었다. 자신이 가진 힘을 오로지 명분을 실현시키는 데 사용하는 사람, 내 식으로 말하자면 '연대적 능력'을 갖춘 사람이 바로 그다. 그저 착하기만 했던 동료는 여기서 제외되었다.

심리학적으로 '힘의 역설'이라고 부르는 것에 대해 이야기해보자. 이는 '영향력이 커지면 사람들이 어떻게 변하는가' 하는 문제에 대한 것이다. 사실 무례하고 권력을 추구하며 무자비하다고 해서 승진된 사람은 없다. 하지만 사람들은 새로운 지위를 얻게 되면 자신에게 숨겨진 지배욕구를 드러낸다.

객관적인 비판 속에서 이들은 자신을 음해하려는 시도를 읽고 능력 있는 사원을 잠재적인 경쟁자로 의식하게 된다. 또한 자신의 권력으로 이룬 성을 사수하기 위해 권력을 일상적으로 사용하게 된다.[8] 간단히 말하자면 남녀노소를 막론하고 보스가 되면 누구나 권력 상실에 대한 두려움에 휩싸인다는 것이다. 직장인에게 이것은 무엇을 의미할까? 당신의 보스가 느끼는 권력 상실에 대한 두려움을 없애준다면 그는 당신의 발아래 엎드리거나, 적어도 당신의 앞길을 방해하지는 않을 것이다. 그렇다면 그것이 어떻게 가능한가? 매우 간단하다. 기본적으로 보스의 반경 내에 속속들이 닿을 수 있도록 당신의 레이더를 조정해야 한다. 보스가 당신에게 "항상 나한테 미리 결재 받을 필요는 없어요. 당신이 어떻게 일을 처리하는지 잘 알고 있으니까"라고 말할 때까지 그를 만족시켜야 한다는 것이다. 진정한 신뢰관계가 형성되어야만 자신의 자리를 빼앗기지 않을까 하는 두려움이 수그러들기 마련이다. 무역회사의 창업가인 페르 씨는 '그건 호감을 사기 위해 아양을 떠는 짓 아닌가요?'라며 반박했다. 그의 의견도 이해는 되지만 여기서 그는 중요한 상사의 법칙을 간과하고 있다. 즉, 상사의 지위와 권력이 높을수록 권력을 잃는 것에 대한 그의 두려움도 커질 것이며, 자신의 입장과 맞지 않는 의견에 대한 반응 또한 더 예민해질 것이라는 사실이다. 그렇게 되면 무슨 일이 일어날까? 상사는 서서히 그러나 확실하게 상실에 대한 두려움에 사로잡히며, 자신이 더 이상 모든 것을 조종할 수 없는 위치에 있다는 생각에 불안감이 커진다. 물론 이 같은 발작이 시작되는 데에는 당신의 책임은 거의 없다. 그는 지도자로서의 자신의 지위와 그에 따른 급여를 잃게 될까 두려워하는 것뿐이다. 여성이건 남성이건 간에 급여가 높은 임원급 상사의 경우 아름다운 저택과 멋진 휴양지, 안락한 자동차와 같은 소유물이 위협받는다는 사실, 결정적으로 해고의 위협까지 존재한다는 사실은 매우 치명적이지 않겠는가.

이처럼 우울한 연쇄반응을 잘 기억해두길 바란다. 그렇지 않으면 당신의 상사는 언제라도 당신에게 등을 보일 수 있다. 그런 위험을 굳이 감수하고 싶은가? 상사의 입장에 맞춰주는 것을 쓸데없는 일이라고 생각하거나 귀찮은 일이라고 생각한 페르 씨의 경우 결국 매우 씁쓸한 결과에 직면해야 했다. 소비자의 작은 요구를 들어주지 않았다는 이유로 상사는 그의 행동을 크게 문제 삼았으며 결국 그의 계약직 연장은 불투명해지게 되었기 때문이다. "난 우리 상사가 그렇게까지 반응해야 할 만큼 중요한 사람도 아니잖아요!" 페르 씨는 세상을 도저히 이해할 수 없었다. "전혀 그렇지 않아요, 페르 씨! 당신의 상사인 내게는 그건 매우 중요한 문제거든요! 당신 같은 젊은 사원조차 나를 대우해주지 않는다면 더 중요한 자리에 있는 직원이 앞으로 나를 어떻게 대하겠습니까?" 상사의 공포심은 이와 같은 생각에서 출발한다. 부하직원들의 불복종을 차단하기 위해 페르를 본보기로 삼아 처치한 것이다.

이 같은 상사의 논리를 무시한 순진하고 착한 사람들은 순한 양의 역할에 쉽게 빠지기도 한다. 업무 능력이 충분하지 않거나 신속하지 않다는 이유, 혹은 영민하지 않거나 총체적인 그림을 그릴 수 없다며 당신을 비판하는 상사나 동료의 말에 직업적인 죄의식에 사로잡히는 것도 여기에 포함된다. 단적으로 부서에서 일이 조금이라도 잘못될 경우 다수를 대신하여 당신이 죄를 뒤집어쓰게 되는 것이다. 관여한 부분의 일이 잘못되었을 때 비난받는 것은 당연지사고, 관여하지 않은 일이라 할지라도 일이 잘못되는 것을 예방하지 않았다는 이유로 비난을 받게 되는 식이다. 당신이 어떤 행동을 하든지 간에 비난받을 수밖에 없다. 그야말로 잃을 것밖에 없는 상황에 처하는 것이다. 상사와 동료들이 가하는 비판의 본질은 매우 미묘하기 때문에 이런 비판을 받게 된 순한 양 타입의 직원은 항상 죄의식을 느끼게 된다. 이 책을 통해 이 같은 선행적 복종에 대해 싸울 것이고, 또 싸울 수 있게 될 것이다.

• 이를 통해 당신 앞에 놓여 있는 칼날을 똑바로 볼 수 있게 될 것

이다. 우리는 부정적인 사람이 되고 싶지 않다는 이유로 위험을 제때 눈치채지 못하기도 한다.

- 당신은 자신에게 맡겨진 새 과제를 절대로 해낼 수 없다는 사실을 깨닫는다. 지금까지는 누군가 의도적으로 부당하게 당신에게 지나친 분량의 업무를 맡길 것이라고 상상할 수조차 없었기 때문에 그 사실을 늦게까지 깨닫지 못했다.

- 당신이 '노'라고 말하지 않는다는 점을 약점으로 삼은 그들에게 뻔뻔스럽게 착취당하고 있다는 사실을 깨닫는다. 팀워크를 중시하는 자신의 가치관 때문에 지금까지 당신은 그 사실을 믿고 싶지 않았을 뿐이다.

- 당신의 부지런함과 책임감이 자신을 서서히 번-아웃 상태로 밀어 넣고 있다는 사실을 깨닫는다. 어쩌면 오래전에 예견했으나 스스로 인정하고 싶지 않았을 수도 있다.

직장에서 나의 조언을 활용할지 말지는 전적으로 당신에게 달려있다. 하지만 나는 어떤 경우라도 예스맨의 태도와는 작별할 것을 주장한다. 당신은 스스로의 입장을 내세울 수 있는 축복을 받았다. 당신은 사람들에게 이용당하는 것으로부터 스스로를 적극적으로 보호할 수 있으며, 위험한 분노에 대한 감지 능력을 키울 수도 있다. 대형 약국의 부서 책임자인 지빌레 씨는 내 생각이 지나치다 여겼다. "그러면 상사가 겁먹을 것 같은데요. 그건 원치 않아요!" 하지만 그녀는 틀렸다. 복종하는 태도를 버린다고 해서 상사의 두려움이 촉발되는 것이 아니기 때문이다. 오히려 그들은 당신을 존중하는 태도를 취할 것이다. 처음에는 작은 것부터 시작해서 점점 더 늘려보라. 당신도 금방 긍정적인 기분을 갖게 될 것이다. 지빌레 씨는 나의 권유를 따르고 싶어 하지 않았다. "착한 사람의 행동 지침 같은 것을 읽어봐야 무슨 소용이 있나요? 저는 '이런 바보 앞에서 나 자신을 세워봤자 무슨 의미가 있겠어? 너무 많은 에너지만 소모될 뿐이야'라며 스스로를 타이른답니다." 물론 직업의 세계에서 살아남기에 너무나 착한 사람들도 있기 마련이다. 지빌레 씨는 불행히도 그런 착한 사람의 범주에 속했고, 슬프게도 나는 그녀의 논리에 반박해야 했다. 중요한 것은 약간의 공격적 태도는 많은 이익을 가져오며, 특히 '자존감'에 큰 도움이 된다는 것이다. 게다가 이 같은 태도는 자신을 더 이상 억누르지 않아도 된다는 점에서 건강을 촉진시키고 에너지를 증가시키며 자부심과 자신감을 회복시켜준다. 당신에게 좋은 일이 아닌가? 그러므로 나는 이렇게 당신을 부추기고 싶다. 나를 믿고 한 번만 공격적인 사람이 되어보라고!

내 말이 의심스러운가? 당신은 공격적인 사람이 되기 힘들고, 자신을 내세우는 법을 배우기 힘들 것이라 여겨지는가? 나는 독일과 미국에서 10여 년 동안 행해온 사회 범죄 교육을 통해 사람이 얼마나 긍정적으로 변할 수 있는지를 몸소 체험했다. 예를 들어 폭력적인 성향의 사람의 파괴적이고 잔인한 행동성향도 교육을 통해 대폭 감소시킬 수 있다.[9] 이 같은 성격발달의 전제조건은 착한 사람의 경우 공격성을 기르는 것, 파괴적인 사람의 경우 공격성을 감소시키는 것이 본질적으로는 같다는 사실이다. 양쪽 모두 더 나은 쪽으로 변화하고자 하는 본질적 동기를 필요로 한다. 또한 변화는 호기심과 즐거움을 동반해야 한다. 너무 부담스러워서도 안 된다.[10] 이에 대해 발달심리학은 다음과 같은 매우 적절한 공식을 제시하고 있다.

사회화라는 과정은 일생에 걸쳐 진행되는 것이며, 우리는 평생에 걸쳐 성장하는 존재이다. 우리가 해야 할 일은 단지 성장하도록 자신을 허락하는 일이다. 이는 도저히 이해할 수 없는 극단적인 공격성을 가진 사람조차도 변화될 수 있다는 희망을 준다.[11]

모든 사람은 삶의 전환기를 맞이할 수 있다

내가 니더작센 주의 사법부에서 폭력적 성향의 범죄자들을 위한 반공격성 교육을 맡고 있던 시절, 22세의 할러라는 청년을 알게 되었다. 당시 그는 전투용병이 되고 싶어 하는 청년이었다. 그러나 당시 그는 야구방망이로 상대방을 거의 죽음에 이르게 해 살인미수죄로 복역 중이었다. 범죄를 저지르기 전에 동물을 대상으로 야구방망이의 위력을 실험하기까지 했다. "좀 더 확실하게 일을 처리하기 위해서였죠. 대충하고 싶진 않았거든요." 범죄자의 황당한 논리가 아닌가! 그렇다면 극단적 공격성을 가진 할러와 같은 사람은 영영 구제불능일까? 그렇지 않았다. 6개월에 걸친 치료과정을 통해 그의 잔인한 영혼 속으로 희생자의 고통이 점점 스며들었다.[12] 이로 인해 할러는 반성할 시간을 갖게 되었다. "그 사람이 고통스러워하는 것을 보고 있노라면 더 이상 폭력의 희열을 느낄 수 없어요." 그는 폭력을 포기하고 더 나은 사람이 되기로 했다. 이러한 태도와 행동의 변화는 그가 미래에 준법적인 인간으로 거듭나는 데 많은 도움이 되었다. 그를 치료한 후 20여 년이 지난 후에 나는 편지 한 통을 받았다. '선생님, 안녕하세요. 인터넷에서 선생님의 사진을 보았어요. 저를 기억하실지 모르겠네요. 저는 선생님과의 치료과정 후 좋은 평가를 받았던 전 폭력배랍니다. 마지막으로 통화한 것도 꽤 오래전이죠? 전 얼마 전까지 5달 동안 남아프리카에 머물렀어요. 거기서 제철공사의 현장감독으로 일하며 세계에서 가장 큰 규모의 제철공장을 건설했지요. 주로 야간작업을 감독하는 게 제 일이었죠. 제 인생은 선생님과의 만남 이후로 완전히 바뀌었답니다. 이젠 가족이 있고, 바다가 보이는 전망 좋은 곳에 집도 있어요. 선생님은 아직도 함부르크의 엘베강이 보이는 곳에 살고 계신가요? 늘 평안하시길 빌어요.' 폭력배에서 건설 현장감독으로의 변신이라 정말 멋진 발전이 아닌가! 할러는 과거 자신이 품었던 범죄적 에너지를 야간 현장감독을 위한 에너지로 바꾸는 데 성공했다. 그는 늘 야행성이었다. 여기에 자신의 공격적인 에너지를 변화시켜 경제적·문화적 성취를 이룬 것이다. 내가 이 이야기를 왜 하겠는가? 할러의 변화를 통해 우리도 희망을 얻을 수 있기 때문이다. 좋은 쪽으로의 변화를 성공적으로 이루어 냈다면 착하기만 한 캐릭터에서 착하지만 까칠할 때도 있는 동료로 변화되는 것은 식은 죽 먹기 아닌가? 내가 당신을 도와줄 것이다. 그렇다고 당신의 성격을 바꾸라는 얘기는 아니니 걱정하지 않아도 된다. 당신은 예전 그대로, 착한 사람으로 남아 있을 것이다. 단지 '직업적인 부분'에서만 특정한 성향을 표출시켜 스스로를 보호하고 현명하게 처신할 수 있다는 것이다. 일단 다음의 것을 익힐 필요가 있다.

- 직장에서 타인의 분노를 예측하고 적시에 반응하기
- 중요한 조력자를 찾고 적을 멀리하기
- 당신을 끊임없이 괴롭히는 사악하고 미친 인간들, 호사가들과 팔랑귀들 찾아내기(여기서 팔랑귀란 바람에 날리는 깃발과 같이 이리저리 움직이는 상사 혹은 동료를 말한다.)
- 회사에서 당신의 말을 진지하게 받아들이고, 누군가 당신의 멋진 아이디어를 훔쳐가지 않게 하기
- 힘든 시기를 버틸 수 있는 튼튼한 관계 네트워크 형성하기
- 당신이 속한 조직에서 당신의 능력을 인정하고 받아줄 중요 인물 확보하기

더불어 약간의 유머도 필요하다. 우리의 주제는 건조하게 다루기엔 지나치게 심각하기 때문이다. 진실을 얘기할 때는 웃음을 머금고 하라. 라틴어로는 '리덴도 디케레 베룸(Ridendo dicere verum)'이라고 한다. 이는 괴테의 작품에서 신과의 대화 중 메피스토가 인간의 어두운 면을 섬세한 철학적 사유로 표현한 것과 맞닿아 있다.

당신께서 그에게 하늘의 빛을 내려준다면
그가 조금은 더 나은 삶을 살지 않을까요?
그는 이것을 이성이라 부르고
동물 중 유일한 동물이 되기 위해
이를 필요로 한답니다.

메피스토가 인간의 그림자를 드러내는 데 집중했다면 이 책은 직장 생활에서의 그림자를 밝은 곳으로 드러내고자 한다. 당신이 거기서 발견한 것이 있다면 이 책의 조언을 통해 좀 더 지혜롭게 대처할 수 있을 것이다. 사실 모두가 항상 훌륭한 팀을 이루고 그 관계가 늘 서로에게 좋은 쪽으로만 유지된다면 어두운 측면이란 존재하지도 않을 것이다. 칸트의 '네 의지의 준칙이 항상 보편적 입법의 원리가 될 수 있도록 행위하라'는 지상명령을 늘 마음에 새기자.[13] 우리는 '다른 사람이 당신에게 하지 말았으면 하는 행동은 당신도 다른 사람에게 하지 말아야 한다'라는 말을 흔히 듣는다. 하지만 사람들이 늘 '정치적으로 올바르게' 행동하는 것만은 아니다. 정치적 올바름이 정말로 무엇을 의미하는지 아무도 모르기 때문이다. 그러니 일상 속에서 그것을 실천하기란 어려운 일이다. 중요한 건 정치적 올바름이 무엇인지 아무도 정확하게 모르지만 모두 거기에 맞추어 행동해야 한다는 의무감을 느끼고 있다는 것이다.[14]

직장생활에서 모든 사람들이 '바른 공생'이라는 원칙을 실천한다면 이 책은 필요도 없을 것이다. 하지만 현실은 그렇지 않다. 이는 내가 주관한 공격성 설문의 답변뿐 아니라 여러 다른 직급을 가진 회사 혹은 연구소의 다양한 회사원들과 내가 나눈 수많은 대화를 통해서도 분명히 알 수 있었다. 취리히의 고틀리브 두트바일러 경제 사회 연구소나 슈투트가르트의 다임러, 하이델베르크의 포럼 연구소, 취리히의 쉬라너 협상 연구소, 뮌헨의 에르폴그 초청 강연과 독일의 런던 스피커 뷰로(국제 자문 강연 기구_역주)를 비롯한 다양한 회사와 연구소도 그런 곳에 속한다.

우리는 불공평한 동료나 으르렁대는 상사, 자신의 의견만을 중요하게 여기는 사람들을 일상적으로 대면하며 살아간다. 이 책은 희생자를 보호하는 데 집중하려 한다. 권력의 상호작용과 지배적 논리를 투명하게 만들고, 최종적으로는 불필요한 것으로 만듦으로써 사회윤리적 기준을 충족시키려 한다. 권력게임은 일단 그 게임의 룰을 알게 되면 무의미해진다. 자이트의 경제부 편집장인 아르네 씨는 자신의 사설에서 다음과 같이 요약했다. '권력게임의 소용돌이 속에서 개인은 품위를 잃고 사회는 도덕성을 잃으며 경제는 재산을 잃어버리게 된다.'[15] 탈 관료적이고 능력 우선주의의 직업 세계에서 경영 전문 컨설턴트인 라인하르크 스프렝거[16]의 협력과 공정성에 대한 관점을 따르고자 하는 독자라면(대부분의 독자들이 그의 견해를 따르기를 바라지만) 동시에 다음과 같은 직업 세계의 현실을 염두에 두고 있어야 한다.

- 바바리아 지역의 속담을 빌려 말하자면 당신은 직업 세계의 이중성에 익숙해져야 한다. 보험 회사 직원인 베아테 씨는 내가 주최한 세미나에 자신을 보낸 상사의 의도를 파악하면서 이러한 현실을 일찍 깨닫게 되었다. "사실 저는 제가 어떤 공격적 태도를 갖추어야 하는지도 모르겠어요. 아마 앞으로 좀 더 힘든 일을 제게 맡기기 위해 이 주제를 다루고 있는 세미나에 보낸 게 아닐까 싶네요." 일단 우리는 상사가 베아테 씨의 잠재적 능력을 신뢰하고 있다는 사실을 알 수 있다. 동시에 베아테 씨의 잠재적 능력을 미래에 상사의 어렵고 골치 아픈 업무를 대신 떠맡아줄 대안으로 삼고 있다는 것도 짐작할 수 있다. 따라서 베아테 씨의 직장 내의 승진은 그녀 상사의 업무 감소와도 연결되어 있다.
- 가장 많이 사용되는 트릭에 속아서는 절대로 안 된다. 가망이 없

는 프로젝트가 있는데 모두들 실패할 것을 알고 있으면서도 그게 사실은 '혁신적인 기회'라며 당신을 부추기는 이들이 있다. 혹은 모두 알고 있지만 당신만 모르는, 정신적으로 문제가 있는 손님을 당신에게 떠넘기면서 고충을 처리하라고 하기도 한다.

• 약간의 불신을 가지고 직업 세계를 대하는 것이 좋다(과학에서는 이를 염세적 인류학이라고 부른다). 하지만 아무리 쓴 경험을 했다 하더라도 긍정적 태도만은 늘 잃지 말아야 할 것이다. 나아가 동료들과 상사들이 당신을 말로 구워삶더라도 말이 아니라 행동으로 판단하는 법을 배우는 것이 중요하다.

자, 이제 약간의 공격성을 키울 준비가 되었는가? 그렇다면 이제 시작해보자. 이 책을 읽은 후 공격성 레벨이 올라갔는지는 책의 마지막에 나오는 테스트를 통해 확인할 수 있다. 물론 중간중간 변화를 확인하고 싶은 마음이 들면 언제든지 테스트를 활용해보길 바란다.

ROUND **1**

합당한 대우를
쟁취하라

달력 던지기 요법과 정장 준비 전략

정확한 메시지를 던져라

이레네는 속을 끓이고 있었다. 동료 강사인 세바스티안이 또다시 그녀의 지적능력이 어쩌고 하며 조롱을 한 것이다. 이레네는 참을 수 없는 나머지 불행하게도 눈물을 터트리고 말았다. 이 눈물은 상황을 더욱 악화시켰다. 오늘도 그녀의 '동료'는 이레네가 늘 지나치게 예민하게 반응한다며 호들갑을 떤다. 이레네의 다른 동료인 마리아는 심지가 강한 사람이었다. 마리아는 이레네에게 '달력 던지기 요법'을 권했는데, 그 말을 가슴에 새긴 이레네는 결국 사무실 저편에 서서 자신을 조롱하는 세바스티안의 얼굴에 책상 달력을 날리는 데 성공했다. 적중률은 100점 만점에 100점이었다! 세바스티안의 얼굴에 선명하게 붉은 자국이 새겨졌다. 순간 사무실은 쥐 죽은 듯 고요해졌다. 이레네도 스스로의 용기에 놀랄 정도였다. 게다가 예기치 않은 이레네의 반격에 당황한 세바스티안이 이레네를 흥분시킨 자신이 잘못이라며 허둥지둥 사과를 했다. 그가 반성의 기미를 보인 것은 처음이었다. 그 후 세바스티안은 이레네를 향해 퍼붓던 조롱을 멈췄다. 그것은 아마 한 번씩 이레네가 미소를 지으며 책상 달력을 들어 그를 향해 흔드는 것과 같은 무언의 제스처를 취하기 때문인지도 모른다. 세바스티안은 그 메시지를 확실하게 이해했다.

이 방법이 그리 평화로운 해결책이 아니라는 것은 알고 있다. 힘든 상황을 헤쳐 나가는 데 반드시 필요한 논쟁의 즐거움을 일깨워주고자 덧붙인 사례이다. 이 장의 표제는 직장이나 개인사로 압박에 시달리는 여성에게 용기를 주기 위한 것이다. 물론 핵심 메시지는 남성에게도 통용된다.

때론 사생활에서도 공격적일 필요가 있다

니콜은 뮌헨의 대학에서 마케팅을 전공하는 4학년 학생이다. 또 동기인 시몬은 니콜과 오래전부터 헤어지기를 원하고 있는 남자친구다. 니콜은 그 사실을 까맣게 모르고 있다가 남자친구가 시험 전날 이별을 통보하는 바람에 시험에서 낙방하고 말았다. 몇 주 후에 두 사람은 한 파티에서 우연히 만났다. 때는 3월 초였고 날씨는 여전히 쌀쌀했다. 시몬이 술을 좀 마신 데다가 같은 동네에 살고 있던 터라 니콜은 그에게 차를 태워 주겠다고 제안했다. 그는 니콜이 보인 화해의 신호에 반색하며 말했다. "이제 너도 화가 풀린 거지?" 그리고 니콜의 제안을 고맙게 받아들였다. 니콜은 지름길로 간다며 숲길로 차를 몰다가 숲의 한가운데에 차를 멈추고는 묵혀 두었던 분노의 말들을 쏟아내며 시몬을 도로로 쫓아냈다. 어느 쪽이든 밖으로 나가려면 10km는 족히 걸어야 하는 아름답고 캄캄한 숲에 그를 세워두기로 한 것이다. 시몬은 당황하며 비굴한 모습을 보였지만 결국 차에서 내릴 수밖에 없었다. 니콜은 마음 깊이 흡족함을 느끼며 웃으면서 차를 몰아 숲을 빠져나왔고, 비로소 자신이 운전대를 되찾았다고 생각했다. 밤길을 걷는 동안 시몬은 자신의 무책임한 이별 선언 타이밍으로 인해 니콜의 학력과 경력에 얼마나 치명적인 손실이 생겼는지에 대해 반성할 충분한 시간을 갖게 될 것이다. 이후 니콜은 마음이 훨씬 가벼워졌다는 것을 느꼈다. 시몬을 해치지 않고도 자신을 괴롭히던 피해의식으로부터 빠져나올 수 있었기 때문이다. 아마 시몬도 평생 이 교훈을 잊지 못할 것이다! 그 일은 니콜의 내면을 치유해주었고, 동시에 그녀가 어떠한 메아리 없이 순종하는 어린 양이 될 위험을 확실히 막아주는 역할을 해주었다.

이 책의 초반에 나는 우리 모두 사적인 영역을 잘 고수해야 한다고 말했다. 그렇다고 당신의 사생활을 아무에게나 저당 잡혀도 된다는 말은 아니다. 특히 사생활이 당신의 직업이나 학업의 영역을 침해할 경우는 더욱 경계해야 한다. 우리는 살면서 종종 거부할 만한, 거부할 필요가 있는, 꼭 거부해야만 하는 사람을 만나게 된다. 나는 성공적이고 자연스러운 복수를 실행에 옮긴 니콜을 거듭 칭찬해주고 싶다. 당신은 어떤가? 스스로를 제대로 지키는 일은 우리 모두에게 중요하다. 또한 적절한 메아리가 무엇인지 해답을 찾는 일은 각자의 도전과제이기도 하다. 어떤 경우에는 자신의 한계를 명확하게 긋고, 시작부터 잘못된 방향으로 가지 않도록 신중하게 행동하는 것이 더 현명할 수도 있다. 슈투트가르트의 한 언론회사에 재직하는 카타리나가 나에게 동화에 나오는 개구리 왕자의 수정판을 보내온 것은 아마 바로 그와 같은 생각에서일 것이다.

희생자가 되기 전에 선수 치기

옛날 옛적 머나먼 왕국에 아름답고 독립적이며 자신감에 찬 공주가 살고 있었습니다. 어느 날 공주는 초원 위의 연못에서 개구리 한 마리를 보게 되었죠. 개구리는 용감하게 공주의 무릎 위로 뛰어오르더니 이렇게 속삭였어요. "아름다운 여인이여, 나는 한때 잘생긴 왕자였다오. 그런데 못된 마녀가 주문을 걸어 이 꼴로 만들어버렸지 않겠소. 당신이 나에게 키스를 해준다면 나는 다시 멋진 왕자로 변신하여 당신을 위해 한 몸을 바치겠소. 나랑 결혼하고 우리 엄마의 성으로 가서 삽시다. 거기서 나를 위해 요리를 하고 집안일을 하면서 우리 애들을 사랑으로 키워주지 않겠소? 그럼 우린 영원히 행복할 수 있을 거요." 공주는 사랑스러운 손길로 개구리를 감싸 올렸습니다. 그리고 그날 저녁, 공주는 양파와 화이트 와인 소스를 끼얹은 개구리 요리를 안주 삼아 여전히 혼자서 샤도네 와인을 즐겼답니다.

현명한 공주는 앞을 내다보고 개구리 왕자의 낡은 인생관을 토막내 버린 것이다. 희생자가 되기 전에 먼저 선수 치는 것은 피해자 연구의 관점에서 볼 때 매우 중요하다. 피해자 연구학은 범죄학의 한 줄기로 피해자의 입장을 연구하는 학문이다.[17] 직업의 세계에서 가해자와 희생자는 상호작용을 통해 보완하는 관계로 규정되고 있지만 누구도 피해자의 입장이 되기를 원하진 않는다. 하지만 피해자라 할지라도 상호작용을 긍정적이거나 부정적인 방향으로 끌고 갈 수는 있다. 니콜 역시 자의식에 금이 갈 때까지 이별에 대해 자책하거나 과거에 매달려 있었을 수도 있었다. 하지만 그녀는 자기회의감에 빠지는 대신에 스스로를 일으켜 세워 복수하는 데 성공했다. 이 복수가 비록 그녀의 전 남자친구에게는 불쾌하게 느껴졌을지 몰라도 니콜의 정신건강을 안정시키는 데는 큰 도움이 되었다. 피해자 연구에서는 피해자가 되는 과정을 세 가지 범주로 구분하고 있다.

'**제1차 피해자화**'는 직업적 행위와 직접적으로 관련해 피해가 발생하는 것을 말한다. 가령 중요한 프레젠테이션이 있기 직전에 누군가가 매우 중요한 내용이 들어있는 USB를 가로채 간다거나 수개월 동안 경쟁에 뒤처졌다는 등의 이유로 괴롭힘을 당하거나 부당하게 비난받는 일 등이 이에 속한다. 이로 인해 불안이나 초조함 혹은 정신적 고통이라는 일차적인 피해가 생기는 것은 당연하다.

자를란트 주 기술회사의 사내 여직원 조직에서는 "직장생활에서 분노에 찬 공격적인 행동을 당했거나 아니면 주도한 적이 있습니까?"라는 나의 질문에 대다수가 그런 적이 있다고 대답했다. "우리 회사 기술부에는 모두가 싫어하던 거만한 출세주의자가 있었어요. 우리는 회사 내 여성 조직 네트워크를 통해 그 사람을 '남성 우월주의자'로 낙인 찍고 헐뜯었죠. 덕분에 그는 우리 회사의 도덕적 기준에 미달되는 사람으로 찍혀서 명예를 잃고 승진에서도 누락되었답니다." 이 사내 여성 조직에서는 그를 잠재적인 성차별주의자로 여러 번 지목하기도 했다. 더할 나위 없는 '제1차 피해자화'의 예라고 볼 수 있다. 우리가 인터뷰했던 여성들도 이 사실을 잘 알고 있었지만 자신들의 행동이 '남성 우월주의자와 싸우기 위해 꼭 필요한 수단'이었다며 정당화시키려 했다. 범죄심리학에서는 이것을 부끄러움과 죄의식으로부터 자유로워지기 위한 '중성화 전략'이라고 부른다.[18]

'**제2차 피해자화**'는 피해자에게 죄의식을 주입하려고 사회적·직업적 환경을 조성하는 것을 말한다. "그게 다 그 사람 잘못이에요. 그 사람이 거만하게 굴고 스스럼없이 농지거리를 하면서 지켜야 할 선을 무시하는 바람에 여직원들이 얼마나 기분 나빴는지 아세요?" 왕따를 당한 기술직원이 주변에서 들어야 했던 평가는 이와 같았다. 전문 용어로 이것을 '피해자 비난하기'라고 부른다. 즉, 문제의 원인을 부분적으로 피해자에게 돌리는 것이다. 아마 자신의 회사에서 조직적으로 누군가에게 그런 못된 짓을 했다는 사실을 인정하고 싶지 않은 탓일 것이다. 전문적인 이론으로 정리하자면 다음과 같다. 사회는 피해자를 향해 기이한 태도를 보인다. 즉, 피해자에게 낙인을 찍는 것이다.[19] 이로 인해 피해가 쉽게 재발할 가능성이 생긴다. 주변 환경의 무관심과 순수함을 의심하는 태도, 그리고 주변 사람들이 피해자를 멀리하는 태도 등이 그에 속한다.[20]

'제3차 피해자화'는 모욕당한 이에게 지속적으로 피해자의 역할이 주입되는 것을 말한다. 대학생 니콜은 복수를 통해 이러한 위험을 잘 피할 수 있었다. 하지만 자를란트의 기술회사에 재직 중이던 남자 사원의 경우는 좀 달랐다. 두려움과 분노, 우울증이 그를 계속 괴롭혔다. 그는 무력감과 동시에 주변에서 일어나는 일들을 이해할 수 없다고 느꼈고, 자신이 '성격' 탓에 피해자로 낙인 찍혔다는 의식에 갇혀서 사회적으로 점점 고립되어 갔다.

그러다 보면 자기 최면적 예언이라는 위험에 처하게 된다. 이러한 불행에 빠지지 않으려면 비판적인 동료나 에너지를 빼앗아 가는 사람들에 맞서 자신을 적절하게 방어하는 것이 중요하다. 이때 에너지를 빼앗아 가는 사람을 '에너지 뱀파이어' 혹은 '받기만 하는 사람'이라고 부른다. 이들은 시간을 낭비하면서 의도적으로 업무를 피하고 다른 사람의 험담을 하며 언쟁을 일삼는다. 또 틈날 때마다 회사에 대한 불평을 늘어놓아서 사내 분위기를 해치기 때문에 모두의 업무를 방해한다. 마이케 뮐러 작가는 다음과 같이 권유했다. "이런 동료의 경우 감정의 목줄을 아주 타이트하게 잡고 있어야 합니다. 에너지 뱀파이어에게 지나치게 잘 대해주면 안 돼요." 사무실에 편한 의자가 놓여 있고, 당신은 방문자를 친절한 미소로 대하는가? 이게 바로 에너지 뱀파이어를 초대하는 지름길이다. 만일 에너지 뱀파이어가 당신의 사무실에 들어오면 바로 전화하는 척하거나 일어서서 사무실을 나가라. 그러면 초대받지 못한 손님은 다시는 당신을 찾아오지 않을 것이다.[21]

당신이 직장에서의 위치를 확보하고 진일보하기 위해, 무엇보다도 직장이라는 환경에서 감히 당신을 함부로 대하지 못하도록 확실한 이미지를 구축하기 위해 가까이해야 할 동료 혹은 상사가 누구일지는 뒤에서 다루도록 하겠다. 사실 이 모든 지식은 다음과 같은 조건들이 갖춰져 있다면 굳이 필요 없는 것들이기도 하다.

- 갈등이 없고 적절한 구조를 갖추고 있으며, 모두가 윈-윈 할 수

있는 직장환경을 가지고 있다.

- 업무가 적절하게 분배되고 있어서 당신은 그 업무를 처리하는 데 문제가 없으며, 당신을 배려할 줄 알고 자극이 되는 동료와 공감능력을 갖춘 상사가 있다.

운이 좋게도 위의 조건 중 하나라도 해당되는 것이 있다면 이 책은 필요 없다. 직장생활이 그림책에 나오는 것처럼 이상적일 테니 말이다. 이런 경우라면 군이 귀한 시간을 허비하지 말고 이 책을 옆으로 치우거나 정말로 이 책이 필요한 사람에게 넘겨주는 것이 좋겠다. 하지만 당신이 반복해서 중요하지 않은 업무를 떠맡게 되었거나, 회사 내의 위계질서가 분명하지 않거나, 업무 결정 과정이 혼란스럽거나, 회사가 이제 막 구조조정이 되었거나 다른 회사와 합병했다면 직장 내의 갈등은 불가피할 것이며 당신도 그 여파를 피해갈 수는 없을 것이다. 이러한 상황이라면 당신의 직업 세계에도 긴장감이 돌게 된다. 카드 패를 다시 섞어야 하므로 직원들 간의 상호작용은 혼란스러울 수밖에 없다. 설상가상으로 주위에 자신의 안위만을 생각하는 협잡꾼 타입의 인간들만 있다면 상황은 더욱 위태로워진다. 이런 타입의 인물(대개 남자들이 그런 경우가 많다.)을 초기에 파악하고 거기에 대처하는 것이 좋다. 협잡꾼들은 습관적으로 음모를 잘 꾸미고 말을 번지르르하게 잘하는 경향이 있다. 이들은 매우 괜찮은 사람처럼 보이기도 한다. 다른 사람을 부려먹으려면 어떤 버튼을 눌러야 하는지 잘 알고 있기 때문이다. 그러기 위해 상대방에게 아첨을 하거나 외적으로 매력적인 모습을 보이기도 한다.[22] 또 어떤 경우에는 당신이 전혀 예상 못 했던 동료가 문제를 일으키기도 한다. 우리는 그에 대한 방어를 해야 한다. 모든 것이 잘 이뤄지고 몰려오는 먹구름도 그저 눈을 돌리면 사라질 것이라는 헛된 희망에 가득 찬 '조화로운 문화라는 달콤한 독소'[23]로부터 당신은 스스로를 보호해야 한다. 그 노하우를 이 책을 통해 배우게 될 것이다. 노하우가 필요한 경우는 다음과 같다.

- 당신이 너무 착하거나 친절한 사람인 경우
- '노'라고 말할 수 없는 사람인 경우
- 스스로 어디로 가야 할지 결정하기보다는 조직의 조화를 위해 커피를 끓이고 있는 경우
- 조직에서 평균 이상의 일을 하고 있지만 승진 소식이 없는 경우

여기서 뮌헨의 딜러인 라인하르트 씨가 마지막 예시에 대한 이유를 확실하게 알려줄 것이다.

계산적인 상사의 치밀한 전략

"제가 굳이 그를 승진시킬 이유가 있겠어요? 업무능력도 최

고인 데다 성취 결과도 끝내주지요. 아무리 그럴만한 가치가 있다고 해도 전 절대로 그를 승진시키지 않을 겁니다." 라인하르트 씨는 이렇게 말하면서 솔직한 이유를 밝혔다. "제가 그를 승진시키면 저와 직장 내의 위치가 같아지거나 저보다 고위직이 될지도 몰라요. 그는 매우 활달한 타입이니까요. 그렇게 되면 저는 아끼던 부하직원을 잃게 되는 거죠. 게다가 그 친구 후임으로 온 직원이 일까지 못하면 어떻게 되겠어요? 굳이 그런 위험을 떠안고 싶지 않습니다. 제가 가능한 한 그와 오래 일하고 싶어 하는 건 바로 이런 이유 때문이지요. 물론 그를 잘 챙겨줄 겁니다. 문제가 생기면 구해줄 거고요. 하지만 제가 나서서 그를 위로 끌어올려 주지 않는 한 그는 절대로 더 높은 곳에 갈 수가 없어요. 제겐 금덩이만큼이나 귀한 존재이니까요!"

그는 언젠가 부지런한 부하직원의 능력이 알려질 것이라는 내 의견에 동의하지 않았다. "사실 간단하게 해결할 수 있는 문제죠. 간혹 우리 부서의 직원 인사회의에 참석하는 경우라고 합시다. 만약 다른 부서의 누군가가 제 부하를 스카우트하고 싶다고 한다면 전 제 부하가 확실히 최고의 직원이며, 상사와의 관계가 순조롭다면야 전혀 문제가 없을 거라고 은근슬쩍 운을 띄울 겁니다. 그러나 둘 사이에 문제가 생긴다면 그는 더할 나위 없이 까다롭고 골치 아픈 싸움꾼이 될 가능성이 있다고도 말할 거예요. 또 제 부하에게 관심을 보이는, 이혼경력이 있는 다른 부서의 동료에게는 이런 식으로 대답해주지요. 그 사람은 아마 자네 전 부인보다 더 골치 아플걸." 이런 경우 대부분의 동료들은 손을 저으며 "그냥 자네가 데리고 있게"라고 말한다. 물론 나도 기꺼이 그렇게 할 테고. 이런 면에서 '직장생활에서 당신이 가장 경멸하는 상호작용이 무엇인가?'라는 나의 질문에 무역부 과장인 무스타파가 한 대답은 그리 놀라울 것도 없다. '업무를 처음부터 주도하기 힘들 정도로 회사에서의 자신의 입지가 불안정한 것'이라는 대답이었다. 즉, 귀찮게 구는 동료와 불공정한 상사로부터 자신을 보호하고, 업무와 생활 사이의 올바른 조화를 꾀하려면 회사 내의 상호작용을 미리 파악하는 것은 매우 중요한 문제다.[24] 자신의 크고 작은 성공을 잘 관리하면서 여러 가지 부담스러운 요구로부터 지치지 않도록 마라톤에 필요한 조건을 갖추는 것, 이를 위해서는 고된 훈련이 필요하다.

영국의 언론인이자 작가이기도 한 로저 보이스는 직장생활이라는 마라톤을 경주하는 것에 대해 자신만의 방식으로 정의를 내렸다. 그는 자신과 함께 일하는 편집부 직원들에게 주로 '정장 방법'을 권유한다. "사무실에 항상 정장 한 벌을 비치해두세요. 만약 개인적인 시간이 필요하다면 정장을 의자에 걸쳐두는 게 좋아요. 곧 중요한 회의 같은 일이 있어서 사무실을 나갈 계획인 것처럼 보이는 거죠. 실제로 정장을 걸치고 에어컨 냉방으로 답답한 사무실을 떠나 진짜 세상으로 걸어 나가보는 것도 괜찮아요."[25] 창조성을 되찾기 위해서는 바깥바람을 쐬는 것도 필요하다.

착취당하는 현실로부터 자신을 보호하고 싶다면 마라톤 경주를 위한 준비뿐 아니라 어느 정도의 뚝심도 필요하다. 물론 당신의 변화를 환영하는 사람은 거의 없을 것이다. 지금까지 지켜온 '순한 양' 혹은 '예스맨'의 태도를 버리게 되면 당신은 더 이상 타인을 위한 감정의 쓰레기통이나 하기 싫은 일을 처리하는 하치장 노릇을 하지 않게 될 테고, 다른 사람들 입장에서는 조금 불편하고 다루기 어려운 사람으로 여겨질 테니까 말이다. 당신에게는 굉장히 멋진 일이지만 직장에서 당신을 착취하던 사람들에게는 그 무엇보다 화가 나는 일일 것이다. 그러다 보면 종종 그들의 분노를 느끼게 될 수밖에 없다. 그들이 바라는 것은 당신이 벨트 버클을 다시 풀고, 대하기 편한 사람으로 돌아와 주는 것이다. 하지만 당신에게 뚝심이 있는 한 그럴 위험은 없을 테니 안심해도 된다. 이를 위해 그리 근사하게 들리지만은 않을 처방 하나를 소개하겠다. 바로 사무실의 귀염둥이에서 뉴욕 바퀴벌레로 변신하는 돌연변이 처방이다. 이름 탓에 남자들에게는 고역이고, 여자들에게는 거의 환영 받지 못할 처방일 테지만 다음의 설명을 들으면 어느 정도 납득하게 될 것이다. 만약 바퀴벌레가 너무 징그럽게 생각된다면 생존력이 강한 다른 것을 떠올려도 상관없다.

끝까지 살아남는 자가 위너!

베를린 출신의 마뉴엘은 직장생활을 뉴욕의 비영리조직에

서 시작했다. 그는 인턴 중이라 돈을 많이 벌지 못했기 때문에 매우 가난했다. 따라서 뉴욕 생활을 브로드웨이 맞은편 렉싱턴 에비뉴에 위치한 암스테르담 호텔에서 시작해야 했다. 이 낡은 싸구려 호텔의 문에는 자물쇠가 5개나 달려 있었는데, 이것은 안정감보다는 불안감을 더 안겨주었다. 뉴욕에 좀 더 오래 살았던 독일인 동료는 마뉴엘에게 누추한 호텔에 살기 위해 필요한 팁을 알려주었다.

1. 호텔에 들어가기 전 맥도날드로 가서 4병의 코카콜라를 마셔라.
2. 컵을 버리지 말고 들고 나와라.
3. 이제 호텔 방으로 들어가라.
4. 조심스럽게 문의 자물쇠를 모두 채워라.
5. 침대를 살짝 벽에서 떼어내라.
6. 컵에 물을 가득 채워라.
7. 침대 다리를 컵 속에 넣어라.
8. 마지막으로 옷을 벗고 침낭을 뒤집어써라. 이때 중요한 것은 신발은 그대로 신고 있어야 한다는 것이다.

동료의 지시는 호기심을 불러일으켰고, 마뉴엘은 그대로 실행에 옮겼다. 뉴욕에 밤이 찾아오고 휘황찬란한 전광판이 호텔 방의 컴컴한 창문을 밝힐 무렵이었다. 마뉴엘의 귀에 이상한 소리가 들려오기 시작했다. 바퀴벌레가 움직이는 소리 말이다! 유럽인은 결코 상상할 수 없을 정도로 정말 어마어마한 수의 바퀴벌레가 어디선가 기어 나와 안 그래도 어두컴컴한 바닥을 시커멓게 물들이고 있었다. 바퀴벌레들이 날개를 비비는 소리까지 들려왔다. 이들은 바닥이나 벽의 갈라진 부분에서 기어 나오다가 빛이 보이면 재빨리 다시 숨곤 했다. 하지만 모두가 사라지는 것은 아니었다. 어떤 녀석들은 작정하고 침대 다리가 든 종이컵을 기어오르다 그 안의 물에 몸이 닿자 곧바로 내뺐다. 다행히도 물을 싫어했던 것이다! 휴우~ 살았다. 하지만 몇몇 바퀴벌레는 동료들이 사라진 한참 후에도 여전히 활달하게 방안을 헤집고 다녔다. 마뉴엘은 그제서야 왜 맨발로 잠자리에 들면 안 되는지를 깨달았다. 남아 있는 바퀴벌레를 잡으려면 일어나서 온 힘을 다해 밟아야 했기 때문이다. 정말 힘든 일이었다. 이런 일을 어떻게 맨발로 하겠는가? 그런데 발을 떼고 그 결과를 살펴보면 더욱 경악하게 된다. 바퀴벌레가 아직도 살아있기 때문이다! 바퀴벌레는 쉽게 죽지 않는다. 계속해서 살아남아 사방팔방 돌아다닐 것이다.

이 이야기에 무슨 교훈이 있냐고? 간단하다. 뉴욕의 바퀴벌레처럼 당신도 끝까지 살아남으라는 것이다. 누가 아무리 계속 가혹하게 당신을 짓밟는다 하더라도 부러지지 말자. 이것을 아무리 맞아도 버틸 수 있는 '뚝심'이라고 부르겠다. 자, 당신은 바퀴벌레와 얼마나 닮아 있는가? 그러기 위해서는 해야 할 일이 많지 않은가? 오해 말기 바란다. 그저 참기만 하라는 말은 아니다. 내 말은 가장 중요하고 효과적인 결정을 내리기 위해서 참아야 할 때를 알아야 한다는 것이다. 또한 발차기할 때를 잊어서도 안 된다. 절대로! 인생에서 2번은 같은 일이 일어나기 마련이다.

순한 양 타입에서 벗어나고자 한다면 다가올 위험에 대한 감지능력을 키워야 한다. 동료가 마치 자기 것인 양 당신의 아이디어를 도용하려 한다고 가정해보자. 이는 당신에게 펀치를 날리고 발차기를 한 것과 진배없다. 여기에 당신이 보일 수 있는 반응은 두 가지다. 하나는 상대가 신발이 벗겨질 때까지 당신을 발로 차도록 내버려 두고, 상처 입은 몸으로 엉금엉금 집으로 기어들어가 당신이 당한 비참한 불의에 탄식하는 것이다. 물론 이것도 인간적이며 완벽하게 이해 가능한 하나의 선택이다. 하지만 개인적으로 나는 이 같은 선택이 무의미하다고 생각한다. 당신이 겪은 부당함은 오랫동안 당신의 정신을 힘들게 하고 소화되지 않은 채로 남아 있을 것이기 때문이다. 그보다 훨씬 나은 선택은 상대의 펀치를 맞은 다음 그에 대항하는 전략을 기르는 것이다. 스투트가르트의 한 자동차 판매 노조원은 고통스럽더라도 대항 전략을 키워야 한다고 주장했다. "싸우지 않으면 한 발짝도 나아갈 수 없기 때문이죠."[26]

그렇다면 가장 멋지게 대항할 수 있는 방책이란 무엇일까? 무엇보다도 혼자 대항하지 않는 것이 중요하다. '외로운 복수자'는 실패의 가능성이 크기 때문이다. 당신을 잘 알고 당신에게 건고한 연대의식을 보여줄 동료나 상사를 찾아야 한다. 그들에게 당신의 문제를 알리고(그것만으로도 이미 큰 효과를 볼 수 있다.) 다 같이 머리를 맞댄 채 어떻게 적절하게 대항할지를 의논하는 것이다. 대안을 총체적으로 살펴보고 하루나 이틀 정도 지난 다음에도 여전히 그 아이디어가 괜찮다고 여겨진다면 실천에 옮기면 된다.

복수를 위한 조력자 찾기

화학 기업체의 부장인 세바스티안 씨는 직장에서 스트레스를 받고 있었다. 골치 아픈 문제에 시달리고 있었던 것이다. 갈등의 원인은 하조라는 동료의 비생산적인 행동 때문이었다. 하조는 교활하고 자기도취가 심하며 경솔한 행동으로 악명이 높았지만 직장에서 나름대로 능력을 인정받았기 때문에 사람들은 그의 태도를 그다지 문제 삼지 않았다. 하지만 그가 세바스티안에게 보인 행동은 도가 지나쳤다. 세바스티안은 복수에 나섰다. 일단 모호하지만 해결할 수 없는 업무를 하조에게 안겼다. 하조는 덫에 걸린 줄도 모르고 절망적으로 문제를 해결하기 위해 안간힘을 쓰다가 결국 부서에 도움을 청했다. 하지만 미리 부서에 자세한 사연을 알려놓은 세바스티안 덕분에 부서원들은 모두 그의 실패를 코웃음으로 받아쳤다. 하조는 그 일로 급격히 의기소침해졌고 시선을 내리깔게 되었다. 전문 용어로 말하자면 하조는 지위하락의 피해자가 된 것이다. 회사 내의 불성실한 태도 탓에 많은 직원들이 이미 그를 경원시하고 있었으므로 그가 공격의 대상이 된 것은 어쩌면 당연한 일이었다고 볼 수 있다. 세바스티안이 복수를 위한 조력자를 찾는 것은 아주 쉬웠다.

복수게임을 위해서는 상대의 직업적 능력을 포함한 여러 가지를 분석하고, 자신에게 도움을 줄 믿을만한 네트워크를 구성하며 동시에 회사에서 지위가 높은 사람에게 그 계획을 알리는 것이 좋다. 각 요소들의 적정 혼합 비율에 대해서는 나중에 다시 얘기할 것이다. 설문조사에서 세바스티안은 이로 인해 공격성이 얼마간 향상될 것으로 기대하는지에 대한 나의 질문에 다음과 같이 대답했다. "저는 경쟁력에 대해서도 좀 더 알고 싶은데요." 그의 계획은 성공적으로 보였다.

배후를 이용한 역습

독일의 남성중심적인 한 석유회사 회계 매니저인 크리스티안네 씨는 더 이상 회의에서 주장을 펴지 않는다. 동료들 앞에서 오롯이 의견을 내세울 수 있는 기회가 없기 때문이다. 동료들은 그녀가 이야기할 때마다 듣지도 않고 서로 이야기를 주고받거나 스마트폰을 만지작거렸다. 또 그녀는 자신이 여성이라는 것 때문에 소외되는 듯한 느낌을 항상 받았다. 그래서 역습을 꾀했다. 회사에서 지위가 높은 동료 혹은 감독관에게 직원들이 자신의 말에 주목할 수 있게 도와달라고 요청한 것이다. 그때부터 그녀의 상사는 회의 참석자들에게 "여러분, 지금부터 크리스티안네 씨의 말에 주목해주십시오"라고 말하거나 다른 부하를 통해 자신의 명령을 전달했다. 그제서야 직원들은 그 스마트폰을 끄고 그녀의 말에 주의를 기울이기 시작했다. 전문용어로 말하자면 직원들이 '제2차적 동기'를 갖게 되었다고 할 수 있다. 크리스티안네는 그녀가 이야기할 때 동료들이 보이는 기본적인 관심만으로도 충분히 목적을 달성했다.

자동차 부서에서 일하는 하이디 씨도 남자 직원들의 '제2차적 동기'를 북돋우는 조치를 통해 많은 도움을 얻었다고 한다. 그녀는 공격성 설문조사에서 "전 비즈니스 세계에서 남자들의 행동 패턴, 특히 여성을 대하는 그들의 행동 양식에 대해 관심이 많아요. 또 남성중심적인 이 세계에서 좀 더 나은 방식으로 저를 드러내려면 어떻게 해야 하는지도요"라고 답했다. 우리의 회계 매니저 크리스티안네의 행동은 성공적이었다고 볼 수 있다. 고위직의 도움을 통해 고충을 해결할 수 있었기 때문이다. 하지만 아무런 네트워크가 없는 사람을 도와주기는 어렵다. 그런 사람은 직장에서 다른 사람에게 어필하려는 노력을 기울이지 않는 소극적인 사람으로 취급당하기 때문이다. 그저 나는 내성적일 뿐이며 다른 사람을 방해하거나 아첨하는 성격이 아니라고 변명해봤자 통하지 않는다. 다시 한번 말하지만 직업의 세계에서 외로운 전사는 패배할 수밖에 없다.

걸핏하면 눈에 눈물이 고이는 독자들을 위해 또 한 가지 현실적인 충고를 하겠다. 자기도취에 빠진 동료가 당신에게 잔인하고 못된 평가를 했을 때 절대 울지 말아야 한다는 것이다. 울음을 삼키고 숨을 깊이 들이마신 다음 얼음처럼 차가운 목소리로 대꾸하라. "친애하는 동료님, 이번 평가는 정말로 신랄하군요. 그나저나 앞으로는 좀 더 점잖게 얘기해 보는 게 어때요?" 당신의 대꾸에 상대방은 놀라 뒤로 나자빠질 것이며, 당신의 기분도 한층 나아질 것이라고 확신할 수 있다. 이후엔 절대로 그가 당신을 공격하는 일이 없을 것이다(이 소문은 순식간에 퍼질 것이 분명하므로 다른 사람들도 당신에게 조심할 것이다.).

최대한 빠르고 재치 있게 받아치기

'공격성 요소에서 필요한 것이 무엇인가'에 대한 나의 질문에 크레펠트 지역의 행정직원인 베아테 씨는 다음과 같이 대답했다. "전 상대와 대화를 나눌 때 재빨리 응수하는 법을 몰라 대화가 끝나고 나서 후회하는 일이 많답니다." 불행히도 베아테 씨는 직장에서 효과적인 무기가 될 수 있는 '신속한 대응법'을 갖추지 못했다. 이는 수많은 사람들이 흔하게 겪는 문제이기도 하다. 당신도 베아테 씨와 같은 고민을 하고 있다면 신속한 대응방식을 훈련해보는 것이 좋다. 신속하고 재치 있는 응수는 동료의 괴롭힘으로부터 당신을 보호하는 것에만 그치지 않는다. 이는 공공장소에서 전화 통화하는 사람들을 싫어하는 번

역가 해리 씨의 대응방식을 통해서도 알 수 있다. 그는 다른 사람이 바로 옆에 있는데도 불구하고 큰소리로 휴대폰으로 잡담이나 사업 이야기를 나누는 사람들에게 어떻게 응대하는 것이 좋을지 고심하다 통화에 몰두한 사람에게 다가가 그의 수화기에 대고 "얼른 침대로 들어와, 난 춥단 말이야!"라고 속삭였다. 귀찮고 무의미한 논쟁을 피해서 이같이 유머러스한 방식으로 짜증 나는 상황을 탈피해보는 것도 꽤나 멋진 방법이다.

순한 양 타입의 직장인들은 다른 사람보다 유독 많은 업무량을 짊어지기 마련이다. 이들에게는 일을 시키는 것도 쉽고, 맡은 일에 대해 찡그리거나 불평하지도 않기 때문이다. '노'라는 대답은 이들의 사전에 존재하지 않으며 이는 타인을 매우 기쁘게 한다. 순한 양 타입은 무거운 업무량에 불평하지 않고 다음과 같이 부드럽고 달콤한 언어를 사용함으로써 더 많은 일을 은연중에 불러들인다.

- "문제없어요. 제가 해볼게요."
- "아니, 오늘은 일찍 퇴근할 계획이 없어요."
- "당연하죠. 오늘 안으로 할게요."
- "네, 주말 동안에 일을 끝내 놓겠습니다."
- "네, 이해합니다."
- "당연히 해야죠."

- "네, 최선을 다하겠습니다."

좀 찔리지 않는가? 당신도 위의 문장을 하나 이상 입 밖으로 내본 적이 있지 않은가? 당신도 100% 의욕에 가득 찬 직원 타입에 속하는가? 당신은 많은 일을 덜어주고 골칫거리를 해결해주므로 상사나 동료들이 좋아할 것이다. 당연히 당신에게 호감을 갖게 될 것이고⋯. 하지만 그것이 당신의 경력에 도움이 될 것이라는 환상은 버리는 것이 좋다. 순한 양처럼 시키는 것이라면 뭐든지 다 하는 타입이 고위직에 승진하는 경우는 드물기 때문이다. 그렇다면 이런 상황에서 어떻게 벗어날 것인가? 당신이 처음에 품었던 직장생활에 대한 욕심을 돌이켜보자. 물론 순한 양인 당신으로서는 그러는 것이 쉽지 않을 수도 있다. 괜한 죄의식에 빠질 수도 있다. 하지만 마음을 굳게 먹고 도전해보길 바란다. 당신이 순한 양이라면 다음의 지침을 꼭 기억하자.

- 마무리는 살짝 덜 완벽하게
- 동의를 할 때도 약간 불만스러운 듯하게
- 미리 굽실거리지 말고
- 일을 끝마칠 때도 의도적으로 늑장을 부려라. 단, 일에 지장이 없을 정도로만!

나를 믿어도 좋다. 당신의 변화된 태도는 분명 효과를 가져온다. 일을 빠르게 처리하는 사람, 어떤 멍청이도 하지 않으려는 일을 떠맡는 사람이라는 당신에 대한 인식도 바뀌게 될 것이다. 당연한 일 아닌가! 하지만 자신의 입장을 일관되게 고집하기란 순한 양 타입의 사람에게 매우 힘든 일이다. 너무나 올바르고, 양심적이고 착하기 때문이다. 누군가 조금만 칭찬을 해주면 그는 일에 달려들어 탈진할 때까지 자신을 소모한다. 조지 R 바흐와 허브 골드버그는 《공격성을 두려워 말라》라는 책을 통해 다음과 같이 얘기했다.

"대인관계에서 공격적인 대화가 차단되고 무시되면 우리는 비현실적이고 정직하지 않은 방식으로 타인과의 관계를 맺게 된다. 그렇게 되면 우리는 타인을 대할 때 속으로 '당신은 마치 내가 그런 느낌이나 감정을 못 느끼는 사람인 양 얘기를 하는군요. 나도 역시 당신에게 그런 감정이 없는 척 대하겠어요'라고 말하게 된다."[27]

순한 양 타입인 당신은 업무와 활동량에 한계를 정하고, 더 이상 친절함을 악용 당하지 않기 위해 '노'라고 말하는 법을 배워야 한다. 그렇게 할 수 없다면 부당한 요구에도 저항할 수 없고, 자신을 당당하게 내세우는 것도 불가능하다. 자신을 당당하게 내세운다는 것은 누군가 당신을 짓누르고 부당함의 냄새가 여기저기서 풍겨오는 상황에 처할 때 효력을 발휘한다. 좋은 소식은 '노'라고 말하는 것이 학습이 가능하다는 사실이다. 연습으로 충분히 가능하다. 작은 것부터 '노'라고 말하는 연습을 해보자. 나중에는 큰일에도 그렇게 말하는 것이 가능해질 것이다.

┃ '받기만 하는 타입'의 인간을 물리치는 법

혹시 당신도 그런 사람을 알고 있는가? 자리로 찾아와 끊임없이 알맹이 없는 수다를 떨면서 당신의 귀한 업무시간과 휴식시간을 빼앗는 사람 말이다. 당신의 책상에는 늘 일이 산더미처럼 쌓여 있는데, 그들은 할 일이 없는 건지 의아할 따름이다. 그들은 자신의 업무에 태만하고, 다른 사람까지도 일을 하지 못하게 방해하거나 툭 하면 불평을 일삼는다. 게다가 조직의 일원인 당신에게 거절하기 어려운 부탁을 끊임없이 해댄다. 하지만 가끔 당신이 부탁이나 지원을 요청할 때면 시간이 없다는 핑계로 거절하기 일쑤다. 이처럼 '받기만 하는 타입'은 기회가 있을 때마다 자기 것은 악착같이 챙기고, 다른 사람에게는 절대로 뭔가를 주는 법이 없다. 그러고도 이 행동이 부당하다고 생각하지 않는다.

함부르크의 보험회사에서 일하는 하팅거 씨의 직장에도 이런 타입의 사람이 있다. 바로 마티아스다. 마티아스는 하팅거가 '노'라고 말하는 연습을 하기에 가장 이상적인 '파트너'였다. 마티아스가 사무실에 들어서면 하팅거는 고개만 까닥하며 인사하고 일에 열중한다. 마티아스 같은 타입의 인물을 잘 알고 있기에 더 이상 그에게 신경 쓰지 않는다. 한 번은 마티아스가 찾아와 "저 하팅거 씨, 다음 주 화요일 아침 정기회의에 저를 대신해서 참석해주시면 안 될까요?"라고 말을 붙였다. 물론 그 정도의 요청은 문제없이 들어줄 수 있었다. 하지만 똑같은 상황에서 마티아스는 하팅거 씨의 부탁을 한두 번 거절한 것이 아니다. 언제나 그는 일정이 꽉 차서 어쩔 수 없다며 요리조리 변명을 해댔다. 하팅거 씨는 그 사실을 기억하고 있었고, 이제부터는 냉정하게 자신의 업무에만 집중하기로 마음먹었다. 그러고는 단 한마디만 내뱉었다. "안 돼요." 이 말과 함께 고개를 들고 마티아스에게 마지막 일격을 날렸다. "내가 왜 안 된다고 하는지 한번 생각해보시죠." 그러곤 다시 일에 집중했다. 흘깃 보니 마티아스는 안절부절 못하며 쩔쩔매고 있었다. 그는 왜 당황한 것일까? 간단하다. 상황에 맞는 답을 찾지 못한 것이다. '노'라는 대답이 그의 균형을 깨뜨리고 혼란스럽게 했다. 원하던 바를 이루지 못한 마티아스는 불쾌하고 기분 나쁘다는 발걸음으로 하팅거 씨의 사무실을 박차고 나갔다. 반면 하팅거가 겪어야 했던 괴로움은 사라졌다. 지금도 함부르크의 알스터 강변 산책로에는 어떻게 '노'라고 말해야 할지를 고민하며 조깅하는 사람들이 수도 없이 많다. 그런데 하팅거 씨가 '노'라고 말할 때 무슨 이유를 붙였는지 기억하는가? 이유는 없었다. 그냥 '노'라고만 하면 되었다. 생각하는 것만큼 어렵지 않다. 욕실 거울을 똑바로 들여다보며 연습해보자. '말 한마디로 천 냥 빚을 갚는다'는 말처럼 공손하지만 분명하게 거부 의사를 밝히면 더 좋다.

오버는 노르트라인 베스트팔렌 세무서의 직원인데 할 말이 많다. "사람들은 저의 조용하고 솔직한 모습이 좋다고 말하지만 따지고 보면 그 말은 순진하고 싫은 소리를 못하는 사람이란 뜻이잖아요. 그러다 보니 사람들이 저의 그런 점을 이용하는데도 체면 때문에 그 사실을 인정하지 못할 때가 많아요. 변화가 필요합니다." 그의 말이 맞다. 함부르크의 화장품 회사 직원인 페트라 역시 변화를 바라고 있다. "저는 몸집도 작고 목소리도 작지만 그것 때문에 무시당하는 건 참을 수가 없어요. 스스로 공격적인 태도를 지양해왔지만 그동안 내가 겪어야 했던 부당함과 점점 커져가는 스트레스를 생각하면 지금까지의 태도를 버려야 할 것 같아요. 장기적으로는 제게 해로울 것 같거든요." 그녀가 너무나 친절하고 조화를 중시하는 성격이다 보니 그녀의 동료나 상사들은 페트라의 계획이나 뜻과는 상관없이 크고 작은 일들을 끊임없이 맡기는 것으로 페트라의 시간을 빼앗아왔다. 이 짜증 나고 끔찍한 상황에서 벗어나려면 한계를 정해야만 했다. 그것만이 직장에서 페트라가 의욕을 되살릴 수 있는 방법이었다. 바로 지금! '노'라는 단어가 그녀에게 필요하다.

예의 바른 '노'의 기술을 배우고 싶다면 재치의 거장 알베르트 틸레의 조언을 참고하자.[28]

- 칭찬해주셔서 감사합니다만 죄송스럽게도 오늘은 이 일을 못하겠네요.
- 저를 생각해주시니 영광입니다만 스케줄이 꽉 차 있어서 어쩔 수가 없습니다.
- 제 마음을 돌리려는 것을 저도 잘 압니다만 죄송합니다. 다시 한 번 말씀드리지만 오늘은 안 되겠네요.
- 죄송합니다만 이 시간에는 다른 약속이 잡혀 있어서 안 되겠네요.

틸레는 당신을 개인적으로 도발하고 공격하려는 사람에 맞서 '전투의 변증법'으로 '노'의 기술을 사용하기를 권하고 있다. '전투의 변증법'이란 1. 당신의 능력에 대한 공격: "이걸 보니 당신의 경험이 부족하다는 것을 알겠네요." 2. 당신의 신념에 대한 공격: "당신 스스로도 이 개념을 확신하지 못하고 있군요." 3. 당신의 명성에 대한 공격: "당신 때문에 부서 이미지가 엉망진창이 되었잖아요. 그건 부인하기 어렵지요?" 이 모든 공격에 대해 당신은 다음과 같은 킬러 문장으로 응수하면 된다. "네. 그런데 비판이 너무 일반적이네요. 좀 더 구체적이고 자세하게 얘기해주시면 안 될까요?"[29] 이때 상대가 정말로 구체적으로 문제를 지적한다면 가만히 그 말을 받아 적고 나서 잠시 생각해본 다음, 다른 팀원들의 도움을 받아서 48시간 이내에 침착하게 응답하라. 하지만 조심해야 할 것이 있다. 성공할 확률이 높지 않다면 상사에게 직접적으로 '노'라고 말하는 것이 적합하지 않을 때가 많다는 사실이다. 또한 당신의 업무를 감독하는 이에게 그렇게 말하는 것도 성공 확률이 낮으니 조심하자. 그럼에도 불구하고 '노'를 연습할 수 있는 상황이 있는데 이는 7라운드에서 보다 자세하게 다룰 것이다. 여기서는 상사의 부당한 요구에 저항할 한 가지 방법만 알려주겠다.

상사가 착한 당신에게 금요일 오후에 주말 내내 매달려야만 할 업무량을 맡긴다면 처음에는 불평하지 말고 받아들이는 것이 좋다. 그 다음주 금요일에도 역시 상사가 똑같은 요구를 하면 그가 하라는 대로 하되 불만스러운 표정을 보여라. 그리고 그 다음 주에도 마찬가지의 일을 시키면 잠깐 얘기를 나누자고 한 뒤 예의 바르지만 굽실거리지 않은 태도로 이렇게 말하라. "당연히 제가 이 일을 해야겠지요. 일을 좀 더 하거나 주말 내내 일에 매달리는 것도 괜찮습니다. 지난 2주간 그래왔으니까요. 그렇지만 이젠 다른 사람에게도 업무를 맡기셨으면 좋겠습니다. 제 입장을 한번 생각해주시면 좋겠어요. 만약 원하신다면 이 일에 적합한 사람을 제가 찾아보겠습니다." 그래도 할 사람이 없거나 준비가 안 되었다는 이유로 당신이 그 업무를 맡아야 한다고 상사가 고집한다면 세 번째까지는 받아들이도록 하라. 하지만 그게 끝이다! 월요일에 상사를 찾아가 확실하게 입장을 밝혀라. "지난번에 하던 얘기로 돌아가서 말이죠. 다음번에는 다른 사람에게 이 일을 시키시면 좋겠습니다." 그렇게 하면 상사는 분명 당신의 뜻에 따라줄 것이다. 옐로 카드나 레드카드와 같은 경고신호를 보내는 것은 비단 축구경기뿐 아니라 직장에서도 아주 확실한 방법이다.

짜증나는 업무와
쿨하게
이별하는 법

• **자신이 피해자가 되도록 내버려 두지 말자!**

피해자 연구학에서는 회사에서 이간질의 피해자가 되지 않으려 면 스스로 주도해서 일을 해나가야 한다고 강조한다. 이때 당신 의 주도권은 '노'라는 말과 함께 시작된다. 비판적인 에너지 뱀파 이어로 가득한 직장에서 피해를 입지 않으려면 적절한 순간에 일관된 행동을 보여야 한다. 작은 일부터 '노'라고 하는 연습을 하다 보면 큰일이 닥쳤을 때도 '노'라고 할 수 있게 된다.

- **올바른 메아리를 찾아라!**

  스스로를 올바르게 변호하는 것은 매우 힘든 일이다. 사실 '올바른'이라는 단어조차도 정확한 말로 정의 내리기가 어렵다. 올바른 메아리는 '달력 던지기 요법'일 수도 있고, '정장 준비하기 방법'일 수도 있으며 성가시고 못된 동료에게 확실한 경계를 알려주는 것일 수도 있다.

- **모두의 귀염둥이에서 끈질긴 바퀴벌레가 되자!**

  당신의 성격이 변화한 것에 대해 무조건적으로 환영할 사람은 거의 없을 테니 이제부터는 뚝심을 키우는 것이 좋다. 비판과 나무람을 예민하게, 감정적으로 받아들여서는 절대로 안 된다. 당신을 비판하는 사람이 문제이지 당신에겐 문제가 없다. '그 사람의 문제를 당신의 문제로 만들지 말라.' 미국에서 공격성이 강한 사람을 치료하는 동안 나는 자주 불평을 하는 이들을 대하는 방법에 대해 이같은 조언을 받았다.

- **더 이상 순한 양이 되지 말자!**

  앞으로는 너무 정확하게 일하지 말고, 시키는 일을 투덜대며 하거나 일부러 업무를 잊어버리기도 하고, 지나치게 복종적인 태도를 보이지도 말자. 살짝 느리고 산만하게 일 처리하는 모습을 보여주는 것도 괜찮다. 이 태도는 확실한 효과를 보여줄 것이다. 이제부터는 우중충한 업무를 맡길 첫 번째 희생양이 되지 않아도 된다는 것이다.

- 갈등을 각오하자!

순한 양의 역할에서 벗어나 늘 '네, 네, 아멘'만 읊조리는 사람이 되지 않으려면 갈등이 생길 수밖에 없다는 사실을 받아들여야 한다. 처음에는 당신도 '노'라고 대답할 수 있다는 사실에 모두가 쉽게 적응하지 못할 것이다. 그렇다면 이 긴장상태에 대처할 수 있는 최고의 방법은 무엇일까? 가장 중요한 것은 절대 혼자서 해결하려 하지 말라는 것이다. 적절한 시간에 동료나 직원 혹은 상사를 비롯하여 당신을 잘 알고 신뢰할 수 있는 강한 조력자를 찾아내야 한다. 네트워크는 위기의 순간에 당신에게 안전한 지지대가 되어줄 것이다.

노, 노, 다시 한 번 노!

· **과제 1**

과거 '노'라고 했어야 할 순간에 그렇게 하지 못했던 직장 내에서의 상황을 떠올려보자. 그런 다음 거울 앞에서 스스로 확신이 생길 때까지 '노'라고 말하는 연습을 해보자. '노'라고 말해도 그다지 피해가 없을 직업적 상황을 설정하고, 그 모든 것을 연습해보자. 연습은 혼자 있을 때 하는 것이 좋다. 언젠가 내가 은밀하게 연습을 하고 있는 것을 본 나의 아이들은 내 정신건강 상태를 염려하기도 했다. 하지만 나는 그것을 통해 해결책을 찾았으니 괜찮았다.

- **과제 2**

이번 달 혹은 이번 주, 가능하다면 내일이라도 실전에 써먹을 수 있도록 당신이 '노'를 연습한 상황을 녹음 혹은 녹화해두자. 그리고 이를 거울 앞에서 재생시켜보자. 연습을 거듭하다 보면 실제로 실행해야 하는 순간에 자신감을 갖게 될 것이다. 차가운 물속에 뛰어들어야 할 상황에서 성공적으로 처신할 수 있게 된다. 하지만 상사에게 당신이 연습한 것을 바로 써먹는 것은 좋지 않다. 멋진 전략 없이는 직급이 높은 상사에게 이와 같은 방법을 사용하는 것은 실패할 확률이 높기 때문이다.

ROUND **2**

착한 직원 콤플렉스 극복하기

악당에 대한
대처와
자유의지의 마법

공격적이 되기엔 난 너무 겁쟁이인가?

프랑크푸르트 근교의 대학연구소에서 연구조교로 일하고 있는 미카엘은 교수의 말에 넘어가 학생들이 1학기 기본 세미나를 위해 제출한 15페이지에 달하는 과제물 400개를 수정하는 일을 맡았다. 불평도 반대도 할 수 없었다. 무엇보다도 그를 위해 덜 수고스러운 방향으로 업무 방식을 조정해주는 등의 배려도 전혀 없었다. 그러면서 교수는 다음과 같은 사탕발림으로 미카엘을 설득했다. "자네 같은 젊은 조교들은 아직 학생이나 마찬가지니 이 일을 하다 보면 첫 번째 세미나는 크게 준비하지 않아도 잘할 수 있을 걸세." 교수가 자신이 해야 할 숙제 검토 작업을 미카엘에게 떠넘기기 위해 그런 수를 썼다는 것을 깨달은 것은 그로부터 한참 뒤였다. 하지만 깨닫고 나서도 미카엘은 예의 바르고 단호하게 대처하지 못했다. 그는 솔직하게 이유를 밝혔다. "그러기엔 제가 너무 겁이 많거든요." 그는 내가 주최한 한 세미나에서 깨달은 것에 대해 이렇게 말했다. "제게 있어서 공격성을 키운다는 건 행동 반경을 넓히는 것과도 같습니다. 저는 너무 착하다는 것이 문제거든요. 속으로는 화가 치밀더라도 공격적으로 보이지 않으며, 당당하게 저를 보여줄 수 있기를 바랍니다." 그런 소망을 가지고 있는 사람은 비단 미카엘뿐만이 아니었다.

지나친 예의는 때론 독!

스테파니는 비영리기구의 초보사원이다. "제 소원은 덜 연약해 보이는 것입니다. 사람들이 제게 공격적인 태도를 보일 때 저는 이 일을 겪고 나면 나중에는 놀라거나 불쾌감을 느끼는 정도가 덜할 것이라는 생각을 하지요." 현명한 방법이다. 하지만 처음부터 공격적 태도에 대해 올바른 관점을 가지고 접근하는 사람은 거의 없다. 대부분은 공격성을 조절하는 일은 끝이 보이지 않는 일이라고 생각한다. 판매 책임자 일을 찾고 있는 울라이크도 그중 한 사람이다. "저는 착한 사람이 되어야 한다는 교육을 너무 많이 받고 자라서 조금이라도 남을 지배하려는 성향이 표출되면 스스로 부당하다고 여기고 죄책감을 느낀답니다. 말도 안 된다는 걸 알지만 이미 마음 깊숙이 자리 잡고 있어요." 울라이크가 묘사하는 것은 '자신을 너무 내세우지 말라'라는 언명과 같이 역동적 자아의 움직임을 방해하는 죄의식이라는 현상이다.[30] 사람들이 움츠러드는 것은 자신을 내세울 수 있는 능력이 없다기보다 지나치게 직설적인 태도가 다른 사람을 모욕하는 것이 아닐까 두려워하는 마음이 크기 때문이다. 반대로 공격적인 행동을 하는 것에 거리낌이 없거나 죄의식을 느끼지 않는 것처럼 보이는 거침없는 동료들도 있다.

- "전 어떤 사람과 갈등이 생기면 속에 쌓이는 스트레스를 풀기 위해 불평을 마구 쏟아내요. 다른 사람을 당황시키는 '사악한 눈초리'로 상대방을 쏘아볼 수 있는 제 자신을 즐기고 있답니다."
- "저는 나중에 굳이 사과하지 않아도 될 정도의 공격성, 다시 말해 제 자신을 내세울 수 있는 태도를 갖고 싶어요."
- "의도적으로 정보를 흘리는 능력은 여러 면에서 사람들을 쥐락펴락하는 능력과 연결되어 있지요. 또한 전 사람들이 스스로 껍질을 깨고 나올 수 있도록 도발하는 방법을 사용하기도 해요."
- "전 사람들이나 제 자신을 너무 심각하게 받아들이지 않는 습관이 있어요. 제가 너무 공격적인가요? 아니면 너무 느긋한가요? 저는 절반 정도만 솔직한 편인데 거짓말을 하는 것이 아니라 사

람들이 투명하게 들여다보지 못하도록 중요한 부분을 베일에 감싼 상태로 놔둬요. 누구도 제가 일부러 숨겼다고는 못할 거예요. 이해가 안 되면 저한테 질문할 수도 있었을 테니까요."

• "열정과 헌신 없이는 아무것도 이루어질 수 없어요. 확신에 찬 모습을 보이려면 처음에는 적절한 유머와 날카로움이 필요하답니다."

여기서 우리가 얻을 수 있는 결론은 뭘까? 착한 사람들은 지나친 예의로 스스로를 저항할 수 없도록 만든다. 그들은 승리에 취해 조직을 자기 마음대로 통제하려 드는 '승리 중독증'에 걸린 볼썽사나운 동료들을 제어하기를 두려워한다.[31] 그러다 보니 어떤 이들은 그저 뒤에 물러서 있는 상황을 더 선호한다. 언론인 유르겐 라에네만은 그의 저서 《호렌라우쉬》에서 사람들이 두려워하는 것은 느닷없이 직면하는 '아찔한 피와 땀 그리고 정액'이라는 공식을 제시했다.[32] 그런 위험이 정말 존재한다고 생각하는가? 미카엘과 같은 사람이 교수에게 맞서서 자신의 의견을 밝히고 한계를 설정한다고 해서 권력을 사랑하며 교활하고 위선적인 방식으로 온몸에 붕대를 감고 상대와 싸우려 드는 교수를 단숨에 변화시킬 수 있다고 생각하면 오산이다. 오히려 교수와 확실한 대화를 통해 자신이 바보가 된 것 같다는 기분을 전달하고, 앞으로 그런 일을 하지 않겠다고 분명하게 선언해야 미카엘은 자신이 착한 사람이지만 모든 것을 그대로 받아들이기만 하는 사람이 아니라는 것을 분명히 전달할 수 있다.

감정 컨트롤타워, 자유의지

분명한 선언만으로도 충분하다. 변화를 위해 필요한 것은 '자유의지'다. 마르크 휴브너 바인홀트에 따르면 경영이론에서 자유의지는 의지의 구성과정(객관성, 계획)이며, 의지의 자기주장(조직, 통제)과 같다고 했다.[33] 이 의지는 목표를 달성하기 위해서뿐만 아니라 자신의 일을 최선을 다해 성취하지 않고 그저 침대에서 시간만 보내려고 하는 게으른 정신에 저항하는 의미를 담고 있다. 괴테가《빌헬름 마이스터의 편력시대》라는 책에서 한 말은 의미심장하다. "아는 것만으로는 충분하지 않다. 그것을 실천해야만 한다. 원하는 것만으로는 충분하지 않다. 그것을 실행해야만 한다." 그런 의미에서 "자유의지란 실행에 옮기도록 하는 에너지이다"라고 함부르크의 세일즈 전문가인 요아킴 파블리크는 말했다. 사람들의 마음속에 목표를 심어주기 때문이다. "다음과 같은 상황이 있다고 합시다. 한 판매원이 회의에서 상사로부터 심한 질책을 당했습니다. 그럼에도 불구하고 웃는 얼굴로 손님을 맞이해야 합니다. 힘든 상황이긴 하지만 자유의지가 있으니 그것이 가능하지요. 자유의지란 분명 지속적인 효과를 보여줍니다."

자유의지는 당신이 수동적인 태도로 인해 진지하게 일에 몰두하지 못하는 일이 일어나지 않도록 미리 예방해준다. 사회학적으로 말하자면 절제를 통해 자신을 비판적으로 대하고, 자신의 행동에 대한 확실한 주도권을 쥘 수 있다는 것이다. 이러한 주도권은 당신이 보이는 행동의 사회적·문화적 영향력이 상대방에게 미칠 수 있게 한다. 당신이 말을 제대로 못하면 사람들은 경쟁자의 말을 더 신뢰하게 된다. 그렇게 되면 당신의 위치는 현저하게 약화될 것이다. 이는 지위고하를 막론하고 직업 세계에서 큰 문제이다. 그러므로 너무 착해서 나쁜 사람이 되지 말아야 한다. 까칠하고 예민한 모습도 보여야 한다. 초대를 굳이 거절한 마르셀 프루스트의 유머를 참고해보자. "갈 수가 없네요. 다음은 (그 이유에 대한) 거짓말의 목록입니다." 뤼네부르거 하이데의 늙은 제빵사는 자신만의 독특한 방식으로 까칠함의 의미를 표현했다. "제빵 수습생의 목을 때리면 빵을 더 맛있게 굽지요." 원탁에 둘러앉는 것이 갈등의 원인을 밝히고 해결책을 찾는 데 좋은 방법일 수 있지만 생물학자이자 작가인 리차드 코니프는 오히려 그것이 가진 동물적 기능에 주목했다. "원탁은 살해과정을 지켜보기에 더 좋은 장소랍니다."[34] 기본적으로 갈등의 상황에서는 다음과 같은 법칙이 적용된다.

간단하고 명료한 문장은 대화를 더 쉽게 만든다. 회사의 동료들이 행간의 의미를 파악해야 하는 서정적인 문장이나 임기응변식의 문장은 서로를 이해하는 데 오히려 방해만 될 뿐이다.

가정법 대신 분명한 메시지를 던져라

"혹시 가을에 제 월급이 오를 수 있을까요?" 광고 전문가인 카르멘은 자신의 상관이자 창조부서 부장인 벤프리드에게 이런 질문을 던졌다. "당연하지!"란 대답이 곧바로 따랐다. 하지만 12월이 되어도 아무 일이 일어나지 않았다. 카르멘은 1월이 되어서야 겨우 용기를 내어 다시 벤프리드에게 말을 걸었다. 너무 밀어붙이는 것 같아서 죄송하지만 지난 9월에 얘기한 월급 인상에 대해 얘기할 수 없겠느냐면서 말이다. 벤프리드는 아무것도 기억하지 못했다. 카르멘은 두 사람이 나눈 대화를 다시 상기시켜야 했다. "아, 그렇군요." 벤프리드는 말을 이었다. "카르멘 씨, 그런데 전 가정법의 질문에는 보통 긍정적으로 대답한답니다. 어떤 일이건 일어날 수 있는 가능성이 있으니까요. 하지만 그게 구속력을 갖는 것은 아니지요. 화내지 마세요." 그러면서 그는 말을 덧붙였다. "제가 진지하게 받아들이도록 하려면 좀 더 정확하게 얘기하셔야 합니다. 우리는 광고회사에서 일하지 않습니까? 분명한 메시지를 던지세요." 벤프리드 씨가 웃긴다고 생각할 수도 있겠지만 그가 정직하다는 것만은 확실하다. 대부분의 남자 상사들이 생각하는 것을 정확하게 표현하고 있기 때문이다. 가정법이나 조건부의 문장은 아무런 법적 구속력이 없다. 알겠는가? 이는 사생활에서도 마찬가지로 적용되는데 특히 남녀가 나누는 대화가 그러하다.

직장에 올인하는 성향의 남자들은 배우자의 미묘한 언어적 표현을 거의 이해하지 못한다. 나쁜 의도가 있는 것은 아니다. 감정적인 부분에 대해 생각하길 귀찮아하는 성향과 분명한 텍스트에 고정된 사고를 하는 남성들의 패턴이 결합된 결과일 뿐이다. 그러므로 배우자의 은밀한 메시지는 대개 충분한 이해를 받지 못한다. 그러다 보니 이런 타입의 남성은 공감을 주고받으며 공생하기를 바라는 소망이 좌절된 배우자가 결국 헤어지자 말하면 크게 당황한다. "아니, 왜 나한테 미리 말하지 않았어요?" 혼란에 빠진 이혼 직전의 남편이 아내에게 이렇게 항변한다. 아내는 대답한다. "지난 2년 동안 모닥불 파티를 할 때마다 내가 얘기했잖아요!" 남편은 말한다. "레드 와인 마시면서 모닥불 파티했을 때? 그때 우리 분위기 정말 좋지 않았어요?" 소통심리학에서는 이것을 '송신-수신 장애' 모델이라고 말한다.[35] 업무로 바쁜 사람들은 대체로 자신의 인식 수용능력을 업무에 다 소진해버리기 때문이다. '너무 착해서 나쁜 사람이 되지 말라'라는 표현은 베스트셀러 작가인 우테 에르하르트가 한 말로 '착한 여자들은 천국에 가고 사악한 여자들은 그 외의 모든 곳에 다 간다'라는 유명한 표현과 함께 여성들이 좀 더 강심장을 갖고 살 것을 요구하고 있다.

저자는 여성들이 종종 너무 모호한 표현에만 매달리다 보니 스스로의 길을 개척하는 데 방해가 된다고 말한다. 물론 이건 남자에게도 해당될 수 있는 문제다. 다음의 4가지 문장을 읽고 생각해보라. 공격성을 훈련받은 사람은 이미 첫 번째 문장부터 '만일'과 '그러나'를 제외하고 말을 시작하자는 데 동의할 것이다. 입장이 불분명한 사람은 늘 상대적이고 모호하게 말하다 보니 첫 문장과 두 번째 문장이 일치하지 않는 경우가 많다. 당신은 어떤가?

1. 스스로를 내세우고 싶지만 다른 사람을 다치게 하고 싶지는 않아요.

도대체 어떻게 해야 가능한가? 자신을 내세우다 보면 어쩔 수 없이 다른 사람에게 상처를 주는 일이 생긴다. 그런 상황을 원하지는 않겠지만 거의 불가피하다. 당신이 만든 프로젝트의 아이디어가 실행되면 동료의 멋진 아이디어는 당연히 무효화된다. 그러면 그가 상처받을 것은 분명하다. 모든 아이디어를 실현시킬 만큼 자본이 충분하다면 더할 나위 없이 좋겠지만 현실은 요정들만 사는 천국이 아니다. 중요한 것은 당신이 일을 맡게 되면 경쟁관계에 있는 누군가는 반드시 실망한다는 사실이다. 당신이 성공하기를 바라는 이조차도 말이다. 자신을 내세우되 다른 사람에게 상처를 주지 말라는 말은 현실에서는 적용되지 않는다. 그것은 환상일 뿐이며 이 같은 환상과는 가능한 빨리 작별하는 것이 이롭다. 당신의 성공은 타인의 슬픔이다. 의도하지 않았을 수도 있다. 하지만 당신 행동의 결과물이며 이것을 존중하고 받아들여야 한다.

교육분야의 강사인 아니타는 누구에게도 상처 주는 것을 원하지 않으며 항상 배려심 있는 사람으로 남고 싶어 했다. 그렇지만 불만도 있었다. "저는 업무 실적이 평균 이하로 나쁠 때조차도 모든 사람들이 좋은 분위기에서 일할 수 있도록 동료들에게 과하게 존중하는 태도를 보이곤 한답니다." 그에 비해 그의 동료인 미카엘라는 좀 더 일관된 태도를 보인다. "누군가가 제게 '고집 센' 캐릭터라고 말하더라도 굳이 죄의식을 느끼고 싶지 않습니다. 사람들이 부정적으로 여기는 공격적인 행동이 성공을 위해 필요할 때가 있거든요. 간혹 그런 저를 이빨에 머리칼이 끼어 있는 남자 같은 여자라며 험담하는 사람도 있지만 저를 그렇게 부르는 사람은 원래 제게 감정이 좋지 않았던 사람일 테니 상관없어요. 그렇기 때문에 일시적으로 부정적인 이미지를 갖고 있다 해도 그리 신경 쓰지 않는답니다." 당신이 목적에 도달하려는 순간, 계획을 실행시키려는 것을 방해하는 경쟁자나 동료가 나타날 것이다. 방해의 가능성을 차단하기 위해 당신의 프로젝트에 참여시키거나 같이 일하는 것을 제의해볼 수도 있다. 그럼에도 불구하고 그들이 당신의 제의를 받아들이지 않거나 오히려 당신의 계획을 방해한다면 분명하게 경계를 보여주어야 한다. 그저 남을 걸어 넘어뜨리고 싶지 않다는 이유로 당신에게 주어진 크고 작은 목표들을 스스로 포기하겠는가? 아마 그렇게 하지 않을 것이다. 당신이 분명한 목표를 가지고 있으며 그것을 방해하는 것과 싸우려 한다면 말이다. 직업 세계에서는 종종 타인을 밟지 않으면 타인이 나를 밟고 간다. 당신은 어느 쪽인가? 결전의 순간이 올 수도 있다. 이때 상대방에게 알아서 물러날 수 있도록 공정한 기회를 주어야 한다.

스위스의 통신회사에서 일하는 헬블링은 자신의 목표에 도달하고자 하는 의지를 웃음기 없는 얼굴로 보여준다. "제가 가진 날카로운 언변과 최상의 방식으로 올바른 타이밍에 적절한 해결책을 찾을 수 있는 통찰력이 스스로도 자랑스럽습니다. 제가 말하는 방식을 따라 하기만 하면 일이 술술 풀리거든요. 전 제 자신이 하나의 벤치마크라고 생각합니다." 헬블링 같은 사람과 논쟁을 하려면 용기가 필요하다. 자신에 대한 확신에 가득 차 있기 때문이다. 대신 그는 매우 솔직하게 패를 보여주는 타입(내가 좋아하는 성격이다.)이다. 그와 함께 일을 하다 보면 아무리 골치 아픈 일일지라도 일이 어떻게 돌아가는지 투명하게 알 수 있다.

2. 자신감이 넘치는 사람으로 보이고 싶지만 다른 사람을 겁주는 건 원치 않아요.

이쯤에서 눈치챘을 것이다. 이것이 통하지 않는다는 사실을 말이다. 자신감에 찬 모습을 보이고 싶어 하는 가장 중요한 이유는 다른 사람을 겁주거나, 좀 더 부드럽게 말하자면 타인이 당신을 존경하도록 하기 위함이며 직장에서 당신의 위치를 좀 더 건고히 하기 위해서이다. 그러다 보니 사업하는 남자의 경우 대개 정장을 차려입고 비싼 시계를 착용하며, 의사는 하얀색 가운을, 경찰은 제복을, IT 전문가는 외양이나 위계질서에 전혀 상관하지 않는다는 메시지를 강조하기 위해 느슨한 캐주얼 스타일을 선호한다. 이들은 모두 고트프리드 켈러의 소설 제목인 《옷이 날개다》에 동의한다. 소설 속에서 재단사 수습과정에 있던 스트라핀스키라는 소심한 청년은 스타일리시한 옷차림으로 인해 폴란드 귀족으로 오해를 받는다. 사회학에는 '상징적 상호작용'이란 용어가 있는데, 직장생활에서 보여주는 사소한 외양 하나하나가 모두 상징적 의미를 가진다는 것이다. 잘 차려입은 정장이나 헐렁한 코듀로이 바지, 울 스웨터 등 모든 것이 나름의 의미를 담고 있다. 비언어적 메시지이지만 드레스 코드의 의미는 각자 다르며 선호하는 방식에 따라 사업자를 위한 스타일로 사용되기도, 더 캐주얼한 스타일로 사용되기도 한다. 상징적 상호작용주의 이론의 대변가인 헤르베르트 블루머는 다음의 기본적 3가지 전제로 이 현상을 설명했다. [36]

- 사람들은 중요성에 따라 대상에 대한 행동을 결정한다. 이탈리안 레스토랑의 셰프와 그 레스토랑에서 피자를 먹다가 아이폰을 통해 자신의 아내가 다른 남자와 바람을 피운다는 사실을 알게 된 손님에겐 '칼'이 지니는 의미가 다르다. 여기선 유머러스한 범죄학적 정리가 매우 중요한 의미를 갖는다. '칼을 손에 쥐고 있을 때 절대 심각한 이야기를 하지 말라.'
- 이 같은 중요한 교훈을 우리는 다른 사람과의 사회적 상호작용,

혹은 직업적 경험이나 여러 다른 매체를 통한 간접 경험을 통해 얻는다. 위의 외도 이야기로 돌아가 보자면 아내에게 배신당한 손님은 아마 누군가는 반드시 피를 흘려야 한다고 말할 것이다. 특히 바로 그 순간에 아내와 바람 핀 상대가 피자가게의 문을 열고 들어온다면 상황은 심각해진다. 사실 며칠이 지나고 나면 부인의 배신을 용서하지 못한다 할지라도 끓는 분노는 어느 정도 가라앉기 마련이다. 배신자를 죽이겠다는 마음도 사그라질 것이다. 살아온 경험을 통해 비용이익에 대한 분석을 하지 않을 수 없기 때문이다. 즉, 부인의 외도 때문에 한평생 감옥에서 썩느니 차라리 다른 방법을 찾는 것이 현명하다고 판단할 것이다.

- 의미는 해석의 과정에서 사용되고, 교환되고, 바뀌기도 한다. 에르메스 넥타이는 부와 스타일을 상징하기도 하지만 다른 한편으로는 댄디즘이나 쁘띠 부르주아를 상징하기도 한다. 이는 관점에 따라 달라진다. 영리한 사람들은 이를 간파하고 놀라운 결론을 내린다. IT 회사 직원인 에드거는 이렇게 말했다. "비행기 옆 좌석에 피아제 귀걸이를 착용한 여성이 앉는다면 저는 그녀가 생활수준이 상당히 높은 여성이라는 걸 알 수 있답니다. 피아제 사에서 만든 귀걸이에는 달랑이는 다른 금귀걸이가 부착되어 있어요. 이건 포제션이라는 상표의 귀걸이인데, 정가를 모르고 아내에게 사준다고 약속해버린 바람에 꼼짝달싹 못 하게 된 터라

잘 알고 있거든요. 게다가 그 여성이 비싼 하이힐을 신고 있다면 저는 또 속으로 생각할 거예요. '내가 감당할 수 없는 무시무시한 여자군. 그렇지만 난 속으론 싫으면서도 저 여자의 짐을 받아서 수화물 칸에 올려주겠지'라고요." 옷이 날개다. 덧붙여 옷뿐 아니라 귀걸이와 신발도 마찬가지다.

3. 비판하고 싶어요… 하지만 누구도 나쁘게 말하고 싶지 않아요.

실현시키기 어려운 소망이다. 비판은 대체로 상처를 주기 때문이다. 하지만 어떤 방식으로 언제 비판을 하느냐에 따라 그 분위기는 달라질 수 있다. 동료와 상사를 비판할 때 당신이 숙지해야 할 것은 그것이 건설적인 비판이 되어야 한다는 것이다. 건설적인 비판이란 전체적으로는 상대의 인격을 존중하되 개별적인 부분을 콕 집어서 비판을 하는 것이다. 이 같은 비판은 상대의 눈을 마주 보고 부드러운 목소리로 하는 것이 좋다. 그렇게 해야 비판을 받는 사람이 체면을 구기지 않고 상처가 최소화 된다. 매우 중요한 부분이다. 그리스의 작가 파우사니아스가 말했다. '나쁜 소식을 들고 온 전령은 벌을 받게 된다. 그러니 전령으로서의 당신의 역할을 조심하라.' 비판적인 이야기를 할 때는 '칭찬-비판-칭찬'의 원칙을 지키는 것이 좋다. 험악한 진실을 예쁘게 포장함으로써 적어도 비판받는 사람의 고통을 덜어줄 수는 있기 때문이다. 그 방법에 대해서는 다음 라운드에서 구체적으로 다루겠다.

그런데 작정하고 상사를 비판하려던 자리에서 느닷없이 그 상사가 당신에게 자신을 어떻게 생각하는지에 대한 질문을 던진다면 바로 대답하고 싶더라도 잠시 참고 기다리는 것이 좋다. 즉각적인 답변이야말로 자살골을 넣는 것이나 마찬가지다. 신중하게 생각하는 척하며 호흡을 깊이 들이마시고 대답하자. "음… 지금은 아무 생각도 떠오르지 않는데요. 사실 전 과장님이 우리 부서를 이끄는 방식이 상당히 훌륭하다고 생각합니다. 아무튼 과장님의 질문에 대해서는 하룻밤 정도 곰곰이 생각을 해보겠습니다." 대부분 이러한 상사들의 질문은 상대방이 자신을 비판할 것을 전혀 예측하지 못한, 그저 자신을 과신하는 마초들에 지나지 않기 때문에 답변을 늦추는 것이 현명하다. 이런 타입의 상사들은 대부분 자신이 대단하다고 생각한다. 정직한 비판의 표현은 관계를 해칠 뿐이다. 상사의 사무실을 나와서 혹시 옆 사무실에서 근무하는, 당신에게 인색한 평가를 하는 동료라도 만나면 약간 시니컬한 어투로 "오늘 우리 과장님이 솔직한 대답을 해주길 바라시네요"라고 말해보자. 그러면 당신의 경쟁자는 상사에게로 가 자유롭게 그에 대한 비판을 쏟아놓을 것이고, 그는 파우사니아스가 말한 불쌍한 전령이 될 것이다. 자신이 쳐놓은 그물에 스스로 걸리는 것이다. 나쁜 뉴스를 전하게 되는 상황을 조심하고, 누군가를 비판하도록 부추기는 동료를 의심의 눈초리로 바라보아야 한다. 그들의 진정한 목적은 일의 효율성을 높이는 것이 아니라 당신의 직업적 명성에 흠을 내는 것일 수도 있기 때문이다.

자, 지금까지 나온 3가지 문장에 대해 어떻게 생각하는가? 위의 내용 중 절반이라도 수긍할 수 있는가? 그렇지 않다면 순한 양의 역할에서 벗어날 수 있을 때까지 계속해서 노력해야 할 것이다. 스스로를 위해서 말이다. 이제 동료나 상사에 의해 자행되는 좀 더 가혹한 형태의 비판(때로는 전혀 건설적이지 않은 비판이 있기도 하니까)과 그에 대처하여 스스로를 방어하는 방법에 대해 살펴보기로 하자.

█ 눈에는 눈! 이에는 이!

지금껏 이러한 형태의 비판을 경험해본 적이 있는가? 당사자끼리 문제를 해결할 수 있었음에도 불구하고 전체 팀원들 앞에서 당신의 실적에 대한 비판을 받아본 적이 있는가? 솔직해지자. 당신의 경쟁자는 공개적으로 당신을 비판했을 때 당신의 능력이 좀 더 나아질 것이라고 믿기 때문에 그렇게 한 것일까? 아니, 그건 분명히 아닐 것이다. 그는 비판 자체보다는 그것이 당신에게 미칠 영향에 더 큰 관심을 두고 있을 것이다. 구내식당에서 일주일에 세 번 정도 식사를 하면서도 쓴 소리는 한마디도 하지 않던 당신의 동료가 공개적으로 당신을 비판하는 말을 내뱉는다면 내면에서 경고의 벨을 울리는 것이 좋다. 중요한 결정권자가 포함된 자리에서 당신을 공격한 것이나 다름없다. 그럴 땐 어떻게 해야 할까? 일단 당신의 메모장에 그 동료가 한 일을 기록하자. 그의 교활함을 잊지 않고 두 번 다시 그의 함정에 빠지지 않기 위해서다. 이런 경우에는 제대로 복수를 해주는 것이 영리한 전략이다. 회의에서 공개적으로 동료에게 비판을 받을 경우 두 가지 단계를 거쳐 그에게 되갚아주면 된다. 첫 번째 단계는 직접적이고 간단한 반응을 보여주는 것이다. "감사합니다. 그란제 씨, 아주 중요한 평가를 해주셨네요. 저도 생각해보겠습니다." 여기까지여야 한다. 말을 더 붙일 필요가 없다. 두 번째 단계는 회의가 끝난 후 비판자에게 다가가 그 사람의 두 눈을 마주 보며 분명하게 말해주는 것이다. "어제 회의에 대해 잠시 할 말이 있는데요. 제겐 매우 중요한 일이거든요. 다음부터는 절대 그런 식으로 얘기하지 마시죠. 절대로요. 그런 행동은 용납할 수 없습니다. 만약 비판할 게 있으면 회의 전에 직접 와서 얘기해야 제가 받아들이든지 협력하든지 할 것 아닙니까? 앞으로 그런 식의 행동은 절대 하지 마세요. 알겠습니까?" 당신의 반응을 전혀 짐작하지 못했던 동료 그란제 씨는 매우 당황하고 불쾌한 표정을 지을 것이다. 그러나 앞으로 당신에게 재를 뿌리고 싶을 때마다 그는 당신의 말을 떠올릴 것이다. 바람직한 일이다.

하지만 비판자가 당신의 상사라면 그보다는 좀 더 신중하게 반응하는 것이 좋다. "과장님이 어제 회의시간에 제게 해주신 짧은 질책은 제게 많은 도움이 되었습니다. 유익한 말씀을 실천에 옮기도록 앞으로 노력해보겠습니다. 그렇지만 공개적으로 비판을 하시면 동료들 사이에서 제 입장이 좀 난처해지니 과장님이 의도하셨던 것이 아니라면 미리 제게 얘기해주시는 것이 좋겠습니다. 그래야 회의시간에 어떤 적절한 답변을 드릴지 미리 생각해보지 않겠습니까?" 90%의 상사는 "자네를 비판할 의도가 있었던 건 아니네"라는 반응을 보일 것이다. 매우 고무적인 현상이다. 그런 행동을 반복하지 않을 것이기 때문이다. 나머지 10%의 상사는 계속해서 당신을 공개적으로 비판하겠지만 그 또한 나름 명쾌한 결론을 제공하는 것이다. 그 상사 밑에서는 절대 승진하거나 경력에 도움이 되는 일을 맡지 못할 것이라는 결론! 좋은 소식은 아니지만 적어도 그 사람의 행동을 예상할 수 있으므로 당신은 단순히 규정에 맞게 업무에만 임하거나 이직을 알아보면 된다.

위의 원칙을 따르기로 한다는 것은 앞으로는 착한 행동만 하지 않고 당신을 괴롭히는 사람들과 대항하기로 한다는 것을 의미한다. 함부르크의 편집자인 요네 쉘러의 얘기를 들어보자.[37] "그가 처음에는 아주 친절하게 도와줬어요. 그런데 귀찮은 동료 하나 때문에 일이 너무 많다며 사람들에게 얘기하고 다니더라고요. 점심시간에 저한테는 자기가 다른 부서원에게 전화해놓겠다고 말해놓고서는 잊어버린 적도 있어요. 자신의 상사에게 마치 모든 것이 자기 머리에서 나온 아이디어인 척 떠벌리더군요. 정작 자기 머리에서 나온 것은 하나도 없는데 말이에요." 나쁜 수법의 종류는 다음과 같다.

- 정보를 주지 않기
- 지적 도둑질
- 남의 문서를 가로채거나 몰래 읽기
- 비비 꼬인 말투로 신랄한 논평 남기기

누군가가 이들의 행동을 지적하면 마이케 뮐러가 자신의 책《골 때리는 사람들을 다루는 법》에서 언급한 것처럼 이들은 순진한 척으로 그 상황을 교묘하게 빠져나간다. "그건 완전히 다른 문제잖아요"라는 식의 상처받고 원망하는 듯한 말을 쏟아내는 것은 기본이고, "우린 항상 같은 팀으로 일하고 있다고 생각했는데 당신이 나를 그런 식으로 비난할 거라고는 생각지도 못했네요"라는 식으로 역공하기도 한다. 일간지인《함부르거 아벤트블라트》에 쓴 기고문에서 요네 쉘러는 그런 못된 동료들에게는 다음과 같이 아주 따끔한 공격을 가해야 한다고 역설한다. [38]

1. 직접 대면한 자리에서 확실하게 이야기함으로써 경고의 포격을 가한다. 분명 상대방은 모든 것을 부정하겠지만 그렇다면 "그래요? 그럼 내가 오해한 게 맞네요. 다행입니다" 라는 식으로 눙치면 된다. 그러면 상대방은 뒤로 물러서게 될 것이다.
2. 동시에 연합세력을 구축해야 한다. 음모자들은 당신의 네트워크

가 가진 힘을 두려워하기 때문이다. 명심하라. 못된 인간은 절대로 도덕적 이유 혹은 내면적 성찰 때문에 나쁜 짓을 멈추지 않는다. 필요 없을 때조차 미리 예방 차원에서 당신의 네트워크를 구축해놓는 것을 잊지 말아야 한다.

3. 당신을 공격한 자가 당신의 진심 어린 충고에 귀를 기울이지 않는다면 공식적인 어필을 하는 것이 좋다. 상사나 위원회에 감사 의무를 촉구해야 한다.

비판으로 응징하라!

다시 한번 건설적인 비판의 중요성에 대해 생각해보자. 독일어 문화권에서는 오류를 지적하는 것을 긍정적으로 받아들인다. 사람들은 스스로를 각성과 합리적 지향점을 가지고 있는 비판적 정신의 소유자로 지칭한다. 그 이면에는 '정-반-합'이라는 변증법적 사고가 있다. 하지만 그 과정에서 불행히도 반론만 남는 경우도 있다. 해부의 즐거움과 일맥상통하는 것이다. 영미권 문화에서는 이 같은 소위 독일식 비판적 사고방식에 대해 불평을 하기도 한다. 미국인들의 신조인 "날 사랑하든가 날 떠나시오!"는 분명한 선을 요구하는 개념이다. 비행 청소년들을 위한 사립학교인 필라델피아의 글렌 밀스 스쿨 교장이자 나의 예전 상사였던 샘 페라이놀라는 위의 구절을 신조로 삼고 있는 인물이었다.

그는 뉴욕의 비행청소년들을 다루는 다른 직원의 방식을 비판하는 내게 처음에는 아무런 반응을 보이지 않았다. 그 후에 내게 이렇게 반문했다. "옌스 씨, 우리 시스템이나 직원, 더 나아가 내 방식까지 비판하는 당신을 우리가 고용해야 할 이유가 있다고 생각하시오? 난 우리의 생각과 100% 일치하는 직원을 필요로 합니다. 여기서는 충성이 비판보다 훨씬 중요하다는 것이죠. 알겠어요?" 나는 그의 말을 단번에 이해했다. 바드 키싱겐에 위치한 한 회사의 인사부 부장인 필립 씨는 "독일어 문화권에서는 '비판적 반성을 할 수 있는 능력'을 중요하게 생각합니다"라고 말했다(그렇다고 비판중독증까지는 아니다.). 하지만 우리의 공격성 설문조사에서 섬유회사의 직원인 아니타가 인정한 것처럼 사람들은 비판을 교묘한 방식으로 이용하기도 한다. "저를 기분 나쁘게 한 사람은 나중에 반드시 비판이나 놀림을 당할 각오를 해야 할 걸요. 때로는 뒤에서 음모를 꾸미거나 험담을 당하는 일도 겪어야 할 것이고요." 독일의 한 식품회사 직원인 헤르만 역시 같은 생각이다. "저는 다른 사람이 어떻게 하면 폭발할지를 잘 파악하는 매우 예민한 촉수를 가지고 있답니다. 그래서 서비스가 가장 중요한 판매 부서에서 일하는 사람을 도발시켜서 자제력을 잃게 한 다음 영업부서에서 일할 자격을 박탈시킬 수도 있다는 사실을 이젠 다른 부서원들도 잘 알고 있죠."

비판은 언어적 무기가 될 수 있다. 피해자의 발언을 '충분히 성찰하지 않은 말'이라고 비판하거나 '실행에 옮기기에는 충분히 성숙하지 않았다'거나 '지속 가능하지 않다'며 비판할 수도 있다. 이런 방식에 능통한 달인은 삶의 경험 혹은 지적 우월성이라는 가면을 씌워서 비판의 표현을 당당하고 멋지게, 위대한 오페라의 대사 장면처럼 읊조리는 재주가 있다. 자신의 풍부한 경험을 내세우면서 동시에 상대방을 일종의 인턴과 같은 지위로 강등시키는 것이다. 변증법과 프레젠테이션 전문가인 알베르트 틸레[39] 교수는 엄포에서부터 거짓 정보, 그럴싸하게 들리는 전문가의 의견과 성공적으로 포장된 숫자에 이르기까지 왜곡된 형태의 메시지가 얼마나 다양한 형태로 발현될 수 있는지를 설명한다. 우리는 다음 라운드에서 이를 살펴보겠다.

공격적이라고 해서
왕 따 가
되지는 않는다!

· **스스로를 죄의식에 빠뜨리지 말자!**

자신을 좀 더 내세운다는 것에 죄의식을 가질 필요는 없다. 그렇다고 해서 아무도 좋아하지 않는 불쾌한 인물이 되지도 않을 것이다. 오만하게 그렇지만 예의 바른 태도를 유지함으로써 당신의 적인 동료와 상사로부터 스스로를 지켜야 한다. 다음과 같은 주문을 내면화하라. "내가 하는 말은 모두 중요하다."

· **당신의 까칠하고 예민한 모습을 보여주자!**

"그래, 난 스스로 당당해지기를 원하고 목표를 성취하고 싶다"라고 말하라. "그래, 난 자의식 강한 사람으로 보이고 싶고 적절한 방식으로 다른 사람을 비판할 거야"라고 다짐하라.

- **음모자들에게 기회를 주지 말자!**
  역으로 전략을 발휘하라. 직접 두 눈을 맞대어 반격하고, 동시에 당신과 연합할 세력을 구하면서 마지막으로는 상부에 직장 내의 불만사항을 처리할 의무를 상기시켜야 한다.

- **분명하게 의견을 공표하라!**
  원하는 게 있다면 당신의 사전에서 가정법을 없애고 전해야 한다. 분명하고 단호하게 표현하라.

적을 알고
당신의 외모를
가꿔라

- **과제 1**

  작은 공책에 당신을 정당하게 대하지 않는 동료의 목록을 적고, 그들에 대한 불평을 기록한다. 이는 그들이 당신에게 저지른 못된 짓을 잊지 않기 위해서이며, 그들의 먹이가 되지 않기 위해서이다. 절대로 그런 인간들을 돕기 위해 달려가지 말아야 한다. 내 공책에는 현재 세 명의 인물이 적혀 있다.

- **과제 2**

  옷이 날개다. 당신의 자신감을 북돋우고 외모를 개선시키기 위해 신뢰할 수 있는 사람에게 조언을 구해보라. 조언을 받아들여 직장에서 활용해보고 다가오는 긍정적인 반응들을 즐겨보자.

ROUND **3**

당신은 좀 더
공격적일 필요가 있다

공격할 용기
그리고
칭찬-비판-칭찬 피드백

소통에 재앙을 부르는 미루는 습관

한 대형마트의 중역간부인 한케 씨는 아내와 멋진 주말을 보냈다. 아이들은 할머니댁에 가 있었고, 모처럼 둘만의 낭만적인 시간을 보낼 수 있었다. 일요일 밤, 그는 이 멋진 기분을 적어도 다음 주 수요일까지는 유지해야겠다고 속으로 다짐했다. 하지만 월요일 아침이 되자 현실로 돌아왔다. 사실 그는 반복적인 실수를 저지르는 직원 칸트를 따끔하게 꾸짖어야 하는 책임을 앞두고 있었다. "아… 안 되겠어." 한케는 생각했다. "좋은 기분을 이런 식으로 망칠 수는 없지." 그는 부하 직원을 혼낼 계획을 수요일 오후로 연기했다. 하지만 수요일이 되자 밀려드는 업무에 하루 종일 바빴고, 그는 부하와의 면담을 금요일로 미뤄야겠다고 생각했다. 그런데 굳이 주말 직전에 부하 직원으로 인해 스트레스를 받아야 하나? 그건 아니었다. 한케는 가족을 생각해서라도 다가오는 주말을 기분 나쁜 상태로 보내고 싶지 않았다.

인간적인 관점에서는 한케의 '미루는 병'을 충분히 이해할 수 있지만 직원과의 소통의 관점에서 보자면 이것은 재앙에 가깝다. 지도자로서 한케의 자질에 대한 의문이 생길 수밖에 없기 때문이다. 엄격하고 격앙된 분석이 동반되는 대화를 하루빨리 부하 직원과 나누는 것이 보다 프로페셔널한 자세라고 볼 수 있다. "매우 흥분한 것처럼 행동하라. 하지만 동시에 저녁에 어떤 TV 프로그램을 볼 것인가에 대해서도 생각할 수 있어야 한다." 과거 내 상사였던 샘 페라이놀라가 내게 늘 했던 말이다. 일상적인 직장생활에서는 동료나 상사와 진지하게 눈을 마주보고 대화하는 것만으로도 대부분의 경우 성공적인 결과를 가져오기 마련이므로 굳이 무례하게 행동할 필요가 없다. 하지만 간혹 격앙된 분석적 태도와 함께 무례한 태도가 도움이 되는 사람도 있다. 페라이놀라의 프로페셔널리즘과 일맥상통하는, 실제로는 화가 나지 않더라도 자연스럽게 화가 난 모습을 연출하는 것이다.[40] 자, 이제 시작해보자.

이너-피스! but 화난 척 연기하라

시작은 다를 것이 없었다. 월요일 아침, 한케는 사무실에 앉아 있다. 주말을 더할 나위 없이 느긋하게 보냈지만 이제 칸트와 진지한 얘기를 할 때가 왔기 때문이다. 그의 업무 방식은 너무 느려 터졌다. 한케는 그것에 대해 이미 두 번이나 완곡하게 얘기했지만 그가 마지막으로 처리한 업무는 여전히 정확성이 한참 떨어졌다. "더 이상은 안되겠어. 오늘은 꼭 확실하게 이야기해서 칸트가 제대로 알아듣게 해야지." 하지만 한케의 머릿속에는 여전히 멋진 주말의 기억이 담겨 있었다.

격앙된 분석적 태도란 바로 이런 것이다. 대화 바로 직전에 한케는 과거 자신을 짜증 나게 했던 빨강머리를 한 지인을 떠올렸다. 그는 한케를 속여 2천 유로나 가로챘던 인물이다. 그 돈이면 니스에서 여자친구와 멋진 휴가를 보낼 수도 있었다. 하지만 덕분에 여행은 취소되었고 아직도 그 생각만 하면 한케는 화가 치밀었다. 마음속 극장에서는 이미 과거의 기억이 효력을 발휘하고 있었다. 단지 생각만 했는데도 한케의 기분은 한껏 우울해졌고, 이는 막 사무실을 들어서는 칸트와의 대면을 위한 전제조건이 되어주었다. 칸트는 빨강머리는커녕 대머리에 가까웠지만 상관없었다. '분명 저 사람의 동생은 성질 나쁜 빨강머리 일거야.' 한케는 생각했다. 동시에 과거에 느낀 감정을 실어 한케의 입에서 날카로운 음성이 터져 나왔다. "도대체 일을 어떻게 한 거지? 정말 실망스럽군. 오늘 오후까지 다시 써서 제출하게나. 자네가 다시 제출한 서류는 그대로 윗선에 보고할 테니 알아서 하라고 혹시라도 문제가 있으면 온전히 자네가 책임을 저야 할 거야!" 그 말과 함께 한케는 직원을 밖으로 내보냈다. 꾸지람은 분명 효과가 있었다. 질책을 당한 칸트가 슬며시 자리로 가서 일에 열중하기 시작한 것이다. 한케는 어찌 되었을까? 걱정했던 것처럼 기분이 우울해졌을까? 정반대였다. 그는 한결 편안한 마음으로 의자에 몸을 기대고 지난 주말의 낭만적인 기억을 떠올렸다.

그렇게 격앙된 모습을 보인 한케는 어떻게 그토록 짧은 시간에 쉽게 냉정을 되찾을 수 있었을까? 진심으로 화를 낸 것이 아니었기 때문이다. 빨강머리에 대한 기억을 떠올려 마음속에 화가 끓어오르도록 했을 뿐이다. 이 같은 연상작용은 한케의 정신건강을 지켜주는 데 커다란 역할을 했다. 칸트뿐 아니라 그 어떤 짜증 나는 일도 그를 잠식하는 일이 없도록 만들어 주었기 때문이다.

라이프치히 시청의 건설부에서 일하는 헬트는 말했다. "이건 정신에너지 흐름을 활성화시키기 위한 저만의 방식이에요. 공격적인 감정을 부정하는 것은 의미가 없어요. 분노와 화가 제 안에서 치솟아 오를 때 저는 그 과정을 더 잘 이해하고, 보다 분명한 대상을 향해 이를 배출함으로써 제 안에서 화를 없애고자 합니다." 카타리나도 말했다. "조력자 콤플렉스를 약화시키고 공격성을 강화시키는 것이 현재 저에게 가장 중요하답니다. 동료나 다른 직원들이 저를 좀 더 신중하고 존경스러운 태도로 대하게 하려면 좀 더 기민하고 통제된 방식으로 행동해야겠다고 생각해요. 이제 동료들은 제가 쉽게 예측 가능한 사람이 아니라 가끔은 화도 낼 줄 아는 사람이라는 것을 알게 될 거예요." 하지만 '끔찍하게 착한'[41] 순한 양 타입의 사람들은 종종 공격성에 대한 공포증에 시달리며, 절대로 공격성의 긍정적인 측면을 인정하지 않으려 한다. "제가 직장에서 승자가 된다는 이유로 굳이 양심에 가책을 느끼고 성공을 즐기지 못할 이유가 없다는 생각이 들어요. 전 요즘 직장생활에서 요구되는 여성의 부드러움과 강함의 적절한 배합이 무엇일까 고민하고 있답니다." 비엔나의 의료기술 회사에 재직하고 있는 프리데리케의 말이다. 바스티안은 공격성 공포증으로부터 자유로워지기를 원했다. "사실 저는 손해를 보면서까지 직장생활의 잔인한 현실을 외면하려는 경향이 있었는데, 이제는 그 민낯을 솔직하게 받아들여야겠다는 생각이 듭니다. 공격성의 메커니즘을 인정하고 '왜 아무도 나를 도와주지 않지?', '왜 나한테만 이런 일이 일어나지?' 혹은 '사람들이 나를 안 좋아하나?'와 같이 한탄하며 고민하는 습관을 그만두려 합니다. 스스로에게 공격적인 태도는 타인의 빚을 덜어주고, 자신을 피해자로 만들 뿐입니다." 바스티안은 현재 식품회사에서 일하고 있는데 자신의 문제에 대해 성찰한 끝에 앞으로는 그러지 않기로 했다. 하지만 정확히 문제를 어떻게 극복해야 할지 몰랐다. 여기에 비버리힐스의 심리학자 바흐 씨는 공격성의 윤리를 제시했다.[42] 자신이 앞으로 조롱거리가 되지 않고 공격적인 사람으로 보이고자 한다면 그러한 태도를 명확하게 드러내 상대방도 알아챌 수 있도록 행동해야 한다는 것이다. 빙 둘러 말하거나 문학적인 수사를 사용하는 것은 의미가 없다.

독일의 전 총리였던 헬무트 슈미트[43]는 분명하고 직설적인 화법을 권장했다. "전 훌륭한 논쟁가였어요. 논쟁은 민주주의의 한 부분으로 고대 아테네 문화에서도 볼 수 있었지요." 이같이 단순한 피드백의 공식을 따른다면 상대방은 상상을 통해 효과를 극대화할 수 있다. 보다 직접적인 화법과 보다 덜 애매한 결론을 통해 당신의 적이 느끼는 불안은 커질 것이다. 물론 그렇다고 해서 필리프[44]와 같이 과신과 자기도취에 가득 차서 목표 이상으로 분노를 표출하며, 마치 '섹스 후의 만족감'을 드높이기라도 하려는 듯이 상대방을 깎아내리는 태도는 옳지 않다. "사실 자연스럽게 성질을 부리고 나면 멋진 기분을 느낄 수 있답니다. 오감보다 더 정교한 제6의 감각이라 할 수 있는 자기방어 본능이 신경 속에서 깨어나거든요. 지난주에 저는 스타벅스에서 중간에 새치기라는 사회적으로 용납할 수 없는 짓을 한 중산층의 중년 여인네를 큰소리로 야단쳤답니다. 그리고 나니 어찌나 개운한지 흐뭇함에 젖어 담배 한 대를 피웠어요."

내가 왜 이 문장을 인용할까? 왜냐하면 필리프가 묘사한 것은(비록 윤리적으로 사악함을 내포하고 있지만) 우리가 확실하게 주목해야 할 부분이며, 우리는 그와는 차별화된 방법을 사용해야 하기 때문이다. 일반적으로 짧고 분명한 메시지는 당신이 강조하고자 하는 요점을 전달해준다. 특히 모든 것을 주문처럼 반복하는 TV의 광고를 보면 잘 알 수 있다. 이를 통해 상대방은 당신의 말에 완벽하게 주목한다. 여기서 중요한 것은 당신의 경쟁자가 당신을 '필요하다면 치명적인 날카로움을 드러낼 줄 아는 사람'으로 받아들여야 한다는 것이다. 국제무역회사의 직원인 볼프강은 다음의 변화 과정을 통해 자신의 사회적 입지를 강화할 수 있었다. 더 정확하게 말하자면 외형적인 변화를 통해서 상징적 상호작용과 입지의 재창조에 성공할 수 있었다.

가녀린 소년의 모습에서 헐크 캐릭터로

볼프강은 자신이 순한 양 타입으로 비춰지는 것이 싫었다. 이는 부당할 뿐만 아니라 자신에게 가해지는 사회의 낙인처럼 여겨졌다. 그는 정직하고 믿음직스러우며 야망을 가진 사람으로 코트다쥐르(프랑스 남동부, 지중해 연안의 휴양지_역주)에서 휴가를 보내는 것을 좋아했다. 볼프강이 호화로운 휴가를 보낼 수 있는 것은 수출업자인 친구가 칸느 근교인 코트다쥐르의 해변가에 있는 집을 매우 값싸게 구매하도록 도와주었기 때문에 가능했다. 그런데 사업가로서 볼프강은 자신의 능력을 어필하는 데 어려움을 겪고 있었다. 인상이 너무나 여자처럼 보인 탓에 많은 사람들이 사업가로서의 그의 재능을 무시했기 때문이다. 그는 아기 같은 피부에 관능적인 입술을 갖고 있었다. 이처럼 사업에 불리한 외모를 만회하기 위해 볼프강은 상담과 조언을 구했다. 첫 번째 조언은 성공적이지도 못했고 불쾌하기까지 했다. 상담가가 농담처럼 성형수술을 권했기 때문이다. 마음에 들지 않는 방법이었다. 두 번째 조언은 훨씬 그럴싸했다. 상담가와 함께 점심을 먹던 중 볼프강은 젊은 시절에 오토바이 경주를 즐겨 했으며, 그로 인해 심각한 사고를 겪기도 했다는 것을 언급했다. 상담가는 혹시 그때의 사진을 아직도 가지고 있는지 물었다. "당연하지요." 볼프강은 스마트폰에 저장된 자신의 젊은 시절 사진을 보여주었다. 그중 두 장의 사진이 특히 인상적이었다. 첫 번째 사진은 험한 비포장도로의 커브길에 오토바이를 타고 서 있는 그의 모습이 찍혀 있었다. 두 번째는 그가 겪었다던 충돌 사고 당시의 모습이었다. 볼프강이 바닥에 쓰러져 있는 사진이었는데, 그 옆에는 더러운 헬멧이 나뒹굴고 있었다. 그의 얼굴은 진흙과 피로 얼룩져 있었다. 그럼에도 불구하고 볼프강의 얼굴은 힘이 있어 보였고 표정은 희열에 차 있었다. 상담가는 사진을 보고 흥분했다. 당장 사진을 인화한 뒤 액자에 넣어서 사무실 벽에 걸어둘 것을 권유했다. 이제부터 대화나 협상을 위해 그의 사무실에 들어오는 사람은 누구든지 사진의 강한 분위기에 압도될 것이라는 말과 함께. 정말로 사무실에 들어오는 사람이면 누구나 이렇게 물었다. "와! 이게 당신인가요? 완전 터프가이군요!" 볼프강은 상담가의 조언에 따라 짧게 대답했다. "네.

무척 고통스러웠죠. 그런데 무엇을 도와드릴까요?" 그는 이렇게 시작
되는 대화를 즐기게 되었다. 자신이 오랫동안 빼앗겼던 존경 받는 자
아를 되찾아주는 힘이 있었기 때문이다. "볼프강은 알고 보면 터프한
사람이야"라는 문구는 회사에서 그를 얘기할 때 자주 쓰이는 표현이
되었다. 사람들은 어떤 대상이 가진 의미를 기본으로 삼아 행동한다.
볼프강은 사진을 통해 사람들의 의식 속에 연약한 남자에서 터프가이
로 변화되었다. 스스로를 효과적으로 내세웠고 공격성을 드러내며 자
신의 입지를 굳혔다. 한계를 정하고 의견을 표출하지만 공정함과 지속
성을 보장하기 위해 다른 사람과 협력할 줄 아는 친근한 방식으로 말
이다. 사실 적절한 협동이 있었다면 그 싸움의 절반은 승리했다고 볼
수 있다. 승리를 거두었는데도 굳이 불쾌할 정도로 힘을 과시하거나
의기양양해 할 필요는 없다.

프랑스 인들은 수년 동안 경쟁의 개념에 집중해왔는데, 그 일환으로
파리에서 유명한 '경제전쟁학교'를 세우기도 했다. 이곳에서 대학원생
들이나 신입생들은 경쟁이 치열한 상황을 분석하며 인식하고 학습한
다. 여기서는 경쟁적 지성[45]이라는 표현이 종종 등장한다. "우리는 스
타일로 승부해야 한다. (중략…) 특히 오늘날처럼 극심한 경쟁 사회 속
에서는 회사의 이익이나 자신의 경력을 위해서라도 협상의 기술을 성
공적으로 익히는 것이 중요하다. (중략…) 즉 성공적인 협상가는 사실
만을 중요한 것으로 여기지 않는다. 그는 다른 사람들이 어디서 반응

하는지 또 자신과 타인의 약점이 어디에 있는지를 이해하려 한다. (중략…) 그러므로 자신의 두려움과 욕심 등을 통제하는 것은 반드시 필요한 일이며, 다른 사람의 두려움과 욕심을 꿰뚫는 사람은 이미 이긴 것이나 다름없다."[46]

윈-윈은 없다

한 협상전문가가 남성적 에너지가 가득한 협상 상대자와 대화를 이어가는 데 어려움에 처했다. 그는 전략을 바꿔 협상 테이블에 시모나라는 사진모델을 기용하여 앉혔다. 그녀가 해야 할 일은 상대에게 한 번도 눈길을 주지 않는 것이었다. 그것이 상대 알파맨을 무척 긴장시켰다. 그런 상황에서 협상전문가는 상대방에게 받아들이기 힘든 액수를 제시하며 다음과 같은 문장으로 협상을 마무리 지었다. "혹시 결정을 내릴 자신이 없으신가요?" 바로 그 순간 시모나는 눈을 들어 상대의 얼굴을 똑바로 쳐다보았다. 그녀의 눈길에 상대방은 가슴을 쭉 폈다. 완벽한 수컷의 역할에 몰입하여 깃털을 활짝 펼친 것이다. 협상은 이루어졌다.[47] 상투성과 영리함을 결합하여 남성적 허영심을 부추기는 방법만으로도 성공을 거두기에 충분했다.

과거 경찰청에서 인질범을 상대로 협상전문가의 역할을 해왔던 쉬라너[48]는 현재 어려운 경제적·정치적 갈등상황을 조정하는 그림자 협상의 전문가로 활약하고 있다. 그의 신조는 '우리가 저지르는 가장 큰 오류 중 하나는 양쪽 모두 이득을 보는 윈-윈 협의가 가능하다고 믿는 것이다'이다. 쉬라너의 가이드라인은 특별한 요소를 내포하고 있다. "이기기를 바란다면 당연히 지는 쪽도 있기 마련이다." 하지만 당신은 나에게 이렇게 말할 것이다. "살다 보면 패배자와 최소한 두 번 이상은 만나야 할 텐데 그렇게 되면 상대가 나를 미워할 것이 아닌가. (중략…) 장기적으로는 서로 윈-윈하는 관계만이 살아남을 수 있다"고 말이다. 쉬라너는 그 말에 반박한다. 그에 따르면 "파트너십은 양쪽이 모두 이긴다고 해서 유지되는 것이 아니다. 그 안에 속한 모든 사람들이 스스로가 이겼다고 확신할 때 관계가 유지될 수 있다. 그러므로 당신의 목표는 상대가 이겼다고 믿도록 만드는 것이다. 이 확신은 진실과는 상관없다. 협상의 성공은 진실과는 아무런 상관없이 협상 상대의 머릿속에 들어가 게임을 얼마나 잘 펼치느냐에 달려있다. 스위스 민영 TV방송국의 진행자인 매글리도 이미 쉬라너의 이론을 알고 있는 것 같다. '직장생활에서 어떤 형태로 스스로를 내세울 것인가?'라는 질문에 교과서적인 답변을 내놓았기 때문이다.

"협상을 할 때 나는 나 자신을 폄하시킴으로써 상대가 이겼다는 기분을 느끼게 하고, 이를 통해 내가 원하는 결과를 쉽게 얻을 수 있었다. 협상에는 윈-윈이라는 것이 있을 수 없기 때문이다. 단지 상대가 자신이 더 큰 이득을 얻었다고 생각하는 것만으로 충분하다." 이 같은 목적을 이루기 위해서는 감정에 사로잡히지 않고 투명한 소통을 해나가는 것이 매우 중요하다. 하지만 많은 이들이 이와는 다르게 반응한다. 사람들은 짜증이 나더라도 꾹 참고 분노지수가 15%에서 85%로 증가할 때까지 기다렸다가 마침내 폭발한다. 분노를 참는 것은 좋지 않다. 직장에서의 일로 분노를 안고 있다면 그것이 당신의 휴식을 망칠 뿐 아니라 수면을 방해하고 배우자와의 관계에도 악영향을 줄 수 있기 때문이다. 통제하지 못할 상태로 화가 치밀기 전에 분노해야 할 상대에게 화살을 돌리는 것이 현명하다. 즉, 예방 전투를 연습하는 것이다.

적절한 타이밍에 겁먹기

보험 판매원인 모니카는 한동안 회사에서 요구하는 것처럼 하루에 5명의 고객을 응대하지 않고, 은밀하게 3명의 고객만 응대해왔다. 그녀는 이 세 고객과의 약속을 큰 글자로 사무실 업무판에다 기록해두는 방식으로 자신이 사실과는 다르게 하루 종일 바쁘다는 것을 어필했다. 그녀의 상관인 슈미트는 그것을 보면서 자신이 마치 5라는 숫자도 셀 줄 모르는 바보 취급을 받는 듯해서 기분이 상했다. '이런 방식으로는 더 이상 안 되겠어.' 상관은 직무를 제대로 수행하지 않는 자신의 부하 직원을 야단치기로 결정하고 즉시 전화를 걸었다. 하지만 전화통화가 되지 않자 직무 대리인 막스에게 꾸짖는 일을 하달하기로 했다. 막스는 모니카의 전화응답기에 짧은 메시지를 남겼다. "모니카, 즉시 나에게 전화해주세요. 상관이 얘기를 나누고 싶어 하는데, 그 전에 나랑 얘기 좀 합시다." 모니카가 막스에게 전화를 걸자 그는 간단하게 상황을 설명해주었다. 그런 다음 막스는 말했다. "모니카, 당신에게 경고를 해야겠으니 내게 화를 내지는 마세요."

그리고는 연극적인 말투로 말문을 열었다. "내가 하려는 말은 우리 상관이 곧 당신을 찾아가서 원칙을 지키지 않은 것을 따질 거라는 겁니다. 모니카 씨의 주간 계획표를 보면 하루에 고객과의 면담이 3건밖에 잡혀 있지 않은데, 앞으로는 어떻게 해서든지 5명씩은 응대를 해야 한다는 것이죠. 가장 좋은 방법은 슈미트 씨에게 가능한 한 빨리 직접 찾아가서 말하는 겁니다." 모니카는 막스에게 고마움을 표시했다. 비공식적으로 자신을 불러 경고를 해주지 않았더라면 몹시 곤란한 상태에 처했을 것이었다. 막스는 자신의 역할에 대해 자부심을 가지고 있었다. "제가 맡은 역할은 '착한 사람-나쁜 사람'이라는 유명한 공식에서 착한 사람이었지요." 문제를 일으킨 직원과 서로 예의 바르게 선제 대화를 나눔으로써 언짢아 하는 상사와 논쟁을 벌여야 하는 불필요함을 막을 수 있었기 때문이다. 이것을 '예방적 두려움' 혹은 좀 더 부드럽게 '반성'이라고 부른다. 모니카가 겁먹은 것은 결과적으로 회사에 도움이 되었다. 그녀는 다시는 하루에 3명만의 고객을 응대하는 게으름을 피우지 않을 것이기 때문이다. 또한 빠른 시일 내에 스스로 상사에게 자신의 실책을 고백하게 될 것이다. 당신은 어떤 경우에 미리 겁을 먹는가? 그것이 어떤 경우인지에 따라 전략의 의도를 쉽게 간파할 수 있다.

가령 스트레스를 잘 주는 상사가 부하직원들에게 압박을 가하려는 의도로 잘 쓰는 문장이 있는데, 그것은 금요일 오후에 이렇게 말하는 것이다. "다음 주 월요일에 꼭 할 말이 있어요." 이 문장은 협박의 효과를 위해 의도된 것이기도 하다. 마치 천천히 몸에 퍼지는 독약처럼 피해자를 공포와 두려움으로 꼼짝하지 못하게 만들 의도가 아니라면 상사는 얘깃거리를 즉각 입 밖으로 내었을 것이다. 하지만 그는 그렇게 하지 않았다. 만약에 당신의 상사가 이 문장을 당신에게 사용한다면 겁먹지 말기 바란다. 주말 내내 걱정에 사로잡힐 필요도 없다. 월요일에 무슨 일이 생길지 생각하지도 말라. 그런 반응이 바로 당신의 상사가 의도한 것이기 때문이다. 상사가 염두에 둔 것은 월요일에 당신과 하게 될 대화가 아니라 그로 인해 확실하게 가동될 당신의 자기비판 기능이다. 이를 잘 이해하고 나면 당신은 느긋하게 쉬어도 된다. 상상할 수 있는 나쁜 일은 일어나지 않을 것이기 때문이다. 여러 실례를 통해 볼 수 있듯 협박은 그 효과를 노리고 하는 것이다. 하지만 협박이 통하지 않는 경우도 있다. 그럴 때는 실천이 따라야 한다.

달콤한 말 대신 행동으로 답하라

파펜은 프랑크푸르트의 직장인이다. 그는 타우누스 산맥의 가장자리에 있는 교외에 살고 있는데 주인과 반쯤 분리된 셋집이다. 특별한 것은 아무것도 없었다. 이 지역에는 대부분 집주인들이 거주하고 있었는데 그중에는 풍족한 재산을 갖춘 이들이 많았다. 그 중에는 파펜이 경제적으로 풍족하지 않다는 것을 실감하도록 하려는 사람도 있었다. 아무리 이웃들과 좋은 관계를 유지하기 위해 애를 써도 이곳 주민들은 자신의 부를 자랑스러워하며 세입자들과 거리를 두려는 태도를 보였다. 파펜은 실망감과 피곤함을 동시에 느꼈다. 특히 끊임없이 자신의 집에 설치되어 있는 벽난로의 장점에 대해 자랑을 해대는 79세의 이웃집 할머니는 그를 몹시 귀찮게 했다. "자네 집에는 아마 벽난로가 없겠지?" 할머니는 넌지시 묻곤 했다. 그녀에게 집안에 설치된 벽난로란 물질적 풍요로움의 상징일 뿐 아니라 지성의 상징이기도 한 것 같았다. "그럼 자네는 당연히 오페라 회원권도 없겠네." 그 오만함이라니! 파펜은 노파에게 겸손함의 미덕을 가르쳐주고 싶은 열망에 사로잡혔다. 이 교훈을 나중에 그는 '파펜 방식'이라고 불렀다. 프리드리히 뒤렌마트(스위스의 극작가_역주)의 희곡 속에 등장하는 인물을 연상시키는 그 할머니가 짧은 휴가를 위해 발레아리크 섬으로 떠나고 나자 그가 복수전을 펼칠 시간이 다가왔다. 그는 오전 11시경 검정색 작업복을 차려입고 자신의 집과 붙어 있는 할머니의 정원으로 들어가 그녀가 특히 자랑스러워하던 테라스 앞의 작은 일본산 나무를 베어버렸다. 그리고 나무를 자신의 창고로 옮겨서 벽난로 크기에 맞게 잘라 할머니의 테라스에 가지런히 쌓아두었다. 그것은 할머니의 벽난로를 위한 최고의 땔감이 되어줄 것이다. 그는 단지 노인을 위해서 도움을 준 것뿐이다. 파펜은 인터뷰에서 당시 자신의 행동은 지난 수년간 그가 한 일 중 최고의 만족감을 주는 것이었으며, 그렇게 공격성을 내보임으로써 내면적 평화와 조화를 찾았다고 말했다. 이후에 그는 아무런 보복을 당하지 않았다. 휴가에서 돌아온 할머니는 기절할 정도로 놀랐지만 파펜이 그런 일을 했을 거라고는 꿈에도 생각하지 못했다. 그저 가족 중 누군가의 짓이겠거니 생각했다. 파펜을 과소평가한 것이다.

심리학은 이런 경우를 향상성 원칙의 재건[49]이라는 용어로 설명한다. 오스트리아의 갈등 조정 전문가 에드 와츠케는 이를 좀 더 쉽게 풀었다. 즉, 파펜이 한 일은 경멸스러운 복수의 행위가 아니라 두 세계의 '균형을 불러오는 춤'과도 같다는 것이다.[50] 그렇다면 당신은 앞으로 마음에 들지 않는 이웃의 나무를 자르거나 못된 동료의 분재화분을 엉망으로 만드는 일을 굳이 해야만 할까? 당연히 아니다. 이같이 아슬아슬한 행동은 단지 앞으로의 당당한 행동을 위해 당신이 과거에 한 여러 가지 행동을 반추하도록 상기시키는 역할을 할 뿐이다. 직장생활에서 경험하는 여러 가지 저항들을 견뎌내려면 당신에겐 용기가 필요하기 때문이다. 메클렌부르크-포르포메른 지역의 시의원인 사비네도 이 생각에 동조한다. "저는 세상에 대해 총체적인 방식으로 접근하고 모든 가능성들이 조화를 이루는 상태를 원합니다. 사실 어두운 부분도 제가 없애지 못하는 저의 한 부분이며, 수년간의 직업적 경험을 통해 이제는 어두운 부분을 훨씬 나은 방식으로 통합할 수 있게 되었지요. 저는 좀 더 활기찬 삶과 에너지를 원하며 동시에 저와 타인이 가진 어두운 면에 대해 덜 두려워하길 바랍니다." 나는 여러분들이 필요하다면 자신들의 어두운 면을 좀 더 존중하기를 바란다. 동시에 그것을 개인적인 삶의 부분으로 전가시키지 말라는 경고이기도 하다. '집에서는 그렇게 하지 마세요'는 중요한 원칙으로 삼을만한데 직업 세계에서 장밋빛 미래를 약속하는 방식이 개인의 삶에서는 재앙을 불러올 수 있기 때문이다. 직설적으로 행동하며, 두꺼운 판자를 긴 호흡으로 지속적으로 뚫어서 구멍을 내는 작업방식은 특히 힘든 작업을 하는 데 있어서 매우 효율적이며 직업 세계에서 발생하는 갈등을 해결하는 데 도움이 된다. 하지만 사생활에서 이 같은 방법은 역효과를 일으키며 이득 없는 승리만을 가져올 뿐이다. 예를 들어 휴가 장소를 선택하거나 가구를 고르는 데 있어서 배우자의 뜻과는 정반대의 의견을 내세운다 치자. 이때 성공한다 할지라도 끊임없이 떨어지는 낙수는 언젠가는 바위에 구멍을 낸다. 당신이 배우자를 오랫동안 쉴새 없이 설득하려 한다면 배우자는 절망하며 체념하고 말 것이다. 보통 이때의 끄덕임을 동의로 착각하곤 하는데 이러한 억지춘향격의 동조는 당신의 사생활을 보호해주지 못한다. 이득 없는 승리는 스스로 복수를 자행하는 것과 같다. "왜 화를 내지? 우리 같이 합의한 문제가 아니었어?" 지배적인 성향의 배우자는 이와 같이 시답잖은 반응을 할 것이다. 그러므로 오늘날 좋은 배우자가 되려면 동시에 두 가지의 롤모델을 충족시켜야 한다. 직업세계에서의 지속성과 성공 그리고 사생활에서의 약속 이행과 유연성이 바로 그것이다. 이 둘이 갖추어질 때만이 직장생활에서 조화를 이룰 수 있다.

12년 경력의 상담가이며 기혼에다 역사적으로 증명된 배우자 모델의 영향을 받은 쿤츠는 결혼생활의 성공을 보장하는 두 가지 원칙을 제시했다. 하나는 '당신이 옳아요'이고, 다른 하나는 '나도 그렇게 생각해요'이다. 배우자에게 기꺼이 동조하려는 이 같은 태도는 강제적인 태도와는 정반대지만 그의 관점에서는 장기적이고 만족스러운 결혼생활을 보장하는 열쇠이다. 슐레스비그-홀슈타인의 세무서에서 일하는 크리스티안은 스스로를 일과 생활이 조화로운 사람으로 자신한다. 비록 그의 부인은 그를 약간 유행에 뒤처지는 사람이라고 볼지라도 말이다. 그는 종종 남자 동료들에게 이렇게 조언하곤 한다. "일이 끝난 후 집으로 가는 길에 주유소에 들러《코스모폴리탄》같은 당신의 부인이 좋아하는 잡지를 사서 들어가게. 저녁을 먹고 아내에게 제일 좋아하는 차를 끓여준 뒤 그 잡지를 건네고, 부드럽게 목 마사지를 해주는 거야. 그렇게 하면 당신의 부인은 사랑받는다고 느낄 것이고, 절대 당신을 떠나는 일이 없을 거야." 여기서 질문 하나! 어째서 부인이 결코 당신을 떠나지 않을 것이라고 생각하는가? 쿤츠는 대답했다. "한번은 제 아내가 저를 떠나면서 무엇을 챙겨갈지 계산해본 적이 있어요. 거기에 비하면 제가 내야 할 세금은 아무것도 아니더군요. 문제가 생길 때마다 그 생각만 하면 아내를 더욱더 사랑하게 된답니다." 세무사로서의 단순한 깨달음이 아니겠는가! '결혼 생활의 위기를 극복하는 것보다 더 큰 경제적 이득은 없다'라는 것이 그의 신조이며, 이를 통해 그는 26년 간의 결혼생활을 그럭저럭 잘 헤쳐갈 수 있었다.

칭찬-비판-칭찬 피드백

다시 직장생활과 간혹 필요한 단순한 반응으로 돌아가 생각해보자. 이는 대응에 관한 교육 원칙을 따라야 한다.[51] '현재의 단점에 대해 자연스럽게 비판하면서도 전체적으로는 개인의 인격을 존중하고 인정하기'가 바로 그것이다. 화장품 회사의 프로젝트 매니저로 일하고 있는 하이네스는 그 모범으로 삼을만하다. "하신 일에 대해 저는 아주 만족합니다. 지난달 업무는 짧은 기간임에도 불구하고 정말로 훌륭하게 마무리 지으셨더군요. 축하합니다! 하지만 제가 지적해야 할 사항이 하나 있네요. 지난 회의 프로토콜을 너무 성의 없게 작성하셨어요. 이 부분은 수정을 해주셨으면 좋겠네요. 물론 당신이 성취한 다른 일에 비하면 사소한 부분이긴 하지만 그래도 괜찮겠지요?" 하이네스의 피드백은 약칭 'LKL'이라고도 할 수 있는 '칭찬-비판-칭찬 원칙(Lob-Kritik-Lob Prinzip)'에 기반을 두고 있다. 흉한 진실을 포장하여 성공이라는 줄에 살짝 걸려 있는 하나의 결점처럼 보이게 하는 것이다. 이런 식의 피드백은 상대가 비판을 훨씬 편하게 소화할 수 있게 만든다. 비판받는 사람은 망신을 당하는 일이 없었으니 좌절이나 굴욕감을 느끼지 않고도 논점을 파악할 수 있고, 대화가 끝날 때쯤에는 다시 의욕을 느낄 수 있다. 여기서 핵심적인 것은 당신이 전달하고자 하는 피드백의 내용과 논점을 빠르고 정확하게 전달할 것과 너무 장황한 말로 논점을 흐리지 않는 것이다. 멜빈 L 질베르만과 프레다 한스부르크는 두 사람이 공저한 책에서 이 LKL 피드백의 시간을 최대 60초로 권유했다.[52] 스포츠 및 문화면 자유기고가인 라르허는 이를 다음과 같이 축약했다. "중요한 것은 신뢰할 수 있는 친근함입니다. 저는 지인들에게 피드백을 할 때 최선의 조언을 해준다고 느낄 수 있도록 신경을 많이 씁니다. 상대는 비판의 의미를 알아차렸음에도 제 피드백을 긍정적으로 받아들이지요." 하지만 도무지 칭찬할만한 점이 없는 성질 나쁘고 유머를 모르는 동료라면 칭찬의 방법이 거의 통하지 않는다. 보다 직접적인 방법을 사용하는 것이 더 낫다.

'직장에서 어떤 형식의 상호작용이 당신의 의욕을 꺾어놓는가?'라는 질문을 던졌을 때 다양한 대답이 쏟아졌다. 그 대답 속에는 한 팀에 속하는 직장 동료에게 덜 친절하거나 간혹 혹독한 수단으로라도 행동의 변화를 촉구해야 할 충분한 이유들이 숨어 있었다. 하지만 이는 사실 어려운 일이며 항상 성공을 거두는 것도 아니다. 이는 당신 때문이 아니라 상대방이 너무 둔한 반응을 보이기 때문일 수 있다.

- 내 아이디어를 훔치고 의도적으로 내 기회를 빼앗는 것을 보고 충격을 받았다.

- 나를 모방하는 동료를 보면 한심하다는 생각이 든다. 그리고 스트레스 받는다고 남을 함부로 대하거나 못되게 구는 것을 보면 경멸스럽고 구제불능이라는 생각을 하지 않을 수 없다.

- 멍청함과 권력욕이 결합된 것은 가장 큰 벌이다. 이들에게는 냉소나 비꼼도 소용이 없는데 이들이 그렇게 된 것은 동료나 상사가 제대로 된 비판을 하지 않아서가 아닐까 하는 생각이 든다.

- 특히 휴가에서 돌아왔을 때 동료들이 그동안 얼마나 피곤했는지를 하소연하면 난 의욕이 꺾이는 것을 느낀다. 안 그래도 미안한 마음이 있는데 군이 나에게 불평을 해야 할까 하는 생각이 들지만 그들에게 직접 말하지는 못했다. 혹시라도 내가 하고 싶은 말을 다했을 때 사람들이 나를 흉볼까 두려웠기 때문이다. 어쨌든 기운이 빠지는 것은 사실이다.

- 누군가가 나의 실수를 집요하게 탐색하거나 가방끈이 나보다 길다는 이유로 항상 아는 척하는 것이 정말 싫다.

이처럼 의욕을 꺾어놓는 동료나 상사가 없다면 이 세상의 회사나 정부 조직은 훨씬 알차게 돌아갈 수 있을 것이다. 그러므로 이처럼 상생의 규칙을 무시하는 사람들이 자신의 한계를 깨달을 수 있도록 직업

환경을 조성하는 것이 중요하다.

직장생활에서 다른 사람에게 조종당하도록 스스로를 내버려두지 말자. 예의 바른 것은 좋지만 직장생활에서 자기 부정의 모습을 보이는 것은 자신에게 도움이 되지 않는다. 그렇다고 무례하게 행동하라는 얘기는 아니다. 적절한 수준의 대처가 중요하며 이는 어느 곳이나 마찬가지이다. 당신도 필요하다면 공격적으로 될 수 있다는 것을 동료에게 보여주어야 한다.

직장 내에서의 감정적 대처법

화장품 회사의 사원 엘케는 활동 영역이 넓어서 출장을 자주 나간다. 이번에는 동료 직원인 베르한과 함께 출장을 가게 되었는데, 그는 시간 약속을 지키지 않기로 악명이 높은 데다 순식간에 어디론가 사라지기 일쑤였다. 오늘도 마찬가지였다. 하루가 바쁘게 끝나고 엘케는 집으로 가기 위해 호텔 앞 택시에 승차해 있었다. 그녀가 원하는 것은 이제 집으로 무사히 돌아가는 것뿐이었다. 천천히 시간이 흘러갔고 공항으로 가야 할 시간이 되었다. 그런데 베르한은 대체 어디로 간 거지? 분명 중요한 이야기를 한답시고 어딘가에서 빈둥거리고 있을 것이다. 결국 우려하던 일이 벌어지고 말았다. 집으로 가는 비행기를 놓친 것이다. 결국 엘케는 늦은 밤이 되어서야 귀가할 수 있었다. 그 바람에 딸에게 잠자기 전 동화책을 읽어줄 시간조차 놓치고 말았다. 너무나 화나는 일이었다. 그리고 그것은 화나야 마땅할 일이기도 했다. 3주 후에 엘케는 판을 뒤집기로 결심했다. 더 이상 베르한의 반복되는 행태를 봐줄 마음도, 그럴 수도 없다고 여겼기 때문이다. 누군가는 그에게 따끔한 맛을 보여주어야 한다. 그리하여 엘케는 저녁 8시 25분 비행기를 예약했다고 베르한에게 통보한 뒤 일부러 지연시켜서 비행기를 놓치게 만들었다. 엘케는 미리 저녁 9시 50분 비행기 티켓을 한 장 더 예약해두었다. 이 시간의 비행기는 대체로 예약이 꽉 차기 때문에 베르한은 비행기 표를 구할 수가 없었다. 결국 그는 출장지에서 혼자 밤을 보내야만 했다. 멋지게 복수에 성공했다. 엘케는 속으로 미친 듯이 웃었다. 그것만으로 충분했다. 물론 베르한에게는 아무 말도 하지 않았다. 엘케의 복수가 비열한 것 같다고? 물론이다. 그녀의 정신에 긍정적인 영향을 미쳤을까? 그렇다. 그것도 많이! 그로 인해 그녀는 내면의 균형을 찾고 직업생활에 필요한 평정심을 얻게 되었다. 그보다 더 중요한 것은 앞으로는 베르한이 절대로 엘케를 우습게 보지 못할 것이라는 사실이다. 그렇다면 그가 앞으로는 약속 시간을 더 잘 지키려 노력할까? 아마도!

윈-윈 전략에 대한
믿음 때문에
공격 공포증에 시달릴
필요는 없다

- **자신의 어두운 면을 받아들이자!**

  직업 세계에서 자신의 두려움과 허영심을 다른 사람들이 눈치채지 않도록 통제하는 것이 필요하다. 또한 동료나 상사의 약점을 잘 알고 배려해주는 사람은 공감 능력이 뛰어난 사람으로 비춰지며 실제로 승자라고 할 수 있다.

- **윈-윈 환상과 작별하자!**

  이 세상에 윈-윈이란 없다. 당신이 상대하고 있는 사람이 자신이 승리했다고 여기는 것만으로 충분하다. 상대가 좋은 기분을 유지하게끔만 하면 된다.

- **폭발할 때까지 참지 말자!**

    갈등 상황을 너무 오래 방치하여 스스로의 기분을 망치는 것은
    좋지 않다. 당신이 폭발하기 전에 혼나야 할 사람에게 격앙된 감
    정을 표현해보자. 180도씨로 끓어오르는 것처럼 행동하는 것만
    으로도 충분하다.

- **비판도 올바른 방식으로 포장할 필요가 있다!**

    대립적인 상황에서 비판적인 피드백을 가할 때의 가이드라인과
    원칙을 따르자. 또한 구체적으로 비판할 부분을 거론하되 전체
    적으로는 상대방의 인격을 존중해주어야 한다. 이때 부드러운
    목소리는 필수적이다. 이런 방식을 통해 상대에게 상처를 줌으
    로써 생기는 갈등을 피할 수 있다.

격앙된 분석,
날카로운 태도와
LKL 피드백

• 과제 1

격앙된 분석을 실행하라. 당신의 신경을 긁어대는 사람(혹은 그럴 가능성이 있는 사람)에 대해 생각해보라. 생각하는 것만으로도 분노가 치밀어 오를 수 있다. 분명 당신에게도 그런 사람이 있을 것이다. 동료나 과거 혹은 현재의 상사, 과거의 배우자나 친구 중에 있을 수도 있다. 그 사람의 이름을 적어보자. 자연스럽게 속에서 화가 치밀어 오르고 표정도 일그러질 것이다. 내심 느긋한 상태라고 해도 말이다. 격앙된 상황에서 당신은 진심으로 분노하기 전에 분노한 척을 하는 것이다. 이는 번-아웃 증후군을 예방하는 좋은 방법이기도 하다.

- **과제 2**

  사적으로 혹은 직장에서 당신이 했던 똑 부러지는 행동에 대해 한번 적어보라. 하지만 내가 이 과제를 부여했을 때 많은 이들은 즉석에서 아무것도 생각해내지 못했다. 그건 큰 문제가 아니다. 아마 잠자리에 들기 전이나 2주 만에 옛날 일이 떠오르게 되면 악마적인 쾌감을 느끼게 될 것이다.

- **과제 3**

  LKL 원칙을 연습하자. 비판적인 피드백에 대해 상대가 상처받지 않고 긍정적으로 받아들이도록 하라. 예행연습 삼아 과거에 혼내고 싶었던 동료를 생각해보자. 그 사람이 여전히 가지고 있는 두 가지 장점에 대해 생각해보라. 그런 다음 그 사람에 대해 구체적으로 비판하고 싶은 부분을 떠올리고, 그가 가진 장점을 다시 생각해보라. 그런 방식으로 비판을 포장하면 상대방이 모욕감을 느끼지 않고 잘 받아들일 수 있다. 익숙해질 때까지 연습하자. 기억해야 할 것은 피드백에 걸리는 시간이 60초를 넘지 말아야 한다는 것이다.

ROUND

4

제대로 된
공격성 탑재하기

무시 전략과
산탄총 원칙,
공격의 모순에 관하여

공격성을 타고난 사람들

병원의 신생아실을 떠올려보자. 아기가 누워 있는 작은 요람이 나란히 놓여 있다. 대부분의 신생아들은 매우 평온하게 누워 있는데 이런 아기들은 엄마들이 수유를 할 때 잠에 빠져드는 것을 막기 위해 살짝 볼을 건드려야 할 때도 있다. 우리가 여기서 다루고자 하는 것은 이런 '요람형 아기'들과는 좀 다른 타입의 아기들이다. 젖을 너무나 세고 강하게 빨아서 산모의 유두가 다치지 않도록 플라스틱 패드 등으로 보호해주어야만 하는 아기들에 대한 이야기이다. 세상에 태어난 지 얼마 되지도 않았고, 이도 없는 아기들은 욕구가 강한 성향을 이런 식으로 드러낸다. 선천적으로 강한 욕구를 타고난 아이가 앞으로 살아가면서 그것을 건설적인 태도로 발전시킬 것인지, 파괴적인 방식으로 나아갈 것인지는 누구도 알 수 없다. 그것은 앞으로 수년 혹은 수십 년 동안 신생아에게 미칠 문화적 영향이나 교육 혹은 사회화 과정 등에 달린 것이다. 아이의 미래가 어떤 모습으로 결정될지 일단 최악의 시나리오를 가정해보자.

나쁜 교육이나 환경의 영향을 받은 아이는 미래에 나쁜 짓을 하며 자신이 가진 선천적 능력으로 불량배들을 이끌거나 다른 사람을 괴롭히는 데 사용할 것이다. 최상의 시나리오도 있다. 당찬 성격을 타고난 아이는 자신의 능력을 창조적이며 남을 도와주고 자족할 수 있는 에너지로 활용하면서 사회적 기업이나 직업을 창조해낸다. 선천적으로 강한 성격을 타고난 사람이 선한 인물이 될지 악한 사람이 될지는 순전히 환경과 개인적 의지에 달려있다는 것이다.[53]

그렇다면 이 공격성은 어떤 의미이며 이것을 어떻게 유익하게 활용할 것인가? '공격성(Aggression)'이라는 단어는 라틴어인 '아그레데레(agredere)'에서 유래한 것으로 그 뜻은 '앞으로 나아가다' 혹은 '어떤 것에 접근하다'라는 것이다. 부정적인 의미는 전혀 담겨 있지 않다. 이러한 욕구는 모든 인간이 태어나면서부터 가지고 있다. 즉, 공격성은 남녀노소나 특정한 문화권을 가리지 않고 모두에게 편재하는 성향 혹은 현상이다.

공격성이 가져올 긍정적인 변화

긍정적인 공격성은 힘든 직장에서 버티고 나아갈 수 있는 당찬 성향을 의미하기도 한다. "언뜻 보기에 '긍정적인 공격성'이라는 말은 모순된 것처럼 보이기도 합니다"라고 《PA-직장생활에서의 요소》라는 책을 쓴 저자 헤드비그 켈너는 말했다. [54] 이 같은 모순은 해결 가능한 것인데 긍정적인 공격성이란 "직장 내에서 헌신적이며 (중략…) 대부분의 동료나 상사들이 자신에게 동의하지 않는 상황이라 할지라도 자신의 입장을 쉽게 굽히지 않으며, 회의나 모임에서 타인의 의견을 경청하고 자신의 말을 분명히 전달하며 (중략…) 또한 거듭된 저항 속에서 패배한 후에는 새롭게 용기를 얻어 스스로 일어서며 (중략…) 다른 사람의 반감을 일시적으로 혹은 영원히 살 수도 있는 결정을 내릴 수도 있다." 켈너는 신뢰할 수 있고 저항과 비판에 직면해서도 위축되지 않은 성숙하고 책임감 있는 이상적인 직장인의 모습에 대해 묘사하기도 했다. 나는 설문자들에게 긍정적인 공격성에 대한 기대와 욕구에 대한 질문을 하면서 켈너의 공격성에 대한 정의를 다시 생각해보았다. 설문자들의 답변은 흥미로우면서도 놀라울 정도로 솔직했으며, 많은 구직자들이 다음과 같은 답변을 통해 발전을 바라고 있다는 것을 보여주었다.

- 저는 제 안의 공격성을 억압할 뿐 아니라 어떻게 다루어야 할지

조차 모르겠어요. 그러다가 사적인 영역에서 무분별하게 폭발하기도 한답니다. 그러면서도 직장에서 누군가 정당하건 부당하건 개인적으로 저를 공격하는 경우엔 한 마디도 못한 채 그대로 있지요. 가족들에게조차 악영향을 미치는 이런 무의미한 에너지 낭비를 그만두고 싶습니다.

• 제 자신을 당당하게 내세우지 못했던 것이 결국 직장에서 생존을 가늠하는 문제로까지 확대되었지요. 저는 상어에게 잡아 먹히지 않으면서 수영하는 법을 배우고 싶어요. 그렇다고 제가 상어가 되고 싶지는 않습니다.

• 목표한 것이 있을 때 필요한 논쟁에서 좀 더 용기를 내고 싶어요. 처음 직장생활을 할 때는 그렇게 세지는 않지만 상당히 당찬 성격이었는데 팀원들과 세미나를 하는 동안 그런 당당함이 없어졌어요. 그러다 보니 우유부단한 성격이 되어 버렸는데 지금은 예전의 성격을 되찾고 싶네요. 저 자신뿐 아니라 부서의 발전을 위해서도 그게 훨씬 긍정적인 것 같거든요.

• 적어도 직장에서는 모두에게 잘 보이려는 행동을 하지 말았어야 했어요. 그동안 겁쟁이였지만 앞으로는 단단한 바위 같은 사람이 되고 싶습니다. 싸우기를 두려워하는 것은 제 성향의 한 부분이지만 다시는 피해자가 되고 싶지 않다는 의지도 저의 한 부분입니다. 그러므로 앞으로는 이 두 측면을 어떻게든 결합시켜보

려 합니다.

- 저는 빨리 주눅이 드는 성격이어서 스포츠카라든가 남성의 힘 자랑 등에 관한 화제가 언짢으면서도 반발하지는 못합니다. 공격적인 행동을 내면적으로 강하게 거부하며 대안 없이 재빠르고 날카롭게 응수하는 것을 스스로 자제시키고 있기 때문입니다. 법조계에서 일하는 제 남성 동료들은 자주 공격적인 방식으로 저를 대합니다. 그럴 때마다 제 가장 깊숙한 내면에서 싸우고자 하는 욕망이 맹렬하게 들끓지만 저는 바로 그 욕망을 없애고 말지요. 이제는 더 이상 도망치지 않고 저를 괴롭히는 인간들을 쫓아버리고 싶습니다.

위와 비슷한 종류의 답변을 공격성 설문을 통해 반복해서 확인할 수 있었다. 그러므로 우리는 이것이 직장인들이 느끼는 단순한 딜레마가 아니라는 것을 알 수 있다. 오히려 대부분의 직장인들이 오해받고 배려받지 못하는 상황 속에서 에너지와 패기를 내보이지 못하고 가슴앓이를 하다가 나약해짐으로써 켈너가 말하는 용기와 당당함을 잃게 된다는 것을 알 수 있다. 바로 이때 긍정적인 공격성이 도움이 될 수 있다. 자를란트 주의 운송 회사에 다니는 보퀸은 이것을 시도하고자 한다. "저는 저를 내세우게 될 경우 사람들의 시선을 한 몸에 받고 제가 한 행동을 점검받는 것에 대한 공포로부터 자유로워지고 싶어요. 남자들로만 가득 찬 세상에서 매일 접하는 불쾌한 공격에도 좀 더 여유롭게 유머로 응대하고 싶답니다." 드레스덴의 이벤트 조직업체에서 일하는 크리스티안은 긍정적 공격성이 자신의 생존에 필수적인 요소라고 믿는다. "동료나 다른 직원들(때로 공격적이기도 한)에게 일을 시키지 못하면 제가 직접 해야만 합니다. 제 능력을 넘어선 추가적인 업무를 하고 나면 코너로 몰리는 느낌이 들지요. 그러다 피로에 지쳐 나가 떨어지면 실적 부족이라는 결과에 대해 비판을 받게 될 거예요."

긍정적인 공격성을 지닌 사람은 자신의 역동성을 문화적, 미학적 혹은 사회적, 경제적 실천으로 전이시킨다. 심리분석학에서는 이러한 현상을 '승화'라고 부른다. 승화와 관련되는 활동은 창조적인 활동, 지적인 작업, 혹은 커다란 가치를 지니는 일반적인 행위가 있다.[55] 이 같은 활동은 성적·공격적 충동 에너지에서 비롯되는데 이 충동 에너지는 '엄청난 양의 에너지를 내뿜고 강도를 유지하면서 목표를 변화시킬 수 있는 특징'을 가지고 있다.[56] 육체적 공격성이 극대화된 업무능력으로 전환되거나 성적 에너지가 스포츠 에너지로 전환되어 더 나은 결과를 가져오는 것도 이 때문이다. 운동선수들이 중요한 경기 전날에 섹스를 자제할 것을 권유받는 것도 마찬가지다. 로버트 그린이 쓴 《권력의 법칙》이나 유르겐 뤼르센과 마르크 올리버 오프레스니크가 공저한 《직장 경력의 은밀한 법칙》, 로버트 서튼이 쓴 《또라이 제로 조직》[57] 같은 책은 현실적이면서 기발하고 항상 도덕적으로 올바른 것만은 아니지만 실용적인 도움을 준다. 이들 저자들은 가혹한 직업 세계의 현실만을 애기하는 것은 정치적인 올바름을 신성하게 여기는 이 사회에서 비판을 받을 수밖에 없다는 것을 잘 알고 있다. 노르베르트 볼츠와 다비드 보스하르트는 이들이 90년대 중반에 공저한 《컬트 마케팅》에서 냉소적인 태도로 정의했다. "윤리란 입 밖으로 내뱉기만 해도 시민적 흥분을 가져오는 단어이고, 자신이 다른 사람보다 우월하다는 나르시시즘적인 즐거움을 가져다준다. 또한 도덕적인 기준으로 어떤 것을 정의 내리는 사람은 그저 착한 사람이 되는 것만으로는 만족하지 못한다."[58] 젊은 디자이너인 도로테는 우리가 무슨 말을 하고 있는지를 잘 파악하고 있다. "저도 양심에 거리낌 없이 '노'라고 말한 뒤 평온한 미소를 짓고 싶어요. 그러면 모두들 저를 내버려둘 것이고 저도 남들의 비판에 면역성이 생기지 않을까요?"

내가 그런 인간과 일을 같이 해야 하다니!

미카엘은 전국 단위 체인 백화점의 부장으로 재직 중이다. 하지만 그를 괴롭히는 골칫덩어리가 있으니 바로 영리하고 사람들과 잘 어울리지만 남을 헐뜯기 좋아하는 폭탄덩어리와도 같은 이레네라는 직원이었다. 이레네는 1년 가까이 부서원들 사이의 소통을 교란시켜왔다. 또한 그녀는 회사 내에서의 합의를 자신만의 방식으로 해석해서 직원들 사이에 긴장과 혼란을 야기시켰다. 미카엘은 참을성이 많은 사람이었지만 그조차도 이레네를 보면 화가 날 지경이었다. '이 가망 없는 여자 때문에 난 엄청나게 오랫동안 고문을 당해왔어.' 미카엘은 드디어 이레네를 처치하기로 마음먹었다. 하지만 불행히도 직원 대표자 회의에서는 이레네가 매우 프로페셔널하다고 평가하는 의견이 지배적인 관계로 그녀를 없애는 것은 불가능했다. 참 골칫거리였다. 하지만 얼마 지나지 않아 직원 대표조직에서 새로운 비서를 구한다는 소식이 들리자 미카엘은 아이디어가 떠올랐다. 교묘한 방식으로 이레네에게 그 자리를 추천한 것이다. 그녀의 능력이나 자격으로 볼 때 그야말로 안성맞춤인 자리라고 이레네를 설득했다. 미카엘이 그녀의 전문적 능력을 최상급이라고 평가해준 덕분에 직원 대표조직에 속한 직원들도 그녀의 능력에 대해 최상의 표현을 써가며 칭송했다. 그러니 대표조직의 책임자도 이레네를 채용할 수밖에 없었다.

미카엘은 자신이 이레네를 그토록 우아한 방식으로 제거할 수 있었다는 사실이 자랑스러웠고 속으로 행복한 웃음을 터트렸다. 이젠 직원 대표자 조직에서 이레네의 프로페셔널리즘과 싸워야 할 것이다. 그는 자신의 골칫거리를 해결하고 평화를 찾은 것에 대해 깊은 만족을 느꼈다. "일등이 되고자 하는 사람은 적을 존중하고 공정하게 대하며 인정해주어야 합니다. 또 자신과 공동의 이익을 위해 협력할 수 있어야 하지요."[59] 도덕과 강제력을 적절하게 배합하면 아무런 모순이 없다. 우리는 이 아름다운 문장을 깊이 새겨야 할 것이다. 이 문장은 종종 우리가 모질게 행동해야 할 때 죄의식을 느낄 필요가 없다고 말해주기 때문이다.

한 회사의 영업부에서 일하고 있는 헤르만은 매일 심장이 터질 것 같은 긴장을 경험한다. "구조조정으로 인해 온갖 종류의 권력게임이 벌어지고 있습니다. 누구도 이 상황을 벗어날 수 없지만 비열한 속임수를 쓰는 것은 체질에 맞지 않아요. 그렇지만 적어도 이 파워게임의 작동 원리를 이해하고 싶다는 생각이 드는군요. 그렇게 되면 상황을 보다 잘 예측할 수 있을 테니까요." 헤르만은 동료들도 같이 발전할 수 있기를 바라는 사려 깊은 사람이었다. 빌레펠트의 사회연구가인 클라우스 후렐만 교수가 강조하는 것처럼[60] 이는 매우 건설적인 태도로서 사회화(즉, 인간의 발전 과정)는 평생에 걸쳐 진행되며 우리를 변화시키기 때문이다. 그러니 당신의 사회적 인격이 벌써 모두 완성되었다 생각하지는 말라. 순한 양 타입이건 괴롭히는 동료 타입이건 성격은 변한다. 성격은 평생에 걸쳐서 변화될 수 있는 것이다. 독일의 건설 회사 직원인 샤우트는 말했다. "저는 억누르고 있는 공격성을 보다 건설적으로 사용하려고 합니다. 제가 옳은 일을 하고 있다는 것을 확신하고 그로 인해 안정감을 얻고 싶어요. 건설 현장에 흔치 않은 여성 직원인 저는 수많은 투자가와 건설업자들 그리고 건설 현장 노동자들과 접촉하지요. 공격적인 태도를 수시로 대면할 수 있는 현장이다 보니 내적·외적으로 감정적인 동요를 겪지 않으려면 무척 힘이 든답니다."

자신의 공격성을 부정한다 할지라도 잘 살펴보면 공격성이 없는 사람은 없다. 누구도 자신의 잠재적 공격성으로부터 탈출할 수 없다. 잠깐은 억누를 수 있겠지만 결국에는 폭식증이나 거식증과 같이 자신을 공격하는 방식으로 분출되기도 한다. 혹은 프리 클라이밍이나 베이스 점핑과 같은 자살적 성향의 익스트림 스포츠에 빠져들거나 인지치료로 자신의 억압된 성향을 치유하고자 한다. 하지만 그 모두가 어떤 면에서는 비생산적이다. 그렇지 않은가?

자신을 공격하는 것은 해결책이 아니다

볼프강은 업무상의 숫자와 씨름 중이다. 보험문제도 그를 괴롭히고 있었다. 볼프강은 너무나 지쳐서 그저 모든 것을 내려놓고 쉬고 싶다. 그럴 때마다 자신을 위해 '처방'하는 한 잔의 코냑이 유일한 낙이다. 밤 10시에 마시는 한 잔의 코냑은 불안감을 잠재우고 미래에 대한 걱정을 흩트리며 수면을 유도해주기 때문이었다. 하지만 볼프강을 포함한 모든 이들은 그것이 영원한 해결책이 될 수 없다는 사실을 잘 알고 있다. 알코올을 통해 간헐적인 즐거움을 얻는 것에는 아무도 반대하지 않는다. 하지만 직장 문제로 잠 못 이룰 때마다 코냑에 의존하는 것은 답이 될 수 없다. 이때는 자신의 자가공격적 습관 대신 다른 전략이 필요하다. 알코올을 통해 현실을 탈출하려는 성향에서 벗어나 자신의 능력을 키우고 자신감 있는 사람으로 거듭나지 않으면 힘든 시간을 보낼 수밖에 없을 것이다.

전략적 사고 게임을 통해 잠재되어 있는 당신의 공격성을 깨워보자. 독일의 연구단체에 의하면 단순한 내적 독백이 효과적이라고 한다. 즉, 폭풍 같은 분노가 치솟아 오르는 상황을 머릿속에 그린 다음 그 상황에 맞서서 당신의 행동이 만족스러울 때까지 계속 갈등과 맞서 싸우는 것이다. 이미 '노'라고 말하기 연습을 통해 경험해보았을 것이고, 그것을 달성하기까지 시간이 걸린다는 것도 잘 알고 있을 것이다. 하지만 연습으로 안 되는 것은 없다. 나는 사무실에서 계속 중얼거리며 답을 찾곤 했는데 이런 나의 버릇은 동료들을 짜증 나게 만들기도 했다.

긍정적인 공격성을 보인다는 것은 즉각적인 반응을 하는 것이 아니라 자신의 내적 독백에 따라 장점과 단점을 조심스럽게 저울질한 다음 결정을 내리는 것이다. 너무 복잡하다고 생각하는가? 하지만 소통의 오류로부터 당신을 보호해준다는 면에서 시도해볼 만하다. 공격적인 태도를 성공적으로 수행하려면 지속성이 필요하며 급하게 서두르지 말아야 한다. 오해하지 말기 바란다. 나는 속도를 늦추라고 간청하는 것이 아니라 하루나 이틀 정도 지난 후에 행동에 나서라고 권하는 것이다.[61] 또한 연속적인 공격은 과녁을 빗나갈 수 있다는 점에서 위험하다고 할 수 있다. 빌레 펠트에 사는 앙겔라는 어떻게 접근해야 할지를 잘 이해했다. 그러나 실천하는 데 있어서 여전히 문제는 있었다. "제겐 타협하지 않는 에고이즘과 건설적인 협력 사이에서 줄다리기를 할 줄 아는 능력이 필요한 것 같아요. 어떤 것을 명료하게 판단하고 머릿속에서 이 판단을 논쟁으로 옮겨보기도 하지만 실제로 실행하는 데에는 자신감을 잃고 마치 루저가 된 것처럼 느낀답니다."

그녀가 실제 생활에서 긍정적인 공격성을 적절하게 활용하는 것이 얼마나 많은 도움이 될지 깨닫는다면 좋겠다. 다음은 그녀와 여러분들을 위해 내가 말하고 싶은 핵심적인 내용이다.[62] 다음과 같은 환상이 온 세상에 퍼지는 것을 허락한다면 말이다.

1. 긍정적인 공격성이란 자신의 이익을 위해 싸우되 적을 모두 물리치려고 하
   지 않는 것이다.

약한 사람을 모욕하기보다는 직업 세계에서 대면하는 이들을 존중하는 태도를 유지해야 한다. 하지만 불행히도 모두가 이것에 성공하는 것은 아니다. 인쇄소의 하급 관리인 마르크의 예를 들어보자. "이젠 충분해요. 어제 내 비서를 된통 혼내줬어요. 도대체 사람을 뭐로 보고 말이야!" 나의 대답은 다음과 같다. "글쎄요… 축하합니다만 태도를 보니 내일은 수습직원을 혼내고, 그다음 날에는 최하층 복지 수급자까지 혼낼 기세군요?" 아랫사람을 혼내는 것은 긍정적인 공격성이 아니라 그저 지질한 행동에 불과하다. 아랫사람을 대할 때는 모욕할 것이 아니라 격려를 해주어야 한다. 긍정적 공격성은 나와 비슷한 수준의 사람과의 투쟁 혹은 상부와의 투쟁에서 필요한 부분이다. 물론 이 같은 전투에 임할 때에는 바로 그러한 이유로 충분히 미리 고민하고 계획할 필요가 있다.

2. 긍정적 공격성을 가진 사람은 제대로 복수할 줄 안다.

이들은 자신이 어려웠을 때 도움을 준 사람을 잊지 않으며 늘 감사하는 마음을 품고 있다. 또 공정함과 책임감, 진지함을 잃지 않으면서도 다른 사람에게 조종당하지 않기 위해 힘겹게 싸울 줄도 안다. 허나 물류회사의 직원인 로베르트는 이 기술을 제대로 연마하지 못한 탓에 어려움에 처했다. 그는 동료 헤르마 씨의 도움으로 힘든 업무를 무사히 마칠 수 있었다. 하지만 이틀 뒤에 열린 회의에서 로베르트는 헤르마에게 심한 질책을 가해 그녀의 지위에 흠집을 내고 말았다. 그는 이것을 '공식적인 피드백'일 뿐이라고 했지만 그녀의 마음은 이미 떠난 후였고, 그는 이에 대한 대가를 치러야 했다. 그녀는 의도적으로 그를 속이거나 방해함으로써 그의 업무가 엉망진창이 되게 만들었고, 결국 로베르트는 자신이 저지른 실수 때문에 회사 임원진 앞에서 공식적으로 사과를 하기에 이르렀다. 긍정적인 공격성을 가진 사람은 공과를 분명히 되갚을 줄 안다. 로베르트와 같은 동료를 도와주었다가 된통 당하는 일이 계속 일어나면 안 되기 때문이다. 헤르마의 반격을 인정하건 그렇지 않건 간에 로베르트 같은 사람은 정신을 차릴 필요가 있다.

3. 긍정적 공격성을 지닌 사람은 인내심을 가지고 있다.

그들은 굳이 당장 이기지 않아도 괜찮다. 다음 달 혹은 반년 후에 좋은 결과를 얻어도 된다고 생각한다. 페터는 자신의 프로젝트 아이디어를 5년 동안이나 책상에 묵혀두고 있다가 중요한 시기가 되자 마치 마법사가 모자에서 토끼를 꺼내듯 세상에 내놓았다. 그는 인내심을 가지고 있었던 것이다. 또한 묵혀둔 프로젝트를 사람들 앞에 보이기 전에 헤드라인을 살짝 바꾸고 도입부를 수정하는 등 만반의 준비를 했다. 그러자 낡은 아이디어는 새것 마냥 반짝반짝 윤이 났고, 소비자들이 즐겨 찾는 아이템이 되었다.

4. 긍정적으로 공격적인 사람들을 조심해야 한다.

이들은 필요에 따라 다르게 행동할 줄 안다. 이들은 직업 세계의 체스게임 룰을 잘 알고 있어서 누가 주교이며 누가 여왕이고 졸인지 잘 꿰뚫고 있다. 이 복잡한 관계를 파악하는 방법에 대해서는 9라운드에서 배울 것이다. 배우다 보면 싸울만한 가치가 있는 영역이 어디인지 정확하게 파악할 수 있게 된다. 나는 여러분이 성공의 가능성이 전혀 없음에도 불구하고 좋은 의도만으로 싸우는 순진한 사람이 되지 않길 바란다.

독일의 자동차 업체 직원인 마르틴은 다음과 같이 이를 진단했다. "확실하게 해두지 않으면 아무런 소용이 없어요. 제가 공격을 가하는 경우는 아주 드물지만 공격을 해야 할 때가 오면 아주 심하게 합니다. 자동차 산업 분야에서 일하면 가끔 이런 태도가 필요할 때가 있거든요. 결과가 어떻건 간에 직접 눈을 마주 보며 일을 해결해야 할 때가 있다는 것이죠. 마치 느낌표를 찍는 것 같은 순간 말이에요. 저는 이런 거친 대화에 익숙하답니다. 이런 대화에서 중요한 것은 상대의 좋은 점을 확실히 인정하고, 비판할 점을 정확하게 거론하는 거예요." 또한 직업의 세계에서는 마르틴의 동료인 헬가 같은 사람을 조심해야 한다. 그녀는 복수의 의지에 사로잡혀 있는 인물인데 그것은 긍정적 공격성의 조건에는 미치지 못한다. "저는 사람들을 코너로 몰아세우기를 매우 잘하는데, 이유 없이 그런 적은 한 번도 없어요. 저의 혼란스러운 상황에 다른 사람을 개입시켜 혼란을 그들의 탓으로 몰아붙이고, 피해자인 척하는 거죠. 필요하다면 과장을 하기도 하고요. 부분 가발을 쓰고 다니던 동료의 비밀을 몰래 폭로한 적도 있어요. 최고의 모델들이나 쓰는 부분 가발이라 절대 들키지 않을 거라고 생각했던 그 동료는 미친 듯이 분노했지요. 뿐만 아니라 제가 한 일 중 최악으로 꼽을 수 있는 건 이혼한 지 얼마 되지 않은 남편의 논문이 담긴 USB를 없애버린 일이죠. 노트북에 있던 원본도 깨끗이 지워버렸어요." 개인적으로 이혼을 겪고 나서 헬가의 복수심이 커졌다는 것은 충분히 이해가 되지만 그녀의 행동이 사악하고 부적절한 것도 사실이다. 그녀의 말을 듣고 나면 직장에서도 비슷한 행동을 하지 않을까 하는 의심이 든다. 이런 사람은 무조건 조심하는 것이 좋다.

5. 긍정적 공격성을 가진 사람은 협력관계를 중요하게 여기기 때문에 네트워 크를 형성하고 유지하는 데 힘쓴다.

　과정 컨설턴트로 일하고 있는 리사는 '칭찬 문화'를 많이 활용하고 있다. 동료가 부서에 도움이 되는 프로젝트 안건을 제출하거나 업무를 훌륭히 성취하여 회사 임원들의 인정을 받을 때도 그녀는 다른 사람과 달리 축하의 말을 건넸다. 같은 부서의 동료가 거둔 성공을 공개적으로 칭찬한다는 것은 곧 네트워크 관리를 잘 한다는 얘기다. 칭찬을 건네는 것이 당연해 보일 테지만 현실에서는 그렇지 않기 때문이다. 현실에서는 긍정적 이득은 당연하게 받아들이고(독일 슈바벤 지역의 속담처럼 '꾸짖지 않은 것은 이미 칭찬이나 다름없다'), 잘못한 일이 있으면 경멸이 담긴 눈빛을 보내거나 회의에서 비판의 대상으로 삼는다. 하지만 긍정적 공격성을 가진 사람들은 타인의 실수에 관대한 편이다. 리사의 모토는 열심히 일하는 사람도 간혹 실수를 할 수 있다는 것이다. 훌륭한 일을 하는 사람은 존중을 받아 마땅하다. 칭찬의 문화는 불평과 하소연의 구름을 뚫고도 빛나는 것이다. 함부르크의 젊은 자문가인 우르술라는 불평이 많은 사람을 신경증 환자이자 의욕을 꺾는 인물로 본다. "누군가 조금이라도 실수했을 때 금세 비판의 나팔을 부는 사람은 곧 스스로에 의해 자격이 박탈될 것입니다. 다른 사람들이 그의 마음속에 있는 증오심을 눈치채고, 그것이 부서와 경영진에 나쁜 영향을 미치리라는 것을 알아챌 것이기 때문이지요."

6. 긍정적 공격성을 가진 사람은 평균보다 나은 헌신을 보여주며, 팀플레이어 역할을 잘 수행한다.

동시에 실용주의자로서 프로페셔널한 세계에서 어떤 사람이 쓸모가 있을지, 그저 시간 낭비에 지나지 않을지를 잘 알고 있다. 시간의 활용 가치로 자신의 동료를 분류하는 것은 조악한 방식으로 보일지도 모른다. 하지만 자녀가 있거나 많은 시간이 필요한 취미를 가진 사람들은 시간에 대한 개념이 없으면 직장과 개인생활의 균형을 찾기가 매우 힘들다. 행동 적합성의 연구 분야에서는 모호한 인내력을 중요한 덕목으로 파악하는데, 이는 상사나 동료 배우자, 자녀, 친구와 부모 등의 각기 다른 요구를 상호 간에 파열이 생기지 않을 수 있는 방식으로 조정할 줄 아는 능력을 말한다. 또 긍정적인 공격성을 가진 사람은 자신이 우위에 두고 있는 안건을 정하고, 다른 동료들이 불쾌해할지라도 굴복하지 않는 태도를 가지고 있다. 한 단체를 대표하는 이들의 의지 또한 플러스 요인이 된다. 비스바덴의 영업부 사원인 뢰브는 긍정적 공격성을 다른 시각으로 보고 있다. "저는 제 호기로운 에너지를 높이 산답니다. 업무를 보고 정확한 계획을 세우는 데 큰 의욕을 불러일으키거든요. 마치 피부에 따끔하게 진정제를 놓는 듯한 느낌이죠. 간혹 어떤 사람들은 저의 조급함과 완벽주의, 그리고 '괜찮은 사람은 나밖에 없어'라는 듯한 소통방식을 불쾌하게 여기기도 해요." 뢰브는 공격적인 측면을 가지고 있지만 그녀의 자신만이 옳다는 듯한 태도는 오히려 대표자로서의 능력이 부족하다는 것을 드러낸다. 이는 긍정적인 공격성을 가진 사람에게서 볼 수 없는 모습이다.

7. 긍정적 공격성을 가진 사람은 산탄총 원칙에 따라 행동한다.

긍정적인 효과가 퍼지기를 바라기 때문이다. 스위스의 키스나흐트에 있는 건축 회사의 계약 책임담당자인 옌스는 그가 출시한 10개의 프로젝트 중 하나라도 성공하기를 바라고 있다. "저는 솔직히 그중 어떤 프로젝트가 성공할지 전혀 모릅니다. 알고 있었다면 다른 프로젝트는 모두 무시한 채 그것에만 매달렸겠죠. 뭔가를 예측하기란 어려운 일이에요. 그래서 여러 프로젝트를 동시에 시작한 후에 그 중 한두 개만이라도 성공하길 바라는 것입니다. 실패한 프로젝트에 대해서는 별 말을 하지 않습니다. 대신 성공한 프로젝트를 강조함으로써 추진력 있는 사람으로 보이게끔 하지요. 성공한 프로젝트 중에 제 마음에 드는 건 거의 없어서 안타까울 때가 많아요. 제가 아꼈지만 '실패한 것들'을 책상 안에 고이 넣어 두었다가 언젠가 다른 곳에 활용하기 위해 기다린답니다." 옌스의 이 같은 반복 전략은 상당히 효과적이다. 지금 당장 실패한 아이디어일지라도 시대를 잘 만나면 꽃을 피울 수 있기 때문이다. 이것만으로도 확실히 성공을 거두었다고 볼 수 있다.

무시함으로써 삭제하는 전략

때로 긍정적인 공격성은 직장 내에서 시샘과 질투를 불러올 수도 있다. 성공으로 인해 거만하게 행동하는 것처럼 보였을지도 모르니 그 책임은 당신에게 있음을 알아야 한다. 이는 네트워크의 관점에서 보자면 지혜롭지 못한 것이다. 동료들을 성공의 테두리 안에 가능한 한 많이 끌어들이는 것이 좋다. 일에 기여한 것이 없다 하더라도 당신의 넓은 아량으로 인해 동료들이 성공의 기쁨을 함께 만끽할 수 있다면 큰 비용을 들이지 않고 그들의 마음을 살 수 있다. 더불어 회사 전체의 분위기도 향상시킬 수 있다. 남들에게 당신은 성과를 나눌 줄 아는 좋은 사람으로 보일 텐데 여기서 중요한 것은 성공을 이끈 주인공이 누구인지를 잊지 않게 해야 한다는 것이다. 그럼에도 불구하고 당신이 하는 말에 대해 동료들이 냉소적이거나 비판적인 논평을 한다면 당신의 영향력이 그들에게 위협적으로 여겨진다는 분명한 신호이다. 이러한 상황에서는 공격성 설문지에서 묘사된 바 있는 동료나 상사의 불쾌한 성향이 표출될 가능성이 커진다.

- 저는 너무 쉽게 상대방의 태도에 불쾌함을 느낍니다. 어떤 사람이 의심스러워지면 저는 혼자 정보를 독점한 채 겉으로는 웃음

지으면서도 속으로는 분노하며, 기분 나쁜 음모를 꾸미지요. 그 사람의 착한 천성을 이용하여 그렇게 하는 것이 옳지 않다는 것을 알면서도 제 이익을 먼저 챙기는 것입니다.

- 또한 타인에게 사납고 오만한 태도를 보이며 다른 사람들 앞에서 상대의 약점을 들추기도 해요. 이때 종종 사람들을 이용하는데 특히 저항하지 않는 모습을 보일 경우 더욱 그렇습니다.

- 저는 상대에게 시간을 들여 설득시키기보다는 압박해서 빠른 시간 안에 원하는 것을 이루려고 합니다. 그것이 저의 나쁜 성향 중 하나라는 것은 잘 알고 있어요.

- 누군가 잘해주면 저도 두 배로 잘해주지만 누군가 제게 해를 끼치면 열 배로 앙갚음을 해줍니다. 최선을 다해 그 사람의 인생을 지옥으로 만들어버리지요. 까다롭고 깐깐하게 굴어서 사람들을 미치게 만들기도 해요.

- 업무 중에 동료들과 마찰이 생길 경우, 곧바로 지적하기보다는 상사에게 아부하거나 입맛에 맞게 행동하여 제 이익을 취하려 합니다.

- 저는 사람들을 코너로 몰아넣어 망신당하게 만들어 놓고서도 목표를 위해서 어쩔 수 없었다고 정당화시킵니다. 가끔은 그저 순수하게 만족감만을 위해 그렇게 하기도 해요. 아무도 예상하지 못한 순간에 독침을 쏘고 공격하기도 합니다. 그들의 약점을 이

용하는 법도 잘 알아요.

이 같은 사악한 유형의 인간에게 대처하기 위해서 사회학습 이론에서는 '무시함으로써 삭제하는 전략'을 권유한다. "실행 학습 패러다임에서 삭제라는 표현이 의미하는 것은 특정한 행동에 대해 기대하는 긍정 결과가 주어지지 않는다는 의미이다."[63] 예를 들어 당신을 분노하게 만드는 사람의 잔소리나 비판을 못들은 척하거나 마치 재미있는 제안이라도 받은 듯이 그의 논평에 대해 감사를 표함으로써 상대방의 승리에 그림자를 드리우는 것이다. 적이 비판에 가득 찬 쓴소리를 쏟아낼 때 넋이 나간 듯 스마트폰을 들여다보거나 메모지에 뭔가를 끄적거리는 방법도 있다. "아… 네? 죄송합니다. 제가 못 들었네요." 하지만 파괴적인 행동은 어떤 단계에 이르면 더 이상 무시하기 어려울 수 있다.

당신의 공격성이 상대를 겁먹게 한다

코르팅은 베를린의 번화가에 개인 병원을 개업하기 위해 큰 빚을 져야 했다. 힘든 시기가 지나고 드디어 그는 꿈을 이룰 수 있게 되었다. 하지만 곧 불행이 찾아왔다. 개업한 지 이틀째 되던 날, 병원 입구에 검은색 장례식 세단이 뒷문이 열린 채 세워져 있었다. 3주째 매일 같은 상황이었다. 코르팅은 악당이 누구인지 짐작할 수도 없었다. 우연일까? 그럴 리가 없다. 개업한 지 4주째 되던 날 아침, 병원 문을 열었을 때 청동으로 된 명판 아래에 병원 문을 닫으라는 살해 위협이 적힌 쪽지를 발견하고 나서 그의 의심은 확신으로 변했다. 살해 위협은 지역 일간지에도 실렸다. 누군가가 그와 그의 병원을 의도적으로 파괴하려고 하는 것이 분명했다.

하지만 코르팅은 범인이 누구인지 도무지 알 수 없었다. 범인의 의도는 '위대한 고립'이라는 용어로 설명할 수 있다. 자신의 힘을 이용해 상대방에게 해로운 결정을 내릴 수 있다는 사실은 악당에게 있어 마치 자신이 그 영역의 주인이 된 듯한 착각에 빠지게 만든다. 그렇다면 코르팅은 악마의 술수에 굴복했을까? 그렇지 않았다. 그는 신문에 '메롱! 난 아직 살아 있지롱'이라는 공고를 냄으로써 적에게 반격을 가했다. 또한 고집스럽게 계속해서 병원 진료를 했다. 6주가 지나자 위협이 멈추었다. 코르팅은 범인을 아직까지도 밝혀내지 못했다. 가까운 거리에 위치한 두 병원의 외과 의사들이 조금 의심스럽긴 했다. 앞에서는 친한 척하더라도 두 사람과 거리를 두고 대해야겠다고 결심했다.

코르팅은 불의를 완전히 밝히거나 모든 차별 상황을 한꺼번에 해결할 수 없다는 것을 경험으로 잘 알고 있었다. 하지만 자신의 일을 지속해갈 수 있는 끈기와 외면적인 침착함, 신문 공고 등을 통해 표현한 유머 감각 등을 통해 그는 어려운 상황에서 무모하게 행동하지 않을 수 있는 용기를 얻을 수 있었다. 이를 통해 우리는 7라운드에서 던지게 될 중요한 질문을 하나 찾을 수 있다. 누가 우리의 적인가? 코르팅은 비록

적이 누군지는 확실하게 알 수는 없었지만 특정한 누군가가 범인일 것이라고 어림짐작할 수는 있었다. 그보다 극적인 요소가 덜하긴 하지만 일상적인 상황에서 아무 이유 없이 나를 괴롭히는 동료나 상사가 누구인지 대체로 잘 파악할 수 있다. 이들에 대한 분석을 통해 당신은 무엇을 누구와 함께할 것인가를 예측할 수 있다. 이러한 분석은 사실 그리 시간이 걸리지 않는다. 적의 숫자는 대체로 한정적이기 때문이다. 만약 상대해야 할 적의 숫자가 너무 많다면 자신의 행동에 잘못이 없었는지 반성해보아야 한다. 믿음직스러운 동료에게 솔직한 평을 부탁해본다면 금세 알 수 있다. 만약 상황이 더욱 극단적이라면 전문가에게 코치를 받는 방법도 괜찮다.

일단은 적의 숫자가 한정적인 직장인의 일상으로 돌아가보자. 누군가는 굳이 적의 숫자를 분석해야 하는지에 대해 질문할 수도 있다. 여기에 대한 나의 대답은 '당연히 그렇다'이다. 당신의 직장생활을 힘들게 하는 사람이 단 3명뿐이라고 가정해보자. 처음에는 그 정도면 그럭저럭 상대할만하다고 생각할 수도 있다. 하지만 그 3명에게는 각각 4명씩의 친한 동료들이 있고, 그들에게 당신에 대한 비판을 한다고 가정해보면 얘기가 달라진다. 당신의 적이 순식간에 15명으로 늘어나는 셈이다. 분명 추후에 골칫거리가 될 수 있다. 당신에게 해를 가하고자 하는 사람은 누구인가? 일을 잘 하고 있는 당신에게 비판적인 사람은 누구인가? 누가 당신을 감정적으로 견딜 수 없어 하는가? 어떤 사람과 같이 있을 때 가장 어려운가? 가만히 생각해보고 그 이름을 적어보라. 분명 그 목록이 필요할 때가 있다.

적이 될 가능성이 있는 사람을 찾았다면 그 사람을 교양 있게 대하되 신뢰하지는 말자. 나중에라도 공격해 올 가능성이 있으니 경계를 늦추지 말라는 것이다. 이때 공격성의 역설은 당신의 편이 되어줄 것이다. 즉, 상대가 당신을 똑 부러지는 타입으로 여긴다면 그의 공격욕은 줄어든다. 당신의 복수가 두렵기 때문이다. 당신이 지닌 긍정적 공격성은 미래의 갈등요소를 뿔뿔이 흩어지게 한다. 당신이 복수할 가능성이 짙은 인물이라는 것을 상대가 파악하게 되면 그들은 예의 바른 태도로 당신을 대할 것이다.[64] 완전히 미친 소리 같겠지만 사실이다.

의연하게 버티고, 스스로를 내세우며 앞으로 나아가라

- 포기하지 말자!

  성공적인 직장인은 자기 자신과 자신이 가진 생각을 믿고, 섣부른 저항이나 비판에 무릎 꿇지 않는 참된 직업인의 길을 간다.

- 윤리와 당당함은 모순되는 성질이 아니다!

  직장에서 만나는 적을 공정함과 존중으로 대하되 분명한 경계를 세우도록 하라.

- **자신을 개발하자!**

  성격 개발이 완성되었다는 주장은 절대로 하지 말자. 우리는 모두 전 생애에 걸쳐 변화할 수 있다.

- **타인을 칭송함으로써 자신을 돋보이게 하라!**

  네트워크 관리란 동료와 상사의 성공적인 행동을 공개적으로 칭찬하는 것이다. 칭찬 문화를 유지함으로써 당신의 존재감을 돋보이게 할 수 있을 것이다.

- **산발탄 원칙을 지키자.**

  일을 시작할 때는 항상 충분한 경우의 수를 가져야 한다. 성공할 확률이 그만큼 높아지기 때문이다. '실패한 아이템'은 당신의 아이디어 책상 안에 넣어두고, 적당한 때가 오기를 기다리면 된다.

- **공격성의 역설을 이용하자.**

  당신이 공격적으로 대응할 것이라고 믿으면 반대로 적의 공격욕은 감소한다. 예상되는 당신의 반격이 상대를 겁먹게 한다.

내면적
독백

• **과제**

상상 속의 논쟁 상대를 빈 의자에 앉혀 마주 보자. 그리곤 만족
할 만한 결과가 나올 때까지 논쟁을 계속해나가는 것이다. 당신
의 내면적 독백이 현실에서 얼마나 잘 실현될 수 있는지 곧 놀라
게 될 것이다. 사실 크게 놀랄 일도 아니다. 현실의 논쟁에서 필
요한 절반의 입장은 바로 당신이기 때문이다. 더 많은 논쟁을 내
면에서 복기해볼수록 현실에서 더 잘 대처할 것이다. 기억해야
할 것은 연습할 때도 상대에 곧바로 대응할 것이 아니라 먼저 생
각하고 대응해야 한다는 것이다.

ROUND **5**

자신감 있게 나를 보여라

예스맨은 안녕~
그리고
원칙의 덫에 대하여

잠자는 숲속의 공주여, 그만 깨어나시라!

마리온은 베를린의 한 일간지 기자로 일하고 있다. 지금까지 그녀는 자신의 일에만 열중했을 뿐 동료나 상사들에게 자신의 능력을 어필하려는 시도는 전혀 하지 않았다. 성격에 맞지 않기 때문이었다. 마리온의 관점에서 볼 때 그건 순전히 아부일 뿐이었다. 스스로를 시장에 판매하기를 원하지 않는 마리온의 태도는 '잠자는 숲속의 공주 신드롬', 즉 수동적인 행동을 보이는 여성의 한 모습일 뿐이라는 것을 그녀는 모르고 있었다. 사실 마리온은 수동적으로 보이고 싶은 것이 아니라 그저 잘난 척하기가 싫었을 뿐이다. 기자로서의 능력과 가치를 당당하게 인정받기를 원했던 것이다. 하지만 마리온의 태도는 자신의 경력에 전혀 도움이 되지 않았다. 그녀의 절제된 태도가 의욕 부족이라는 부정적인 해석을 불러왔기 때문이다. "우리가 굳이 그녀를 승진시킬 필요가 있을까요? 마리온은 자신의 일에 상당히 만족하고 자기 자리에서 잘 해내고 있어요." 잠자는 숲속의 공주는 진정한 경력 킬러일 뿐이다.

이제 여러분도 알 것이다. 주춤거리며 자신의 위치를 분명히 하지 않는 사람은 의욕 없고 일을 주저하는 사람으로 여겨진다. 물론 그렇게 받아들여지는 것이 부당하고 공정하지 않게 여겨질 수도 있겠지만 솔직히 말해보자. 당신이라면 자루에 든 돼지를 보지도 않고 사겠는가? 상대방이 어떤 사람인지 알지 못하는데 업무 파트너로 삼고 싶겠는가? 그 사람이 충성스럽고 동료애가 있으며 착한 사람인지 아니면 배신자에다 독살스러운 싸움꾼인지 어떻게 알 수 있겠는가? 자신과 함께 일하는 동료나 상사가 어떤 사람인지 궁금해하는 것은 당연하다. 일을 시작하기 전에 말이다. 여기에 불확실성이 끼어들면 업무 능력에 대한 의문도 생겨날 수밖에 없다. 스스로의 위치를 확실하게 하지 않으면 혼란이 생긴다. 의심이 생기면 그때부터 상황은 당신에게 불리해진다. 그러니 질문을 하지 않더라도 당신이 어떤 일을 좋아하며 어떤 가치관을 가지고 있는지, 어떤 일을 온전히 믿고 맡길 수 있는지 상사에게 미리 말해보자. 당신의 장점과 더불어 정말로 하고 싶은 일에 대해서도 이야기해야 한다. 그렇게 하면 당신은 전보다 더 인정받을 뿐만 아니라 앞으로의 직장생활이 더 쉬워질 것임을 확신할 수 있다.

네가 진짜로 원하는 게 뭐야?

마리온은 어느 순간 자신의 태도가 경력에 아무런 도움이 되지 않는다는 것을 깨달았다. 해법은 자신의 위치를 분명하게 정하는 것이었다. 그녀는 상사를 찾아가 현재 비어 있는 칼럼니스트 자리를 맡고 싶다고 분명히 밝혔다. 지금까지 그녀에게서 그처럼 명확한 의사 표현을 들어본 적 없었던 상사는 상당히 놀랐다. 상사는 이틀 동안 생각해보겠다고 대답했다. 이틀 후 마리온은 다시 한번 완곡하게 자신의 의사를 밝혔다. 마리온의 고집은 상사에게 강한 인상을 남겼고, 분명한 태도는 효과를 보였다. "의욕을 보이는 사람은 새로운 기회를 얻을 자격이 있지요." 상사가 말했다. 4주 뒤 마리온은 자신이 원하던 자리를 얻었다.

물론 자신의 위치를 확고하게 정한다고 해서 모두가 즉각적인 성공을 거두는 것은 아니다. 실패의 위험도 크며, 잘해봐야 현상유지만 할 수 있을 뿐이다. 그라이프스발트의 연구원인 부르거는 현재의 태도로는 더 이상의 발전이 없을 거라는 것을 깨달았다. "저는 회의에서 다른 사람들의 얘기를 먼저 듣고, 마지막에 편하게 끝맺음을 하는 편이에요. 어떤 경우에는 말도 안 되는 타협을 하기도 하지요." 이런 태도는 그 누구에게도 상처를 주지 않는다. 그러나 그의 인내하고 기회를 기다리는 전략은 동료와 상사에게 그가 무능력하다는 인상을 심어주었다. 상 갈렌 지역에서 무역업을 하고 있는 파멜라는 그보다 집요한 편이다. "일에 있어서 상황을 주시하고 작업 과정에 적극적으로 개입하여 계속 수정해나가며, 다른 사람이 저를 찾을 때까지 기다리지 않는다는 것이 아주 중요합니다." 그녀는 자신의 위치를 분명히 아는 사람이다. 동료들은 그녀에게서 얻을 수 있는 것이 무엇인지를 안다.

이 점은 출판 언론 분야의 인사과에서 책임자로 일하고 있는 페터가 채용을 결정하는 데 있어서 매우 중요한 요소다. 그는 모호한 이력서를 들고 찾아오는 구직자들 때문에 짜증이 난다고 밝혔다. "취업 희망자들에게 묻고 싶은 것은 다음 두 가지입니다. 당신이 정말로 원하는 것은 무엇이며, 직업 활동에 있어서 당신이 가장 중요하게 여기는 것은 무엇인가? 이 질문에 대한 답변을 들으면 짜증이 날 때가 많아요. 사람들은 제가 화를 낼까 봐 자신이 정말 원하는 것을 말하지 못하고 우물쭈물하거든요. 이렇게 소심하고 비전 없는 사람들이 어떻게 앞으로 대담하고 논쟁적인 결정을 내리고 실천할 수 있겠습니까? 많은 이들이 직업적 재능을 가지고 있고, 교육을 통해 검증받은 능력을 가지고 있지만 자신만의 독기와 당찬 면을 가진 사람은 정말 찾기 힘들어요. 그저 충성함으로써 실수하지 않으려는 예스맨들 천지죠." 페터가 지적한 것은 권력에 복종하는 것의 위험으로, 이는 유럽의 계몽주의라는 비판적 유산과도 일치되며, 밀그램 실험(Milgram-Experiment)에서 볼 수 있었던 것과 같은 파괴적인 행동으로 연결될 수도 있다. 과학적 권위라는 미명 하에 평범한 시민들이 다른 피실험자들에게 잔인한 전기고문을 가하는 데 동의한 밀그램 실험 말이다. 이들의 죄의식은 흰 가운을 입은 의사들이 과학이라고 정당화시키자 물밑으로 가라앉았다. 시민적 용기나 비판적 반성 없는 이 같은 맹목적 복종은 사회적으로나 경제적으로나 재앙일 뿐이다. 권력에 고개 숙이는 뱀장어 같은 행동은 모든 혁신적인 걸음에 독을 뿌린다.

반대하는 사람은 어디에나 있다

그러니 창문을 열고 머리를 내밀어 불어오는 역풍을 즐겨라. 배우였던 게오르그는 경험을 통해 이 역풍을 너무나 잘 알고 있었다.[65] 그는 자신이 베푼 선의의 행동조차도 오해받는 일이 많아서 고통스러웠다(나쁜 일은 말할 필요도 없었을 것이다). 한번은 기자가 그에게 이렇게 물어본 적이 있었다. "게오르그 씨는 시나리오가 마음에 들면 작품을 만드는 데 금전적 도움을 주기도 한다면서요?" 그가 퉁명스럽게 답했다. "그렇죠. 하지만 그조차도 사람들은 내가 성공을 바라고 후원을 한다며 금세 비꼬고 오해를 하더군요. 매번 난 사람들 앞에서 변명을 해야 한답니다. 누가 경제적으로 곤란할 때 도움을 주면 독일 사람들은 이렇게 말하죠. '저 사람 뭐 하는 거야? 혹시 주목을 받고 싶거나 뒤에 뭘 감추고 있는 거 아냐?'라고요."⁶⁶ 게오르그는 영화를 후원하는 등의 여러 이타적인 행동을 통해 한 가지 깨달음에 이르렀다. 모든 것은 비판의 대상이 된다는 것, 특히 어떤 것을 분명히 이루려고 할 때는 더욱 그러하다는 것을. 하지만 그렇다고 해서 선한 의도로 시작한 행동을 중단할 수는 없는 노릇이니 우리는 역풍을 견뎌내야만 한다. 이는 물리치료사인 발러도 경험하고 있는 상황인데 그녀는 자신의 확실한 위치 때문에 주변 여성들의 시샘과 원성을 한 몸에 받고 있었다. 발러에 의하면 이들은 자기보다 아이디어가 넘치고 의욕에 가득 찬 여자가 주변에 있다는 사실이 못마땅한 것이었다. "이 시샘 많은 여자들은 자기들은 아무런 의욕도 없으니 의욕 넘치고 행운아인 저를 미워하는 일 말고는 할 일이 없는 거죠. 그런 여자들과 어떻게 상대를 하겠어요?" 냉정하게 들리겠지만 결론은 하나다. 당신의 위치에서 움츠러들거나 멈추지 말라. 시샘 많은 여자들은 어떤 경우에도 당신을 응원하지 않을 테니 그들이 아부를 하건 순한 양처럼 굴건 아니면 부메랑처럼 행동하건 개의치 않는 것이 좋다. 에너지 낭비일 뿐이다. 불쾌한 이들은 가능한 멀리하는 것이 상책이다. 이는 남자들에게도 마찬가지다.

'노'라고 말하는 방법을 터득하고 당당하게 자신을 내세울 수 있는 가능성을 타진한 뒤 더 세게 싸울 수 있는 준비가 되었다면 당신은 이제 어느 정도의 숙고와 연습을 거쳐 적절하고 반듯한 자리매김에 성공할 것이다. 이제 당신은 긍정적인 공격성 발전소를 내면에 갖춘 사람으로서 지혜롭고 용기 있는 행동으로 동료들의 신뢰와 인정을 받게 될 것이다. 이제 제대로 된 길에 들어선 것이다.

자신의 장점을 정확하게 어필할 것!

자신의 위치를 정립하기 위해서는 당신의 장점이 무엇인지부터 알아야 한다. 그다음 직장에서 적극적으로 활용하고 광고해야 한다. 다시 말해 면접이나 직원들 간의 회의에서 스스로를 빛나게 해줄 분명한 자기표현을 개발해야 한다는 말이다. 그렇다고 미친 듯이 자기자랑을 하라는 것은 아니다. 단지 쓸데없는 겸손함으로 당신의 능력을 숨기지 말라는 것이다. 동료나 상사들에게 당신의 멋진 모습을 드러내보라. 비즈니스 네트워크 사업체를 운영하고 있는 에를은 분명한 어투로 얘기했다. '자신을 훌륭하다고 느끼는 사람만이 슈퍼 히어로가 될 수 있다!' 위치를 정립한다는 것은 굳건하게 땅을 딛고 선다는 것이다. 거기에는 장점이 많다. 일단 위치가 바로 서면 쉽게 넘어지지 않으며, 목표를 이루기 위해 주위의 도움을 받기가 쉬워진다. 사람들이 당신이 어떤 일을 잘하며 어떤 결과를 낼지 파악하고 있기 때문이다. 그러므로 당신이 무엇을 하고자 하는지 질문해보라. 만약 무엇을 하고자 하는지 정확하게 모르겠다면 전문가인 헤르만처럼 해보자.[67]

두 가지 중 하나를 선택하는 문제였다. 나는 확신을 할 수가 없어 나의 코치이자 멘토인 헤르만에게 찾아가 자세한 상황을 설명했다. 그는 조용히 내 말을 경청하고 중간에 한마디의 질문도 던지지 않았다. 그런 다음에도 한동안 말이 없었다. 그의 대답을 기다리면서 나는 초조해지고 짜증이 났다. "두 번째가 좋겠네. 두 번째로 하게." 영원과도 같은 시간이 흐른 후 그가 대답했다. "네? 두 번째라뇨? 무슨 두 번째 말인가요?" 나는 진심으로 짜증이 났다. "제가 한 말을 듣기는 하셨나요?" 그가 대답했다. "아니. 자네가 그렇게 정신없이 쏟아낼 때는 난 한마디도 듣지 않는다네. 그렇지만 두 번째 선택에 대해 얘기할 때 자네 눈빛이 빛나는 것을 나는 보았지."

또한 위치를 정립한다는 것은 동료나 상사에게 당신이 잘할 수 있는 일이 무엇인지를 알리는 것이다. 당신은 무엇을 잘하는가? 또한 남보다 월등하게 잘한다고 할 수 있는 것이 무엇인가? "이건 굳이 토론할 필요도 없어요. 전 그 일에는 정말 자신 있거든요." 파멜라는 위치 정립에 대한 나의 질문에 단호하게 대답했다. 반면 폴크머는 상당히 영리한 답변을 했다. "저는 만능론자에 가까워요. 저는 제가 하는 일의 많은 영역에 두루 자신이 있답니다." 이 대답은 표면적으로는 괜찮은 듯하지만 위치 정립이나 자신을 당당하게 내세우기 위한 방식으로는 적합하지 않다. 함부르크에서는 누군가 이런 식으로 물을 것이다. "푸딩을 벽에 박을 수 있나요?" 그건 불가능한 일이다. 기억해라.

당신이 잘하는 일이 무엇인지 스스로 알 수 없다면 사람들도 당신을 어떻게 대해야 할지 모른다. 만능론자의 답변은 마치 자신이 잘하는 일이 무엇인지 모르는 게으른 사람의 변명처럼 들린다. 그런 사람이야 말로 긴급 백업이 필요하다.

무용지물이 된 만능론자

베를린 대학의 학장인 좀머는 믿을 만한 조력자를 찾고 있다. 학과를 위해 실행하고자 하는 일에 도움을 줄 누군가가 필요한 것이다. 누구의 도움을 받을까? 폴크머는 어떨까? 좀머 학장은 확신을 할수 없었다. 폴크머의 위치를 정확하게 알 수 없었기 때문이다. 그는 항상 모든 것을 할 수 있다고 주장했지만 아직 확실하게 신뢰할 수 있는 부분을 찾을 수 없었다. 좀머 학장은 그런 폴크머가 성에 차지 않았다. 어정쩡한 위치의 사람에게 일을 맡길 수는 없었다. 좀머 학장이 필요로 하는 사람은 권력을 추구하는 타입이 아니었다. 예민하고 사려 깊으며 공감능력이 있는 타입, 또 외교적으로 일을 풀어나감으로써 엉켜있는 갈등 요소를 풀어낼 수 있는 사람이어야 했다. 폴크머가 과연 그런 사람일까? 좀머 학장은 알 수 없었다. 그의 위치가 정확하게 무엇인지, 권력형인지 외교관형인지, 또 어떤 능력을 갖추고 있는지 좀처럼 파악할 수가 없었다. 폴크머는 지금까지 분명하게 자신을 드러낸 적이 없었고, 항상 자신이 '만능론자'라고 강조해왔기 때문이다. 불행히도 그는 문제 해결을 위한 조력자로 선택되지 못했다. 지도자의 관점에서는 '그가 우리 대학을 위해 어떤 쓸모가 있을까' 하는 회의론조차 일고 있었다. 재계약 여부조차 아슬아슬한 형편이었다. 그로서는 가능하다면 속히 좀머 학장과의 토론을 통해 자신의 위치를 분명하게 정립하는 것이 앞으로의 역할을 바로 세우는 데 도움이 될 것이다.

자신의 위치를 정하지 않는다면 어디에도 속하지 못하고 그저 투명인간으로 살아가게 된다. 주위 사람들이 당신의 위치를 파악하고 있어야 필요한 경우에 정확하게 그쪽으로 당신을 몰고 갈 수 있다. 만약 특정한 업무와 관련해서 당신의 위치가 정확하지 않다면 당신은 그 일에서 배제될 가능성이 크다. 즉, 위치를 확실히 하지 않으면 폴크머처럼 절대로 업무에 동참할 수 없다. 나는 칭찬할 만한 자신의 장점을 그저 동료나 상사들이 알아봐주기만 바라는 불쌍한 몇몇 직장인을 알고 있다. 이들은 전적으로 잠자는 숲속의 공주 신드롬에 속하는 희망만 클 뿐 현실 감각이 거의 없다고 볼 수 있다. 직원들이 당신이 원하는 방식으로 당신에 대해 얘기하기를 바란다면 스스로 뚜렷한 목적의식을 가지고 사람들에게 직접 정보를 제공하는 것이 좋다.

상사에게 자신의 정보를 흘려라

헬레네는 거대 무역회사의 직원이다. 그녀의 장점은 전략적 사고에 능하다는 것으로 회사에 대한 충성심과 더불어 인내심도 강하고, 혁신적인 프로젝트에 문제가 생기면 어떤 해법을 찾아야 할지도 잘 알았다. 대단하지 않은가? 하지만 오랫동안 그 사실을 아는 이는 그녀 자신밖에 없었다. 사람들에게 자신의 능력을 내세우는 것은 그녀의 스타일이 아니었다. 하지만 헬레네는 스스로 위치를 내세우지 않으면 더 이상 나아가지 못한다는 사실을 깨달았다.

요즘에는 비공식적인 대화를 통해 그녀는 자신의 장점을 어필하곤 한다. 가령 커피 머신 옆에서 조심스럽게 자신의 얘기를 시작하는 것이다. "주말 동안 회사와 우리 팀에 도움이 될 수 있는 제 장점이 무엇일까 곰곰이 생각해봤거든요. 두 가지 생각이 일단 떠오르더군요. 하나는 혁신적인 아이디어를 가지고 있다는 것이고, 다른 하나는 제가 우리 회사를 좋아한다는 점이었죠." 회의 중간에도 헬레네는 프로젝트에 미온적인 이들이 혁신적인 행동에 나서게 하려면 어떻게 대처해야 할 것인지에 대해 동료들에게 이야기했다. "이건 제 장점인 것 같아요. 타고난 감각이 있거든요." 2주 후 회사 내 카페에서 그녀는 회사에 대한 애사심이 개인적으로 얼마나 중요한 요소인지를 사람들에게 넌지시 강조했다. 어떤 동료는 그 말에 기분이 상해 속으로 이렇게 생각하기도 했다. '이 여자는 대체 뭘 얘기하고 싶은 거야?' 동료들의 짜증 난 눈빛과 수군거림에도 눈 하나 깜박하지 않고 헬레네는 일 년 내내 자신의 입장에 대해 사람들에게 계속 얘기했다. 이는 결국 성공을 거두었다. 연말에 있는 직원평가회의에서 그녀의 상사가 말했다. "내 생각에 당신은 매우 애사심이 강하고, 전략적인 사고를 하며 혁신적인 태도를 가지고 있어요. 게다가 많은 동료들이 당신에 대해 나와 같은 생각을 하고 있더군요." 헬레네는 상사가 평가하는 내용이 지금까지 자신이 다른 이들에게 해왔던 말과 똑같다는 사실에 매우 기뻤다. 자신에게 유리한 상황을 만들었을 뿐 아니라 앞으로 자신의 능력에 맞지 않는 일은 하지 않아도 된다는 훌륭한 부수효과까지 거두었기 때문이었다.

당신이 가진 능력을 동료와 상사들에게 보여주자. 비공식적인 채널을 통해 자신의 얘기를 함으로써 상사들이 이런저런 방식으로 당신에 대한 정보를 얻을 수 있게 하라. 신뢰할 수 있는 정보를 제공함으로써 상호작용이라는 측면에서 당신은 확실한 직업적 이미지를 구축할 수 있는 힘을 얻을 수 있게 될 것이다.

미끼를 던지고 기다리면 반드시 때가 온다

코블러는 성공에 대한 집념을 가진 사법경찰로 부서장이 되고자 하는 야망이 컸다. 그는 자신의 강점인 적극성과 외향성, 담대함을 사람들에게 지속적으로 어필했다. 하지만 현재 비어있는 부서 책임자 자리는 사회치료과의 과장직으로 인내심과 절제력이 무척 중요한 덕목이었다. 이 두 가지는 코블러의 성향과는 거리가 멀었다. 오히려 그는 훨씬 야성적인 타입이었다. 따라서 그 부서의 과장직에 응모한 그에게 들려오는 비공식적인 논평은 그와 관련된 것이었다. "억압된 비행청소년들을 지도해야 할 자리에 당신이 있으면 자살 확률이 증가하지 않을까요?" 사법부 직원들의 이 같은 블랙 유머가 무엇을 뜻하는지 코블러도 잘 알고 있었다. 자기 자신을 잘 알고 있었기 때문이다. 이 일은 자신에게 잘 맞지 않았다. 몇 달 후 폭력 범죄와 조직 범죄 연루자들을 다루는 부서에서 책임자를 구했다. 당연히 코블러는 책임자의 자리에 지원했고 결국 쟁취했다. 그가 용감하며 거친 범죄자들에 맞서 대처하는 탁월한 능력이 있다는 것은 모두가 알고 있었다. 자신의 장점을 널리 알리는 데 성공한 것이다.

우리는 코블러의 예를 통해서도 깨달을 수 있다. 자신을 알리는 일은 당신이 하고 싶은 일을 할 수 있도록 날개를 달아줄 뿐 아니라 꿈꾸는 일에 더 빨리 도달할 수 있도록 해주리라는 것을. 그것의 전제 조건은 물론 당신의 애사심 혹은 충성심인데 앞서 헬레네도 그 부분을 특별히 어필한 바가 있다. 누구든 상사에 대한 충성심이 없다면 성공의 사다리를 올라가는 일이 거의 불가능하다. 상사들이 당신에 대해 호의적인 태도를 가지고 있다면 충성심을 보이는 것은 식은 죽 먹기일 것이다. 하지만 당신에게 호의적이지 않고, 관점이 다른 상사에게 충성심을 보이려면 매우 힘든 기술이 필요하다. 파티에 초대하고 싶지도 않은 상사에게 어떤 방식으로 충성심을 어필할 수 있겠는가? 사실 꼭 파티에 초대할 필요까지는 없다. 단지 그들이 가는 길에 공개적으로 재를 뿌리지만 않으면 된다. 여기서 중요한 원칙은 '날 사랑하지 않거든 내버려 두시오(Love me or leave)'이다. 당신이 상부와 싸움을 시작하면 그들도 당신에게 싸움을 걸어올 것인데 여기서 누가 더 짧은 막대기를 쥐고 있는지는 말하지 않아도 알 것이다. 권력과 지위에 관한 다툼은 당신이 승리할 가능성이 적어도 51% 이상은 되어야만 해볼 만하다. 그렇지 않다면 빨리 발을 빼라.

원칙이라는 함정에 빠질 때

중소기업의 인사과 대리인 스벤은 동료들의 대변자 역할을 함으로써 자신을 도구화시켰다. 그는 항상 원칙에 입각한 비판적 의견을 공식적인 장소에서 내뱉곤 했다. 경연진은 그의 두드러진 원칙성과 정직함을 그리 탐탁하게 여기지 않았다. 그는 비판의 포화 속에 갇히게 되었다. 그에게 원칙을 지킬 것을 종용하던 동료들이 그의 편에 서주었을까? 절대 그렇지 않다. 그는 함정에 빠진 것이다. 이 문제로부터 벗어나기는 쉽지 않다. 한 세미나에서 스벤은 불행히도 이것을 너무 늦게 깨달았다고 고백했다. "제가 이 원칙성의 함정에 오랫동안 갇혀 있었고, 이 사실이 제 직장생활에 피해만 주었다는 것을 몇 년 전에야 깨달았어요. 그것을 깨닫자마자 경영진에 대한 원칙적이고 모진 비판들을 즉시 중단했는데 그러고 나서 엄청난 내면의 자유로움을 느꼈지요."

당신도 직장에서 덫에 걸렸다고 느끼는 상황을 맞닥뜨려본 적이 있을 것이다. 내가 직장생활 초기에 겪었던 함정은 50대 후반을 바라보는 머리가 희끗희끗한 중진들을 향한 지나친 믿음이었다. 그들이 뭐라고 말하건 나는 그것을 액면 그대로 받아들였다. 어느 순간 그 사람들이 콩을 팥이라 해도 믿게 되었다. 그 외에도 칭찬에 유난히 약한 사람이 있다. 같은 월급에 더 많은 일을 시키고 책임을 지우기 위해 동료나 상사가 당신을 회사의 기둥이라며 칭송하면 녹아내리는 것이다. 코니프는 이를 '지위에 대한 탐욕'이라는 덫으로 부른다.[68] 이 덫의 특징은 야망에 가득 찬 직장인에게 적은 월급과 약간의 지위를 보장한 다음 쓰러질 때까지 일을 시키는 것이다.

무조건적인 복종과 이별하라

에우겐은 상사의 청을 거절할 수 없었다. 다른 사람이 하지 않으려는 업무가 생길 때마다 상사는 에우겐에게 부탁했고, 그때마다 그는 굴복했다. 이를 그의 동료들도 잘 알고 있었고, 모두가 그의 약점을 뻔뻔스럽게 이용했다. 특히 바로 위 상사는 툭 하면 가부장적인 태도로 자신의 일을 에우겐에게 넘겼다. 하지만 에우겐은 늘 거절하지 않고 고분고분 머리를 조아리며 불평 없이 추가 업무를 자신의 어깨에 짊어졌다. 속으로는 그것이 부당하다고 느끼며 다른 사람이 그 일을 맡아야 한다고 생각하면서도 말이다.

어떻게 해야 할까? 쥐덫과 안녕을 고한다는 말은 '자발적인' 복종을 마다하고, 아무 일에나 동의하는 것을 지양한다는 뜻이다. 그것도 매우 의도적으로 말이다. 에우겐 씨는 내가 주최한 세미나에서 과제 A를 부여받았다. 과제 A는 이러했다. 상사가 에우겐의 사무실에 들어서자마자 얼굴을 일그러뜨리며 고통스러운 표정으로 어제 먹은 조개가 탈이 난 것 같다며 상사를 그대로 세워둔 채 사무실을 나와 화장실로 걸어가는 것이다. 그리고 10분 뒤에 사무실로 돌아오는 것이었다. 연극은 완벽하게 성공적이었다. 에우겐이 돌아왔을 때 상사는 사라지고 없었다. 그날 더 이상의 일은 주어지지 않았다. 멋진 결과였다. 그 후에 에우겐은 이 연극을 하는 동안 정말로 뱃속이 울렁거렸다고 고백했는데, 이는 그가 만든 연극의 진실성을 높여주는 효과가 있었다.

(부끄러운 일이지만) 백발의 상사들에 대한 공포증에서 벗어나기 위해 나는 모욕과 자기 승격이라는 인지적 전략을 사용했다. 취리히의 한 친구가 나에게 이러한 전략을 권유했다. "그 양반들을 돌봐주어야 할 노인이라고 생각해 봐. 너는 진주이고 그들은 돼지라고 상상해보는 것도 좋아." 도덕적으로는 미심쩍지만 상사들과의 힘든 대화나 협상에서 나의 긴장감과 공포감을 크게 낮추는 효과가 있었다.

자 기 어 필 ,
자 기 어 필 !

기회주의여 안녕! 그저 기회만 엿보며 대세를 따르는 것은 권하고 싶지 않다. 이를 통해 보여지는 것은 당신이 내세울 것이 없다는 사실뿐이므로 장기적으로는 아무런 도움이 되지 못한다.

- **자신의 위치를 확고히 하자!**

  동료들이 묻지 않아도 당신의 장점을 어필해야 한다. 앞으로 이들은 간접적으로나마 상사들에게 당신에게 들었던 다양한 장점을 전달할 것이다.

• 포기하지 말라!

특별하게 원하는 업무나 지위가 있다면 긴 호흡으로 끈기를 가
지고 도전하자. 아마 윗선에서 눈여겨볼 것이다. 그들도 일에 대
한 열정이 강한 사람만이 기회를 얻는 법이라고 생각하기 때문
이다.

장점 발굴과
쥐덫 분석

• 과제 1

당신의 가장 중요한 장점 다섯 가지를 적어라. 거울 앞에 서서 자신에게 그 장점을 만족과 편안함을 느낄 때까지 설명해보라. 걱정하지 않아도 된다. 혼잣말을 한다는 것은 정신병의 징조가 아니라 당신의 직업 활동과 경력에 도움이 되기 위한 훈련일 뿐이다. 또한 가족이나 가까운 친구 혹은 동료같이 편한 상대에게 당신의 장점을 얘기해보는 것도 좋다. 그들이 그린 라이트 신호를 보낸다면 당신의 선택은 옳은 것이다. 자, 이제 복사기 앞에서 혹은 동료들과의 식사 시간이나 커피 타임, 흡연 시간에 당신의 다섯 가지 장점을 이야기해보자.

- **과제 2**

앉아서 쥐덫에 대한 대처 방안을 고민해보라. 업무 중 쥐덫에 빠져 정신 없이 허우적거린 적이 있다면 그중 두 가지를 떠올려보고 분석하라. 스스로에게 혹은 믿을만한 사람에게 왜 당신은 그런 상황에서 항상 비슷한 실수를 범하는 건지 물어보고, 차분하게 다음에는 어떻게 할 것인지를 생각해보는 거다. 앞으로는 같은 상황이 오더라도 똑같은 실수를 저지르지 않게 될 것이다.

ROUND **6**

직장에선 누구나 쉽게 무너질 수 있다

불분명한 업무의 위험과
상사의 교묘한
일 떠넘기기 책략

사방에 존재하는 오만한 사람들

'오만함은 지옥행의 전조이다'라는 문장은 직장생활에 있어서 오만함이 얼마나 불쾌함과 거부감을 불러일으키는지를 설명해주는 핵심적인 역할을 한다. '도도한 사람은 거만하고 잘난 척하는 사람이다.' 심리학에서는 이러한 오만함이 불안함과 열등감으로부터 자신을 지키기 위한 수단으로 형성된다는 세심한 관점을 제시한다. "예전에는 찬바람이 불더니 요즘에는 포르쉐 마니아가 되었더군요." 잘난 척하는 동료가 스포츠카를 사서 과시하는 것에 인문학자인 미리암은 이렇게 쿨한 반응을 보였다. 오만함이라는 습성에 젖은 이들에 대해 사람들이 이처럼 거리를 두려는 모습을 쉽게 볼 수 있다. 공격성 설문을 통해 오만한 이들에 대한 날카롭거나 악의가 담긴 다음과 같은 논평을 확인할 수 있었다.

- 말로만 잘난 척하는 인간들이 직장에서 실패할 때 일종의 쾌감을 느끼죠. 건방진 녀석들이 어쩔 줄 몰라 허우적거리는 것을 보면 얼마나 재미있는지 몰라요.
- 역겨운 인간을 물 먹이기 위해 다른 사람들과 힘을 합쳐 덫을 놓는 일은 즐거운 일이죠.
- 누군가 목표를 이루기 위해 비열한 짓을 한다면 겉으로 보기엔 성공적일지 몰라도 오래가지 못하는 데다 사람들의 경멸을 온몸으로 받게 된답니다.
- 이기고 지는 것만 생각하고 다른 사람의 체면 따위는 염두에 두지 않는 동료라면 피하고 싶어요.
- 기회주의적 이기주의자란 다른 사람을 밟고 자신을 과시하려는 사람이며, 자신은 규칙을 지키지 않으면서 다른 사람에게 강요하는 부당한 사람이죠. 전 그런 사람이 싫어요.

설문조사에서 자신의 오만함을 기꺼이 인정하고 이야기한 사람들도 몇몇 있었다. 아마 다음과 같은 이야기를 들으면 당신의 주변 동료들

중에 비슷한 사람이 떠오를지도 모른다.

- 미안하지만 사람들을 지배하려 하는 건방진 태도는 제 한 부분이기도 해요. 저는 다른 사람들이 제게 준 상처나 모욕을 절대 잊지 않고, 적당한 기회가 있으면 꼭 되갚아주려 합니다. 지고는 못 사는 사람이거든요. 하지만 이런 태도가 제게 도움이 되는지, 독이 되는지는 정확하게 잘 모르겠어요.
- 저는 사람들의 칭찬이나 비판적인 말을 무시하고, 나중에 문제가 생기면 상대방이 저와 의사소통을 충분히 하지 않아서 그런 것처럼 몰아세울 때가 있답니다. 저는 직접적인 대면을 두려워하고 그런 상황에서 과장된 반응을 보임으로써 좌절감을 감추려 합니다.
- 저에게는 사람들을 불쾌하게 만드는 성격이 없어요. 기껏해야 약간 달라져야 할 사소한 단점 정도만 있을 뿐이죠. 하지만 직장 생활에서 드러나는 저의 부정적인 면을 앞으로는 좀 더 자세히 들여다볼까 싶기도 해요. 다른 동료나 직원들을 불필요하게 괴롭히는 제 안의 짐승을 좀 더 잘 다스리려면 말이죠.
- 저는 전문적 능력이 없는 동료를 경멸합니다. 그러다 보니 이들과 같이 협력해서 업무를 처리하는 것이 무척 힘들어요. 직장에서는 분위기가 중요한 게 아니라 전문성이 중요한 거죠.

- 저는 직장 내의 지위와 나이 때문에 오만한 태도와 모습을 보이기도 합니다. 저의 완고한 태도로 인해 직장에서 불편한 분위기가 생기기도 하지요. 또 프로젝트나 업무 계획을 매번 늦게 공개해서 오랫동안 불투명한 상태에 머무르게 하는 일도 많아요.

이러한 성향의 사람은 공격성 설문조사에서 협잡꾼이나 헛소리꾼, 강압적인 동료, 우쭐대는 건방진 녀석 등으로 불린다. 이들의 습성은 사람들의 분노와 오해를 불러일으킬 뿐만 아니라 권력이나 자기 주장 혹은 입지에 관련한 문제를 다룰 수밖에 없는 주된 이유가 된다. 아무리 의미 있는 프로젝트라도 주위에서는 이들이 실패하는 것을 오히려 즐기고 부추기기도 한다. '직장생활에서 모질고 사악한 행동을 한 적이 있다면 그것은 어떤 것인가?'라는 질문을 통해 우리는 누군가의 버릇을 고쳐주기 위해서라면 매우 창의적이거나 사악해질 수 있다는 것을 알 수 있었다.

건방진 동료 골탕 먹이기

협잡꾼이 무너질 때의 반응을 보자. "협잡에 능하고 잘난 척하는 새로운 동료의 정체를 만천하에 드러내 웃음거리로 만드는 건 매우 즐거운 일이죠. 저는 다른 두 명의 동료와 함께 업무상의 트집을 잡아서 그를 공개적으로 망신 주었답니다. 그걸 본 사람들은 자신의 분야조차 그렇게 허술한데 나중에 다른 업무는 어떻겠냐며 혀를 차더군요. 회사 내에서의 입지도 점차 약해져서 9개월 후에 그는 회사를 떠났답니다."

다음은 헛소리꾼이 무너질 때의 반응이다. "어찌나 시끄럽게 허풍을 떠는지 팀원 모두가 수개월 동안 괴로웠답니다. 그 친구는 '난 원통 속에 든 공과도 같아요'라고 으스댔죠. 상황은 점점 더 나빠지기만 했어요. 그래서 우리는 그 친구의 BMW Z4의 연료통에 쇠구슬 2개를 넣었죠. 진짜로 그가 말한 공을 집어넣은 것이죠. 차가 움직일 때마다 공은 덜컹거리는 소리를 냈죠. 이게 좋은 일이 아니라는 건 알아요. 하지만 그럴 수밖에 없었어요."

강압적인 성격의 동료가 무너질 때는 어떤 반응을 보일까? "그의 공격적인 성격은 우리를 도발시켰죠. 그는 회사에서 가장 인기 많은 공간을 독차지해서 주차하곤 했어요. 거긴 비가 와도 젖지 않는 곳이라 모두가 탐내는 자리거든요. 그래서 어느 날 우리는 그 녀석의 차에다 돌을 받쳐 놓았어요. 이 때문에 차는 꼼짝도 하지 않았죠. 녀석의 울부짖음은 엔진소리보다 크더군요."

우쭐대던 동료가 무너질 때

"그 의사의 조수로 일할 때였어요. 저는 그가 교육받지 않은 비의료인이나 지위가 낮은 사람들에게 거만하게 굴 때마다 참을 수 없었어요. 그가 나 같은 사람들을 어떻게 생각하고 있는지 너무나 잘 보였거든요. 그것은 거만함과 탐욕이라는 사악함의 결정체였죠. 저는 오후 6시에 항상 그에게 허브차를 가져다주는데 한 번은 차에다 향이 없는 설사제를 넣었어요. 다음날 그의 창백한 얼굴과 탈진한 모습을 보며 어찌나 즐겁던지요. 제 행동이 옳은 것은 아니지만 그러기를 잘했다는 생각이 들어요."

시건방진 동료가 넘어질 때

운수회사의 건방진 36세의 상사는 자신의 힘을 과시하기 위해 48세의 한 여직원을 별로 쓸모가 없다는 이유로 해고했다. 회사에서 쫓겨난 여직원은 회사 업무를 다방면으로 잘 파악하고 있었고, 운송업무에 관한 모든 일들을 능수능란하게 처리해온 사람이었다. 오만한 상사는 터프가이 노릇을 하느라 자신을 뒷받침해줄 유능한 인재를 잃었다는 사실을 간과하고 말았다. 이후 회사 내 모든 사람들이 상사의 특정한 약점을 파악하게 되었고, 이는 사주에게도 알려졌다. 결국 6개월 후 회사에서는 그를 해고했고, 48세의 여직원을 다시 불러들였다. 거만한 사람은 자신이 휘두른 칼이 스스로를 벨 수도 있다는 것을 알아야 한다.

물론 그가 해고당했다는 사실이 공정하지 않을 수도 있다. 중요한 것은 그를 위해 울어줄 사람이 아무도 없다는 사실이다. 그렇다고 해서 늘 그와 같은 사람만 당하는 것은 아니다. 종종 커다란 잘못 없이도 자신을 방어할 수 없어서 피해를 보는 사람도 있다. 이럴 때는 스스로 용기를 내야 한다.

그렇다면 동료나 상사들에 의해 당신이 불리한 상황에 처하는 것을 어떻게 막을 수 있을까? 우선 자신이 어떤 행동 혹은 언어에 민감하게 반응하는지 개인적 자극감수성을 분석해보는 게 좋다. 동시에 자신의 약점에 대해 웃어넘길 수 있도록 유머 스위치를 켜두어야 한다. 자극 감수성은 종종 성공에 대한 꿈과 실패에 대한 두려움 간의 내적 갈등에 의해 발생되는데, 마치 상처에 뿌리는 소금처럼 쓰리게 다가온다. 가블러의 경제 사전에서는 '인식이란 개인의 삶과 직장생활이라는 현실에 대한 깨우침'이라고 냉철하게 정의 내리고 있다. 즉, 인식이란 머릿속에서 일어나는 사람들 간의 관계에 대한 사고인 것이다. 이러한 관계에 대한 태도가 모순될 때 인식적 불협화음이 발생하여 서로를 밀어내게 되고 꿈과 현실은 충돌한다.

쓸데없는 자격지심은 경력에 독이 된다

베덴퀼러 박사는 직업 전문대학교의 교수다. 그는 높은 연봉과 명성을 누리고 있음에도 불구하고 자신의 직업 때문에 늘 괴로웠다. 좀 더 지위가 높은 종합대학의 교수가 되는 것이 그의 꿈이었기 때문이다. 많은 것을 가졌음에도 불구하고 더 많은 것을 원했다. 이런 경우를 호사가들은 배부른 투정이라고 불렀다. 만약 누군가가 그에게 "당신은 직업 전문대학의 교수이지요?"라고 말하면 그는 자신의 실패를 들키기라도 한 듯이 자존심에 상처를 입을 뿐 아니라 공격받는다고 느껴 화가 치밀어 올랐다. 분노로 목이 울긋불긋해질 지경이었다. 사실 그건 부끄러운 일이었다. 그를 본 사람은 누구나 베덴필러 씨가 몹시 고통받고 있다는 것을 알아챌 정도였다. "나도 그 양반 같은 걱정이라도 해봤으면 좋겠네요." 대부분은 그렇게 생각하며 코웃음을 쳤다. 베덴필러 씨는 이에 대한 자신의 불협화음과 불쾌함에 대처할 방법을 찾지 못했고, 그를 싫어하는 동료들은 학과 회의나 모임에서 '고등 교육기관'과 같은 단어를 입에 올려서 일부러 날카롭게 자극하곤 했다. 많은 사람들이 그의 콤플렉스를 알게 되었다. 그의 행동은 당연히 자신의 경력에 해를 끼쳤고, 종합대학의 교수가 되고자 하는 꿈과 점점 더 멀어지게 만들었다.

베덴필러 씨의 행동은 너무나 부조화스러웠다. "나는 내 직업을 사랑하지만 내가 몸담고 있는 직장이 싫습니다." 그러다 보니 출근할 때마다 직업적 긴장감이 그를 괴롭혔다. 그처럼 인식의 불협화음에 시달린다면 자신의 직장을 조금이라도 좋아하기 위해 업무환경에 변화를 주거나, 극단적인 방식으로 문제를 해결해야 한다. 중요한 것은 욕망과 현실에 대한 간극이 클수록, 또 그것을 인정하지 않으려고 할수록 당신의 불안과 왜곡심리는 커지게 된다는 것이다.

당신의 상태를 아무에게도 들키지 말라

화학자인 클라우디아는 신경쇠약에 시달리고 있었다. 몸과 마음이 탈진한 것 같았고, 우울증의 위협도 느꼈다. 그녀가 처한 개인적·직업적 상황 때문이었다. 그녀가 일하는 직장은 현재 악화일로를 걷고 있었고, 직장에서 지나치게 오래 일하다 보니 배우자와 함께할 시간이 적어 결혼생활마저도 위험에 처했다. 그녀는 자신의 삶을 되찾기 위해 조언을 받기로 결심했다. 클라우디아가 상담을 위해 개인병원 문 앞에 서 있는 모습은 비참함 그 자체였다. 빗지 않아 기름때가 낀 머리, 창백한 얼굴, 늘어진 바지… 그녀의 용모에서 절규가 느껴졌다. '제발 저를 안아주세요. 더 이상 견딜 수 없어요. 전 끝장난 거예요.' 그리 멋진 첫인상은 아니었다. 상담가는 그녀를 맞아들인 다음 말했다. "이쪽으로 오세요. 그리고 저기 있는 거울을 보세요." 그런 다음 느닷없이 클라우디아에게 소리쳤다. "당신 같은 모습이라면 나라도 우울증에 걸릴 거예요! 아니 이런 꼴로 어떻게 나를 찾아올 생각을 했나요?" 클라우디아는 충격으로 몸을 움츠리며 잠시 말을 잇지 못했다. 마치 악몽 속 한 장면 같았다. 하지만 곧 날카롭게 쏘아붙였다. "그런 말을 하다니 대체 뭐죠? 상담을 받으러 왔다고 생각했는데 이런 안하무인이 어디 있나요? 정말 무례하군요." 이 같은 클라우디아의 반응에 상담가는 벌떡 일어나 그녀의 손을 맞잡으며 환하게 웃었다. "제대로 반격했어요. 클라우디아. 정말 멋져요! 이게 바로 우울증에서 빠져나오기 위한 첫 번째 걸음이죠." 클라우디아는 웃음을 터트렸다. 그리고 오랫동안 웃었다. 얼음이 깨진 순간이었다. 전문 용어로 말하자면 도발적인 상담에 입문한 것이다. 앞서 환영인사와 같은 도발적 언사는 그녀의 생각을 새롭게 바꾸기 위해 낡은 관념을 흔들어 놓았다.[69] 이 새로운 걸음이 성공할지는 앞으로의 상담을 통해 확인해보면 될 일이다.

자신감으로 무장한 이에게 공격은 무의미한 것

시릴은 클라우디아가 새롭게 찾고 있는 자신감이라는 요소를 잘 갖춘 이다. 시릴은 회사 부장의 비서인데 그녀가 대하는 사람들은 대부분 나이가 많고 자아도취에 빠져있으며 지위를 과시하고 싶어하는 호색적 경향을 가진 상사들이었다. "타이피스트 주제에! 당신은 나한테 그런 말할 자격이 없어." 부장인 클란테가 비서인 시릴에게 소리쳤다. 자신감이 모자란 비서라면 그 말에 깊은 상처를 받고 열등감을 느꼈을 것이다. 시릴은 항상 비서 이상으로 다양한 업무와 책임을 맡기 위해 노력해왔기 때문에 '타이피스트'라는 표현은 모욕적이고 그녀의 인격을 비하하는 것이었다. 그녀의 상처에 손가락을 깊이 넣어 찌르는 행위나 마찬가지였고 더군다나 그것은 의도적이기까지 한 모욕이었다. 하지만 상처가 없다면 손가락을 넣어 찌를 수도 없다. 시릴은 자신의 일에 자부심이 강했으며 스스로를 열등한 타이피스트로 여겨본 적이 없었다. 그녀는 직장 내 권력구조에서 스스로 힘을 관리할 수 있는 능력을 갖고 있었다. 클란테는 이를 파악하지 못한 것이다. 시릴은 클란테의 말에 얼굴을 찌푸리지도 않고 건조하게 대답했다. "클란테 씨, 오늘 좀 흥분하신 것 같네요. 그런 어투로 고객을 대하면 곤란합니다. 《소통에 관한 기본 지식》이란 경영진을 위한 코스가 있는데 제가 신청해드릴까요?" 위협의 의미가 담긴 부하의 당돌한 답변에 부장은 몇 초 동안 당황해서 말을 잇지 못하다가 거의 미칠 듯이 분노했지만 가까스로 자신을 억제했다. 시릴은 그 이후로 한동안 부장이 일과가 끝난 다음 경연진과 회의를 갖게끔 의도적으로 스케줄을 조절했다. 이를 통해 부장도 자신의 행동과 삶을 되돌아볼 수 있을 것이다.

시릴은 자신의 의도를 이렇게 설명했다. "저는 이것을 교육이라고 부른답니다. 클란테 씨도 이 기회를 통해 좀 더 나은 사람이 될 수 있을 거예요." 현명하지 않은가! 사실 이 같은 주제는 유머 없이 다루기에는 너무 심각하다. 영국 수상이었던 윈스턴 처칠은 이미 오래전에 이 같은 내용을 영국식 유머로 표현했다. 어느 날 저녁, 그는 파티장에서 아스토르 귀족 부인에게 공격을 받았다. "내가 당신 부인이라면 차에다 독약을 넣겠어요." 처칠이 대답했다. "내가 당신 남편이라면 그 차를 마시겠소." 건배!

눈치 없는 사람은 어디에나 있다

당신이 어떤 일에 참을 수 없는 분노를 느끼는지 확실히 알게 되면 자신감으로 향하는 지름길에 들어선 것이나 다름없다. 또한 동료나 상사와의 충돌을 피하려면 그들을 미치게 하는 행동이 뭔지 미리 파악하고 자제하는 것이 좋을 것이다. 다시 말해 당신이 잘 몰랐던, 무심하게 놓치고 있던 그들의 약점을 파악해보라는 것이다.

- 메클렌부르크의 건강 보험회사 직원인 노르베르트는 모터 스포츠를 매우 싫어하는 여성 상사에게 피트 래인(Pit Lane, 레이스 전 팀별 차량을 점검하고 준비하는 과정을 바로 근접한 거리에서 관람할 수 있는 체험_역주)을 비롯하여 주말에 관람한 독일 투어링카 마스터즈에 관한 이야기를 끊임없이 늘어놓아 그녀를 힘들게 했다.

- 식료품 회사 직원인 베르나우는 지나치게 자아도취적인 성향인데다 부서의 차장에게 끊임없이 칭찬을 구걸하는 듯한 행동을 했다. 결국 차장은 그녀를 멀리하게 되었다.

- 슈테판은 시간 엄수를 중요시하는 팀장을 매번 기다리게 하는 현명치 못한 실수를 저지르고 있다. 그녀에게는 시간 엄수가 그다지 중요하지 않기 때문이다. 하지만 팀장은 그런 그녀를 똑똑히 기억할 것이다.

- 모니케는 여자 상사의 생일에 아름다운 백합 다발을 선물하는 치명적인 실수를 저질렀다. 그녀의 상사는 심한 백합 알레르기가 있었다. 그녀의 상사는 모니케가 그 사실을 모른다는 것을 알

지 못했고, 그 행동을 자신을 향한 명백한 공격행위로 받아들였다. 모니케는 눈치가 없다는 이유로 상사의 블랙리스트에 오르고 만 것이다. 물론 부당한 일이다. 하지만 살다 보면 가끔 똥물을 뒤집어쓰는 일이 생길 때가 있다. 이때 무신경함은 독이다. 상사의 취향을 미리 알고 있었더라면….

• 사히라는 자신의 화목한 가정에 대해 쉴새 없이 떠들어댐으로써 아직 짝을 찾지 못한 싱글들의 심기를 매우 불편하게 했다. 사히라는 전혀 모르고 있었다. 그저 부서 분위기가 이상하다고 생각했을 따름이다.

• 풍력발전소의 부장인 르네는 한 가지에 유독 예민하게 반응했다. 한 신입사원은 그가 황색신문에 등장하는 가십거리와 관련해 민감하게 반응한다는 것을 눈치챘다. 르네는 유명 축구선수 요기 뢰프가 즐겨 입는 것과 같은 스테레네세 티셔츠를 입은 부하직원만 보면 못살게 굴었다. 왜냐하면 암룸 섬에서 휴가를 보낼 때 그의 부인이 스테레네세 티셔츠를 입은 남자와 시시덕거리는 것을 보았기 때문이었다. 질투심에 불붙은 르네의 머릿속에는 한 가지 공식이 확고하게 자리잡았다. '딱 달라붙는 티셔츠는 내 부인을 희롱하는 남자의 의상으로 라이벌이자 결혼생활 위협의 상징이다.' 다행히도 신입사원은 이 같은 연상작용을 미리 알아채고 화를 피했다. 하지만 다른 신입사원들은 그 사실을

모르고 르네의 희생자가 되어 회사에서 고전해야 했다.

공정한 일인가? 아니다. 하지만 진흙 속에 무릎까지 빠진 다음에는 울부짖어도 소용이 없다. 눈치가 부족한 데서 오는 실수를 피하려면 다음 질문에 답을 찾는 것이 큰 도움이 될 것이다. '당신의 상사나 동료에게 황소의 붉은 깃발과 같은 역할을 하는 것이 무엇인가?' 불행히도 지금까지 그런 분석을 한 사람은 거의 없다. 그러니 당신의 동료나 상사가 싫어하는 것을 파악해서 불필요한 갈등과 싸움을 피하도록 하자.

당신의 경쟁자가 당신을 무능력하다고 비판할 때는 앞서 말했던 뚝심이 필요하다. '호사가라는 평판을 받고 불명예를 뒤집어쓰는 것도 역시 직장생활의 일부다.'[70] 물론 그럴 수 있다. 그보다 더 현명한 구절도 있다. '절대 실패도 실수도 하지 않는 사람은 너무 쉬운 일만 하기 때문이다.' 당신 자신과 회사, 당신이 속한 조직을 위해서는 발전시켜야 할 것들이 아직도 많다. 스위스 시계 산업계의 작은 악마라 불리는 비버는 직원들이 실수를 저질러도 용서해야 한다고 주장한다. 하지만 실수는 한 번만 허락될 뿐이다. 한 번의 실수는 아무것도 아니지만 두 번의 실수는 너무 많다. '오류는 발전의 원동력이다. 오류 없는 자연 상태에서건 경제 활동에서건 필수적인 역동성이 존재하지 못한다.'[71]라는 것이 그의 좌우명이다.

내 약점은 무엇인가?

그럼에도 불구하고 실수를 용납하지 못하는 완벽주의적 성향을 가진 사람들이 이 사회에는 차고 넘치는데, 이들을 묶을 수 있는 하나의 규칙이 있다. 당신이 내뱉은 말이 중요하고 영리해 보일수록 당신의 실수에 대한 응징도 가혹할 것이라는 사실이다. 그러므로 앞으로의 공격을 예상하고 자신의 약점을 파악하는 것이 필요하다. 사실 이들을 무장 해제시키는 것이 생각보다 쉬울 수도 있다. 상대의 분노가 예상되는 상황에서 당신이 답해야 할 질문은 다음과 같다. 나를 제거하기 위해 그들이 할 수 있는 행동이 뭘까? 중요한 업무가 다가오는데 나와 내 동료 중 한 명이 그 일을 맡아야 한다. 이때 질투심에 불타는 동료가 내게 취할 수 있는 행동은 뭘까? 그는 나를 공격하고 무력하게 만들기 위해 어떤 행동을 할까? 예를 들어 당신이 지속적인 비판으로 상사의 신경을 끊임없이 건드리고 있는 상황이다. 당신의 입을 틀어막고 싶지만 당신이 너무 진지한 자세로 업무에 임하고 있고, 전문가적인 식견을 가지고 있기 때문에 그건 불가능하다. 그렇다면 그 상사가 당신을 몰아세울 수 있는 방법은 무엇일까?

이때 가장 많은 상사들이 사용하는 방법은 관점에 따라 해석이 다양할 수 있는 스펀지 같은 업무를 주는 것이다. 이런 모호한 업무를 받아들이는 순간, 당신은 어떻게 해도 손해를 볼 수밖에 없는 상황에 놓이게 된다. 아무리 열심히 풀어도 분명 어느 곳에선가 흠집을 찾아낼 것이기 때문이다. 운이 없다면 누군가 이 결점을 인사과에 알려서 당신의 직업적 능력에 문제가 있는 것처럼 만들 수도 있다. 즉, 당신이 이러한 전형적인 설상가상의 상황에 처해 있다면 벗어날 길이 없다는 것이다. 그러므로 새롭게 맡게 된 업무가 이런 스펀지형 업무가 아닌지 미리 점검할 필요가 있다. 만약 그렇다면 동료 혹은 상사와의 대화를 통해 구체적으로 업무를 파악하도록 애써야 한다. 브리핑한 결과를 서면으로 작성하고 상사나 고객의 메일로 보내 직접 서명을 받아보자. 그것이 내 방패막이가 되어줄 수도 있다.

또 다른 흔한 방법으로는 어떤 변화도 허용하지 않으면서 혁신을 주문하는 것이다. 이것은 조심하지 않으면 쉽게 빠질 수 있는 함정이다. 가령 당신은 혁신적인 프로젝트를 실행하라는 업무를 맡는다. 단, 인력이나 업무 형태에 어떤 변화가 있어서도 안 된다는 조건이 붙는다. 이러한 조건 하에서 혁신이 성공할 리가 없다. 사실 당신의 성공을 바라고 그들이 프로젝트를 발주한 것도 아닐 것이다. 실제로는 당신이 실패하기를 원했을 테니까. "당신이 프로젝트를 그만두려 한다는 사실을 내가 상사에게 알린 건 당신이 그런 생각을 할 거라는 걸 짐작했기 때문이에요." 이처럼 교활한 수법을 우리는 '순진한 공격성'이라 부른다.[72] 마치 경쟁자가 당신에게 호의를 베푼 것처럼 말하는 것이다. 이러한 함정을 피하기 위해서는 당신에게 해롭게 사용될 수도 있는 업무계획이나 실행방식을 상대에게 지속적으로 말하지 않아야 한다. 만약 그게 불가능하다면 뚝심 있게 밀고 나가보자. 주어진 업무를 피하는 방법으로 말이다.

이쯤에서 은밀하게 일 떠넘기기 방법도 시도해볼 만하다. 처음에는 희망적으로 보이던 업무였는데 어느 정도 시간이 지나자 그것이 실패할 것 같은 느낌이 든다면? 희망이 없는 것은 아니다. 이것을 기회로 여길 만한 경쟁자에게 그 일을 떠넘기면 된다. 이때 그에게 그 일의 위험요소까지 알릴 필요는 없다. 예상했던 것처럼 동료가 그 프로젝트에 실패하면 회의에서 그에게 자신이 얼마나 실망했는지 얘기해주자. 자신이 초기에 많은 공을 들였음에도 불구하고 실행과정의 문제 때문에 업무가 실패했다는 점을 각별히 강조할 필요가 있다. 만약 예상과는 달리 경쟁자가 프로젝트를 성공적으로 이끌 경우에는 프로젝트가 완성되기 전에 '자신의 능력을 보태고 싶으니' 다시 합류하겠다고 제안해보라. 어쨌든 프로젝트를 시작한 것도 당신이 아니었던가. 결국 월계관은 당신이 쓰게 되고, 당신의 경쟁자는 찬물을 뒤집어쓰게 될 것이다.

매우 강한 직업적 압박 하에 일을 해야 할 경우에는 두더지 전략으로 돌파하는 것이 좋다. 일단 잠수한 뒤 발버둥을 치며 물 밑에서 네트워크를 구축하고, 훌륭한 계획을 세워서 물 밖으로 고개를 내미는 것이다. 이때 당신을 공격하는 자와 단호하게 마주하는 것도 바람직하다. 언론인이자 작가인 울리히 피호퍼는 거대 기업체에서 이 같은 파위게임은 구조적으로 존재할 수밖에 없다고 말했다.[73] "우리는 독립적이며 경쟁이 치열한 세계에서 각자의 기업체가 우뚝 서기를 바라므로 협력을 통해 상호이익을 추구하며 제대로 된 보상이 이루어지기를 바랍니다." 그러나 긴장으로 가득 찬 지역적, 국가적 혹은 초국가적 경쟁 상황에서 모든 거래가 예의 바르고 정중하게 이루어질 수만은 없다. 시합은 경쟁을 포함하며 항상 깨끗할 수만은 없기 때문이다.

자신의 사회적 지위가 어떠하건 간에 우리는 사소한 문제에 걸려 넘어지는 사람들을 종종 볼 수 있다. 독일 하원의원 중 한 사람은 개인 여행을 위해 공적 용도로 적립된 마일리지를 사용했다는 이유로 큰 화를 당했다. 한 슈퍼마켓의 계산원도 손님이 받아야 할 빈 병 보증금을 잊고 가버리는 바람에 그것을 챙겼다가 문제에 부딪혔다. 어떤 장관은 휴가지에서 공적 업무를 계속 보려 공무용 차량을 끌고 휴가지로 이동했다가 곤욕을 치러야 했다. 부지런함이 보상을 받기는커녕 그저 여행 경비를 절약하기 위해 공무 차량을 이용하는 사람으로 찍혀 비난만 받게 된 것이다. 이러한 문제를 방지하기 위해서는 예상되는 화의 근원을 차단할 필요가 있다. 나 또한 예상되는 분노의 상황을 분석하다가 예기치 않게 내가 저지른 두 가지의 실수를 뒤늦게 깨달았는데 여기서는 너무 창피하니 밝히지 않겠다. 자, 다시 한번 묻겠다. 화를 부르는 작은 실수를 우리는 어디서 저지르는가?

사소한 부정의 목록을 지워버려라

하루는 하이델베르크의 한 회사의 인사부에서 일하고 있는 클라우디아가 내게 전화를 했다. "바이드너 씨, 제가 한 가지 확인할 게 있어서 전화했는데요. 혹시 콜브 씨와 데커 씨를 아시나요?" "네. 잘 알지요. 저와 친한 그쪽 회사의 직원들이니까요." "그럼 혹시 이 두 분과 9월 7일 하이델베르크에서 저녁 7시에 저녁 식사를 하셨나요?" 그녀는 계속 물어왔다. "글쎄요… 너무 오래전이라 기억을 못 하겠는데요." 결국 나는 작년 일정표를 가지고 와서 확인을 시작했고, 9월 일정에서 '하이델베르크 강의'라는 글자를 발견했다. "네. 그날이 제가 강의를 한 날이네요. 보통은 강의를 마치고 사람들과 저녁을 함께하는데 그때 콜브 씨와 데커 씨가 있었을 수도 있지요." 그러자 그녀가 말했다. "식사비용이 9시 35분에 비자카드로 계산되었네요." "아니요." 내가 말했다. "그건 불가능합니다. 만하임에서 출발하는 비행기가 6시 15분에 있었거든요." 클라우디아 씨는 한숨을 쉰 다음 말했다. "참 민망하네요. 그사람들이 이번에도 사람을 잘못 선택한 것 같아요."

무슨 일이 일어났던 것일까? 부장이었던 콜브 씨와 데커 씨는 회사에서 특정한 입지를 다지려 했으나 회사 소유주나 상관들은 그것을 좋아하지 않았다. 하지만 상관들은 회사 내에서의 입지가 전 같지 않아서 콜브와 데커에 맞서기가 어려운 처지였다. 그 때문에 이들은 전략을 바꾸어 두 사람이 혹시 잘못된 지출을 하지 않았는지를 조사하기로 한 것이다. 거기서 이들은 두 사람이 개인적인 저녁식사에 지불한 경비를 나와의 공식적인 저녁식사에 사용한 것처럼 이용했다는 사실을 밝혀냈다(금액은 120유로도 되지 않았다). 결국 두 사람은 자신들의 지위를 잃게 되었다. 회사에서 쫓겨나지는 않았지만 회사에서 전처럼 큰소리를 칠 수는 없게 되었다. 그들의 상관들은 결과에 만족했다.

아까도 얘기했지만 요즘에는 사소한 일로도 무너질 수 있다. 조그만 실수일지라도 사람들은 합법적인 범위 내에서 당신을 공격할 수 있다는 말이다. 당신은 회사 컴퓨터로 개인적인 용도의 구글 검색을 한 적이 있는가? 최악의 경우 당신이 구글에서 외설적인 웹사이트를 검색하는 것을 중앙 컴퓨터로 누군가가 보고 있을지도 모른다. 당신은 회사 소유의 USB나 사소한 물건들을 집으로 들고 가지는 않는가? 몇 푼 되지 않는 것들이지만 도둑질은 도둑질이다. "8유로밖에 되지 않지만 그런 식으로 사용한다면 나중에 당신이 처리해야 할 800유로나 8,000유로는 어떻게 하겠는가?"라고 물을 수 있다. 회사 전화를 개인 용도로 사용한 적이 있는가? 혹은 회사에 손해를 끼치는 방식으로 계산서를 자신에게 유리하게 조작하지는 않았는가? 출퇴근 비용을 할인카드로 지불해놓고서 전액 요금을 회사에 청구하지는 않는가? '사소한 부정'의 목록은 끝이 없다.

심리학적으로 볼 때 이 같은 '사소한 부정'은 자기보상에 대한 욕구에서 비롯된다. 업무시간 외에도 일하고, 주말에도 회사 일을 가져가 일하며 그로 인해 두통 등에 시달려왔다면 그럴 수 있다. 회사를 위해 너무 많은 일을 했으니 한 번씩 회사 컴퓨터로 구글 검색을 하거나 10유로 혹은 100~200유로를 챙겨 자기 주머니에 넣는 것이 자신을 파멸로 몰고 갈 수도 있다는 생각을 하지 못했을 테다. 즉, 개인적 보상이 회사 생활에 동기와 활력을 부여하는 묘약이 되고 만 것이다. 이런 류의 작은 속임수들은 무슨 수를 써서라도 막아야 한다. 개인 용도의 구글 검색이나 USB 메모리 장치, 식비로 사용한 몇 유로 혹은 몇 킬로미터의 연료비 등은 그럴만한 가치도 없는 하찮은 것이기 때문이다. 손익분석을 해보면 이런 자잘한 일들이 당신에게 아무런 이득이 없다는 것을 굳이 피해자 연구학을 공부하지 않아도 알 수 있다. 그러나 당신의 직업과 경력을 앗아가고 당신의 평판을 해치기에는 충분하다. 스스로에게 물어보자. "만약 지금 내가 하는 일이 지역 신문의 헤드라인에 실린다면 그래도 하겠는가?"

직장에서 경력의 문제가 걸리면 우정은 멈춘다

전력회사에 근무하는 페터와 바바라는 같은 사무실에서 근무하고 있다. 둘 다 하루에 10시간 이상 근무를 하지만 진행 중인 프로젝트의 성공 가능성이 높기 때문에 큰 문제가 되지 않았다. 이들은 서로를 좋아했고 항상 서로 격려하면서 일했다. 바바라는 가끔 미국에 있는 중병에 걸린 여동생에게 위로 전화를 걸곤 했다. 하지만 전화가 끝난 후에는 항상 다시 일에 열중하곤 했다. 상황은 그럭저럭 괜찮았다. 11개월 후 두 사람은 평소에 원하던 공석에 지원했다. 페터는 인터뷰에서 다음과 같은 질문을 받았다. "당신은 이 자리의 경쟁자가 누군지 알죠? 솔직하게 당신의 경쟁자가 당신보다 더 나은 점이 있나요?" 페터는 심호흡을 한 다음 잠깐 생각을 하고 대답했다. "음… 사실 바바라는 정말로 대단한 동료이며, 저는 그녀의 능력을 높이 사고 있습니다. 바바라가 저보다 나은 점이요? 글쎄요… 일단 저는 그녀의 사교성과 사교적 상황에서도 신속하게 다시 냉철하고 분석적인 모습으로 몇 초 안에 전환될 수 있는 능력을 높이 사고 싶습니다. 지난 프로젝트 때 바바라의 여동생이 심각한 병을 앓고 있었어요. 그때 바바라가 그녀에게 얼마나 많은 격려 전화를 했는지 몰라요. 일하느라 밤낮 없이 같이 있다 보니 저도 상황을 다 알게 되었죠. 통화 후 몇 초 만에 업무에 완전히 집중하는 모습은 감동적이기까지 했답니다."

이 '동료애 어린 칭찬' 후 회사 관리부에서는 바바라의 통화 내역을 조사했고, 그녀가 사무실에서 사적인 용도로 수차례 전화를 쓴 것을 밝혀냈다. 당시 프로젝트 때문에 사무실에서 하루 종일 일했던 탓에 전화비는 200유로가 넘었다. 그 결과 공석은 페터에게 돌아갔고, 바바라는 회사에서 경고를 받았다. 그보다 가관인 것은 페터의 말이었다. "바바라, 제 말을 믿어주세요. 이건 정말 제가 원한 결과가 아니에요." 글쎄… 누가 그의 말을 믿을까?

여기서 우리는 한 가지 질문을 하지 않을 수 없다. 어째서 친한 동료가 그처럼 파괴적인 행동을 종종 일삼는 걸까? 그 대답 중 하나는 질투심이다. 당신이 성취한 것과 당신이 성취할 일에 대한 시기심 말이다. 당신이 훌륭한 아이디어를 가지고 있으며, 경영진과의 인맥도 좋고 업무에 대한 적극적인 태도도 겸비하고 있다면 당신의 성공확률은 높아진다. 많은 동료들이 당신에게 호감을 가지고 있을 것이다. 하지만 모두가 그럴 리는 절대 없다. 그중 누군가는 당신이 적합한 사람이 아니며 잘못된 길을 선택하거나 잘못된 판단으로 부서에 해를 끼칠 가능성이 높다고 확신하고 있을지도 모른다. 이런 확신에 빠진 사람들은 자신들이 당신을 해치는 것이 아니라 회사를 구하는 거라고 믿는다. 그러니 당신에 대한 루머를 퍼트리거나 다음과 같은 표현으로 당신을 곤경에 빠뜨리려 할 것이다.

- 나는 그 사람을 진작에 알아봤어.
- 그 사람은 우리 모두를 장님으로 만들었어.
- 그 사람의 함정에 빠지지 말아야 해.
- 그는 이기적으로 행동하는 사람이야.
- 그 사람이 관심을 갖는 건 오직 물질적인 이익뿐이야.
- 말만 번지르르하게 할 뿐 그 사람은 전혀 프로페셔널하지 않아.
- 그 사람은 원칙도 없어.

- 그 사람은 끝까지 생각하지 못하기 때문에 지속성이 없어.

- 그 사람은 나쁜 사기꾼이야.

- 어떤 사람에게 이만큼 실망한 적이 없다니까!

위와 같은 표현들은 남자뿐 아니라 여자 직원에게도 향할 수 있다. 누군가가 위와 비슷하게 낙인을 찍는 듯한 발언을 한다면 그 사람을 조심하고 비판적인 시선을 견지하기 바란다.

나를 공격하는 자에게 낭비할 시간은 없다

메르텐스 박사는 대학에서 문화사를 가르치는 교수인데, 조교이자 제자인 미카엘을 총애하여 자신을 존칭 대신 예사 높임말로 부르게 했다. 미카엘은 메르텐스가 자신을 이렇게 대해주는 것이 엄청난 영광이라는 것을 알고 있었다. 하지만 그럼에도 불구하고 그는 스승의 방향을 따르지 않고 이론적으로 다른 길로 나아갔다. 메르텐스 교수는 이것을 배신으로 받아들이고 예사 높임말 호칭을 거두었다. 미카엘은 이런 상황에 불편함을 느꼈다. 그것은 메르텐스 교수의 지원 없이 학문 활동을 계속해야 한다는 의미였기 때문이었다. 두 사람이 다시 만난 것은 미카엘의 박사학위 심사시험을 앞둔 때였다. 메르텐스 교수는 박사과정 위원회의 심사위원이었다. 교수는 자신의 힘을 이용해 한때 총애했던 제자에게 복수를 가했다. 구술시험이 있기 며칠 전 그는 시험준비에 도움이 될 거라면서 300페이지 분량의 연구보고서를 미카엘에게 내밀었다. 이같이 계산된 추가작업으로 인해 미카엘은 남은 시험기간을 연구보고서를 읽고 준비하느라 모두 바쳐야 했다. 하지만 구술시험 동안 메르텐스 교수는 연구보고서에 대해서는 한마디도 묻지 않고 다른 주제만 파고들었다. 미카엘은 구술시험에서 4점을 받아 가까스로 통과할 수 있었다(3점이면 낙방이었다.). 다행스럽게도 박사학위를 받긴 했지만 미카엘은 교수의 공격에 분노를 느꼈다.

미카엘은 계속해서 경력을 쌓아갔고 교수의 자리에까지 올랐다. 메르텐스 교수는 상황이 이처럼 어처구니없게 되자 학술세계에 진입한 젊은 동료의 전체 업적을 폄하하기 위해 날카로운 비판이 담긴 논문을 출간했다. 이 비판은 매우 종합적인 것이어서 학술지는 비판 논문을 2회에 걸쳐 출간해야 했다. 미카엘에게는 전혀 기쁜 일이 아니었는데, 몇 주가 지나고 나자 상황이 달라졌다. 미카엘이 펴낸 논문의 판매가 증가했기 때문이었다. 언론계의 정설인 '나쁜 뉴스가 좋은 뉴스이다'에 따른 반향이었다. 미카엘은 이후 자신의 스승에게 이메일을 보냈는데, 나는 그 내용을 비슷한 상황으로 보복당한 학자들에게 권유하고 싶다. "친애하는 동료에게. 당신이 내 논문에 대해 펴부은 비판에 저는 동의하지 않습니다. 하지만 직접 판단해보고자 하는 독자들이 증가한 덕분에 제 책의 판매량이 많이 늘었네요. 그 인세로 저와 아내는 랑게옹에서 기나긴 휴가를 보낼 수 있었답니다. 정말 감사합니다."

부당하지만 메르텐스와 같은 살짝 미친 사람을 간과해선 안 된다. 이런 사람과는 소통이 적을수록 공격받을 가능성이 낮아진다. 앞서 '무시함으로써 제거하기' 전략에 대해 말한 바 있다. 상대방이 무슨 이유로건 나를 적으로 본다는 사실을 받아들이고, 그 이유를 캐기 위해 시간을 낭비하지 말라. 이들의 행동이나 태도를 옹호하거나 사소한 것으로 무시하지 말고, 이들의 비합리성을 포장하려 하지 말라. 이런 사람들을 대할 땐 침착함을 유지하고 이 말을 떠올려라. '우리는 살면서 꼭 두 번은 만난다.'

상대가 당신의 실패를 기뻐할 때

그 해의 첫 번째 교수회의가 열렸다. 44명의 교수가 근사한 타원형의 테이블에 둘러앉았다. 그중 2명은 미국에서 왔고 3명의 교수는 스위스에서 왔으며, 나머지는 독일 교수들이었다. 장장 4시간에 걸친 회의가 끝나갈 무렵 프란치스카는 그녀의 동료였던 세바스티안이 주도했던 한 프로젝트에 대해 언급했다. 세바스티안은 처음에는 자신의 프로젝트가 언급되는 것을 흐뭇한 마음으로 지켜보았다. 지난해 6개의 프로젝트를 가동했는데 단 하나를 뺀 나머지 5개의 프로젝트는 성공을 거두었기 때문이다. 하지만 곧 프란치스카가 언급한 것은 성공한 5개의 프로젝트가 아니라 실패한 단 하나의 프로젝트에 대한 것임을 깨달았다. 그 프로젝트가 종료되기 직전 그가 결정한 사항으로 인해 프로젝트가 실패했기 때문에 스스로 자책을 하고 있던 차였다. 그가 실수를 눈치챘을 때에는 이미 늦어버렸기 때문이다. 절망감에 빠진 세바스티안 교수는 통제 불능 상태에 빠진 프로젝트를 자신이 편하게 여기는 동료에게 몰래 전가하려 했지만 성공하지 못했다. 그러니 프란치스카가 그 프로젝트에 대해 이야기한 것이 달가울 리가 없었다. 게다가 그녀가 사람들 앞에서 '우리는 실수를 통해 배워야 합니다'라는 식으로 말하는 것을 보고 더 큰 분노를 느꼈다. 회의에 참석한 미국과 스위스에서 온 교수들조차 그의 실패를 알아버렸기 때문이다.

그럼에도 불구하고 세바스티안은 웃는 낯으로 대답했다. "프란치스카 씨, 매우 중요한 지적을 해주셨네요. 저도 다시 한번 숙고하겠습니다." 그리고는 자신의 수첩에다 뭔가를 적었는데 회의 참석자들은 모두 그가 자신에 대한 비판의 내용을 기록하는 것으로 생각했다. 어떤 면에서는 사실이기도 했다. 그가 수첩에 적은 것은 '프란치스카: MS(Miststuck, 고약한 인간)'이라는 내용이었기 때문이다(이런 내용을 암호가 아닌 형태로 수첩에 적을 수는 없었을 거다.). 세바스티안은 금방 뭔가를 잘 잊어버리는 데다 오랫동안 기억을 하지 못하는 성격이라 수첩이 매우 중요했다. 게다가 앞으로 프란치스카에게 다시는 협조적인 태도로 대하지 않겠다 마음먹었으므로 수첩은 종종 그것을 상기시켜줄 것이다. 그는 '조력자-파워게임의 규칙'을 알고 있었다. 자신을 비열하게 대한 동료에게 도움을 주는 것은 상황에 전혀 도움이 안 된다는 것이다. 그러니 조력자 콤플렉스와는 안녕을 고할 필요가 있었다.

아무튼 세바스티안은 이 문제를 좌시하지 않기로 했다. 프란치스카를 변화시키기로 마음먹은 것이다. 전문적 용어로는 훈육을 위한 대처에 나선 것이다. '훈육을 목적으로 어떤 사람을 대할 경우, 그의 태도는 전보다는 나아져야만 한다'라는 것이 세바스티안의 좌우명이었다. 그렇다면 프란치스카를 더 나은 사람으로 만들 수 있는 방법은 무엇일까? 한 가지 아이디어가 떠올랐다. 그는 프란치스카가 연구원으로 활동하는 연구원 이사회의 의장이었다. 다시 말해서 그녀가 제출한 제안서를 보지도 않고, 자신의 이름란에 서명하는 대신에 첫 번째 페이지 오른쪽 상단에 연필로 다음과 같이 적었다. '메타 이론의 근거가 부족하니 구체적으로 명시하시오.' 사실 학문을 하는 그 누구도 메타 이론이 정확하게 무엇인지 알지 못했다. 그것에 관한 연구를 제대로 하려면 누구든 많은 시간을 바쳐야만 했다. 게다가 그는 다음과 같은 문장을 덧붙였다. '필기체로 메타 이론에 대한 부록을 추가하시오.' 제안서도 읽어보지 않은 상태면서 그렇게 한 것이다.

몇 주 후 프란치스카가 오랜 시간 동안 수정해서 완성한 제안서를 다시 제출하자 세바스티안은 정중하게 고마움을 표했다. 하지만 프란치스카에게 자신의 의도를 분명히 알리고자 하는 마음에 그는 자신감에 찬 미소를 지으며 프란치스카를 향해 말했다. "지난 1월에 열린 국제학회에서 당신은 내 프로젝트에 대해 매우 흥미로운 평을 했었지요.

그래서 나도 당신의 제안서를 좀 더 꼼꼼하게 읽어보게 되었답니다."

　이후에 다음과 같은 두 가지 일이 생겼다. 하나는 일생 동안 적개심을 가지고 전쟁을 하는 일이 거의 없어졌다는 사실이다. 둘째는 프란치스카가 세바스티안 교수에게 커피 한잔 하자고 청했으며, 두 사람은 학교 카페로 자리를 옮겨 이야기를 나누었다는 사실이다. 물론 두 사람이 평생지기가 되는 일은 일어나지 않았지만 앞으로 두 사람이 파워 게임을 할 일은 없을 것이다. 다른 피해자를 찾아 나설지언정 프란치스카는 세바스티안만은 앞으로 절대 건드리지 않을 테니까 말이다.

직장 정글에서
조화로움은 없다!

- **스스로에게 솔직해지자!**

  욕망과 현실에 대한 간격이 크고, 이러한 부조화를 인정하지 않을수록 자신에 대한 불만과 왜곡은 커지기 마련이다. 당신의 분노를 폭발시키기 위해 상대가 어떤 버튼을 눌러야 하는지 스스로 파악해보자.

- **올바른 태도를 취하자.**

  자신의 감정을 쉽게 드러내면 먹이가 되기 쉬워진다. 반면에 자기각성을 발전시킬수록 자기방어 기제를 더 많이 얻게 되며, 이를 통해 자신의 분노를 유발시키는 버튼을 무력화할 수 있다.

• **살다 보면 시궁창에 빠질 수 있다.**

문제가 생길 경우 유연하게 대처하라. 실패와 실수를 경험해보
지 못한 사람은 그저 단순한 일밖에 할 수 없다.

• **행동을 조심하자!**

당신도 알겠지만 합법적이라고 해서 꼭 도덕적으로 옳은 것만은
아니다. 사소한 일조차도 당신의 목을 부러뜨릴 수 있다. 그러니
별일 아닌 것으로 스스로의 경력을 무너뜨리고 명예를 실추시키
지 말라.

• **모든 이들에게 자신을 보여주지는 말자!**

당신을 늘 비판하는 동료라면 어떤 경우라도 당신이 잘못된 선
택이나 실수를 해서 다른 이들에게 폐를 끼칠 것이라고 확신하고
있다. 이런 사람들과는 관계를 덜 맺을수록 공격받을 가능성도
줄어든다. 이들에게는 '무시를 통해 삭제하는' 전통적인 방법을
사용하는 것이 좋다.

불쾌요소
분석 및 예측과
눈치 없음에 대한
자각

• 과제 1

불쾌요소를 분석하자. 어떤 상황, 어떤 주제에서 당신은 쉽게 불쾌감을 느끼고 쉽게 도발이 되는가? 다음부터는 최악의 불쾌감을 느끼기 전에 숫자를 20까지 세어보거나 참았다가 다음날 반응해보자. 하룻밤 사이에 문제가 상대화된 것을 느낄 수가 있을 것이다. 이런 방식은 당신이 부적절한 방식으로 반응하는 것을 예방해주는 동시에 당신이 미워하는 상대에 대해 사악한 판타지를 펼칠 수 있는 자유를 제공한다. 잊지 말자. 당신의 상상력은 법이 닿을 수 없는 마지막 안식처이다. 분노에 찬 상상력은 허용되며, 당신에게 긍정적 효과를 가져올 것이다. 동시에 자신감을 얻기 위한 노력을 거듭하여 자연스럽게 얼굴 가죽을 두껍게 만들도록 하라.

• 과제 2

분노의 상황을 예측하자. 시샘 많은 동료를 비롯한 다른 사람들의 어떤 질문이 당신을 도발하고 좌절하게 만드는지 분석해보라는 것이다. 문제를 발생시키는 나의 실수가 무엇인지 파악해보자. 당신의 문제적 행동에 대해 파악하는 순간, 가능한 한 빨리그 행동을 자제하자.

• 과제 3

눈치 없는 행동 혹은 태도를 분석하자. 당신의 어떤 행동 혹은태도가 동료와 상사를 정말로 열 받게 하는가? 이런 점을 의식하여 신중하게 행동한다면 많은 골칫거리와 문제, 불필요한 싸움을 피할 수 있다.

ROUND **7**

상사보다
똑똑해져라

다이아몬드 분석을 통한 서열 정리, 적을 찾아내는 것

이번 라운드에서는 다이아몬드 분석에 대해 배우게 될 것이다. 뉴욕의 하워드 폴스키 교수가 개발한 것으로 다이아몬드 그 이상의 가치가 있는 이론이다. 그는 범죄와 비행에 연루된 청소년들이 다니던 기숙학교 커티지 식스에서 그룹 분석을 통해 이 이론을 발전시켰다. 폭력 갱단의 서열과 역할에 대한 그의 분석이 직업 세계에서도 적용될 수 있을 정도로 대중적이 될 것이라고는 당시 하워드 폴스키 교수도 짐작하지 못했을 것이다.

상사와 동료의 성향 분석하기

내가 폴스키 교수를 떠올린 건 온갖 궂은일에 나를 이용했던, 내 박사논문에 자문을 맡았던 한 교수의 집 마당에서였다. 그 일은 다음과 같다. 그 교수는 운전면허가 없었다. 한번은 내 박사논문에 관해 의논해야 할 것이 있다며 아침 7시 15분까지 자기 집으로 와줄 것을 요구했다. 나는 폭스바겐을 몰고 그의 집으로 갔다. 하지만 그는 몇 마디를 나누기도 전에 "지금 당장 내 연구실로 가야 하네"라고 말했다. 나는 어쩔 수 없이 그를 대학 연구실까지 태워다 주었다. 사실 그것이 그가 원했던 바였던 것이다. 늘 내 박사논문의 자문 시간은 이른 아침에 배정되었고, 어느 순간 난 잡일꾼에서 성실한 운전기사로 역할이 바뀌어갔다. 그 상태는 내가 폴스키의 분석을 이해하고 나서야 비로소 끝이 났다.

내가 다이아몬드 분석에 대해 알게 된 것은 필라델피아에서 일하면서였다. 당시 나는 뉴욕과 워싱턴 그리고 필라델피아의 비행청소년 클리닉에서 조수로 일하고 있었다. 우리는 다이아몬드 분석이라는 열쇠를 통해 이 무시무시한 집단을 잘 이해할 수 있게 되었고, 이들이 더 나은 방향으로 갈 수 있도록 도움을 줄 수 있었다. 폴스키의 분석은 실제 모델에 적용되었을 때 더 환상적인 효력을 냈다. 독일로 돌아온 후 이 분석틀을 독일의 폭력집단에도 적용시켰는데 역시 효과가 있었다.

수년 후 나는 단순히 흥미의 차원에서 폴스키의 분석을 직장의 각종 업무와 프로젝트를 다루는 그룹에도 적용시켜 보았다. 이 세계에서도 다이아몬드 분석이 통할지 호기심이 일었던 것이다. 효과는 탁월했다. 결국 나는 수년 동안 직업 세계에 이 모델을 통합시키려는 시도를 해왔다. 그럼으로써 나는 예기치 못한 부정적인 결과에서 올 충격으로부터 스스로를 보호할 수 있게 됐다. 이 분석을 통해 내게 불편이나 실망을 안겨줄 사람들이 누군지 예측할 수 있게 되었기 때문이다. 진심으로 선의를 가진 사람이 누구인지, 앞에서는 웃지만 뒤에서 나의 뒤통수를 칠 사람이 누구인지도 파악할 수 있게 되었다. 작가이자 오랜 경력의 경영 컨설턴트인 알베르트 틸레[74]도 이를 잘 알고 있다. 그는 직원들이 소시오그램을 만들어 자신의 아군과 적군을 분명히 구분할 필요가 있다고 권유했다. 소시오그램이란 바람이 어디서 어떻게 부는지 한눈에 파악하기 위해 조직 내의 인간관계를 계량 사회학적으로 나타낸 도식이다. 베를린의 정보 기술자인 메츠도 소시오그램적 지식이 필요하다는 것을 인정했다. "현재 우리 회사에서는 구조 조정 바람에 불신과 불안감이 팽배하고 상부에서부터 내려오는 압박이 상당합니다. 이는 공격적이고 협잡이 판치는 분위기를 만들어내고 있고요. 이런 상황에서 저를 해방시키려면 지금껏 제게 없었던 지혜가 시급합니다." 울름의 무역회사에서 여러 가지 어려움에 직면했던 에바도 고충을 토로했다. "능력껏 일하는 것을 가로막는, 저를 둘러싼 유리 장벽을 보면 너무나 괴로워요. 아직 저는 조수 증후군에 갇혀있는 것 같습니다." 헤센 주에서 경찰관으로 근무하고 있는 사비네 역시 억울한 목소리를 낸다. "우리 팀에는 늑대들이 너무나 많이 우글거려서 잡아 먹히지 않으려면 스스로 길을 찾아야만 해요." 이 모든 문제에 다이아몬드 분석은 도움을 줄 수 있다. 소시오그램적 분석이기 때문이다.

긍정-중도-부정적인 성향의 동료 분석

목표를 달성하기 위해 당신은 우선 자신이 처한 직업 환경이 어떠하며, 그 속의 개별적인 구성원들에 어떻게 대처해야 할지 파악해야 한다. 주변을 둘러보며 다음 두 가지 질문을 조심스럽게 해보자.

- 직장에서 나의 역할은 무엇인가?
- 나의 친구와 경쟁자는 어떤 역할을 하고 있는가?

질문에 답하기 위해 지금부터 우리는 미시사회학적인 작은 그룹분석을 시도해볼 것이다. 걱정하지 않아도 된다. 그 과정은 당신이 생각하는 것보다 훨씬 단순하며, 다이아몬드 분석은 매우 탁월한 도구가 되어줄 것이기 때문이다. 이를 통해 모스크바나 뉴욕의 청소년 갱단에 대한 분석부터 비엔나의 광고회사, 자동차 회사의 경영위원회, 취리히 은행의 직원 구조 그리고 당신이 다니는 직장의 동료들에 대한 분석까지도 가능하다. 이 분석은 경제지 한델스블라트가 2006년에 언급한 것처럼 '직장생활에서 직면하는 심각한 위기를 미리 파악하려는 회사 직원들을 위해 거리의 갱단에게서 얻은 지식'인 것이다. 다이아몬드 분석은 당신이 든든한 우군을 얻을 수 있게 도울 것이며, 골치 아프고 불성실한 동료를 멀리하는 데 도움을 줄 수 있다. 당신이 속한 부서나 팀에서 누가 어떤 역할을 맡고 있는지 살펴보라. 다이아몬드 분석에는 8가지의 역할이 등장하는데 이는 수직적인 구조로 나누어져 있다. 이 분석은 직장 내 복잡한 네트워크에서 당신의 지향점을 일러줄 것이다. 지금부터는 8가지 역할에 대해 압축해서 설명하려 하는데, 이를 통해 당신은 현재의 동료가 긍정적인 역할을 하는지 아니면 부정적이거나 혹은 이도 저도 아닌 중도적 역할을 하는지 생각해볼 수 있을 것이다.

- **긍정적인 역할의 동료**는 당신의 실수를 너그럽게 바라보고 도움을 주는 사람이다. 그들은 당신의 신뢰를 받는다.
- **부정적인 역할의 동료**는 당신이 업무를 잘 처리할 때조차도 비판하는 사람이다. 이들은 당신이 하는 일이나 당신에게 만족하지 못하고, 업무가 성공적일지라도 그것이 우연이거나 특별한 것이 아니라는 식으로 깎아내린다. 이들은 당신의 일과 헌신을 가치 절하시킨다. 여러분들에게는 이런 사람들을 신속하게 알아차릴 수 있는 감각이 있을 거라고 믿는다. 키엘의 물류회사에서 근무했던 클라우스는 이런 종류의 사람들을 잘 알고 있었다. "제

가 어떤 사람을 경멸하는지 말해주죠. 모든 것을 아는 척하는 사람들, 바람 부는 방향으로만 깃발을 나부끼는 사람들, 아무 내용 없이 계속 떠들며 남의 시간을 훔치는 사람들, 관계를 통한 경력 쌓기에 혈안이 되어 남의 구두창이라도 핥을 기세인 사람들, 다른 사람을 헐뜯고 쓸모없어 보이게 만들어 자신의 이익을 챙기는 사람들이 바로 그런 사람들입니다.”

• **중도적인 역할의 동료**는 당신에게 우호적인 척하지만 위기 상황이 닥치면 당신이 잘못한 것도 없는데 등을 돌리는 사람이다. 이들은 당신과 눈을 마주 보면서 이해와 지원을 약속해놓고서 조금이라도 상황이 달라지면 당신에게 거리를 두고 반대 방향으로 향한다. 이런 동료들에게 지지를 구하는 것은 소용없는 짓이다. 도움을 청하면 서류나 스마트폰을 보는 척하며 당신을 외면하기 일쑤일 것이다. 중도적인 역할의 동료들은 당신이 처한 곤란하고 어려운 상황을 모르는 척한다. 때로는 신중하고 사려 깊게 상황을 저울질하는 것처럼 보이기도 한다. 이들에게서 “전 이 상황에서 어떤 의견을 말해야 할지 모르겠어요”라는 말을 종종 들을 수 있다. 이들은 당신이 원하는 방향에 서지 않으려 일부러 시간을 끌기도 한다. 간단히 말해 이들은 전혀 신뢰할만한 동료가 아니고, 이 사실을 일찍 알면 알수록 당신에게 도움이 될 것이다. 이런 중도적인 입장을 지닌 사람에게는 의존하기보다는 시간을

들어서 당신의 편으로 만드는 것이 훨씬 현명한 방법이다.

긍정적-부정적-중도적 성향에 대한 분석 도표를 만드는 것은 쉽다. 긍정적 동료로 판단되면 이름 옆에 플러스, 부정적 동료라면 마이너스, 중도적 동료에게는 동그라미를 그리면 된다. 한눈에 파악할 수 있다. 플러스가 많을수록 당신의 직장생활이 멋질 것이고, 마이너스가 많다면 갑옷을 든든하게 두르는 것이 좋다. 판단을 내리기가 힘들다면 믿을만한 동료에게 조언을 구해보자. "제가 뭘 좀 확인하려는데 도와주실 수 있으세요? 푸흐 씨를 판단하는 것이 너무 어렵네요. 어떻게 생각하세요?" 이것을 전문적 용어로는 '의미 있는 타인'이라고 부른다. 자, 이제 종이를 꺼내서 당신의 목표를 이루고 직장에서 지위를 얻는 데 가장 중요한 역할을 해줄 동료와 상사의 목록을 만들어보자.

다이아몬드 분석을 시작하라

지도자란 공식적이건 비공식적이건 한 팀을 이끄는 사람이다. 그는 단체가 어떻게 흘러가야 할지를 결정한다. 이들은 작은 문제에서부터 큰 문제까지 많은 것을 결정하는 위치에 있다. 쾰른의 언론사를 이끄는 아멜리도 그런 사람 중 하나다. "우리 부서의 부장이 되고 나서 저는 회의시간을 2/3 수준으로 줄였어요. 온갖 자질구레한 소리를 해대는 직원들을 방지하기 위해 발언 시간을 3분으로 제한하고, 옆

지도자

중위

들러리

왕따

한쌍

심부름꾼

희생양

출처: GDI impuls 3/99

다이아몬드 분석 내 8가지 역할

에 타이머를 놔두었지요. 우린 그렇게 줄어든 시간을 공식적으로는 대외 언론 접촉시간으로 사용하기로 했어요. 하지만 실제로는 그 시간에 피트니스 센터에 갈 수 있었죠. 업무 효율도 오르고 건강도 좋아졌어요. 사실 회사 일을 제대로 하려면 컨디션을 잘 유지하는 것도 중요하잖아요." 반면 직원들의 의욕을 꺾는 지도자도 있다. "우리 상사는 꼭 자기가 이기고 우리를 지배해야만 직성이 풀리는 것 같아요. 그냥 평범하게 부드러운 목소리로 얘기해도 될 텐데 말이죠." 베테랑 법원서

221

기인 빌헬름의 말이다. 당신 직장의 지도자는 어떠한가? 그리 다르지 않지 않은가? 문제는 이런 지도자를 어떻게 대할 것인가이다. 훌륭하고 공정하게 행동하며 배울 것이 많아서 직원들에게 모범이 되는 지도자라면 답은 쉽다. 중요한 것은 전문적이지도 않고 그다지 인간적이지도 않은, 도대체 어째서 그 자리에 앉아있는 것인지 의문스러운 상사를 대하는 방법이다. 지도자 전문가인 알렉산더는 이들을 은밀하게 주도해야 한다고 조언한다. 불쾌한 상사로 인해 어려움을 겪고 있는 수많은 직원들을 위한 전제조건은 다음과 같다.

상사를 받아들이자. 일단 그가 당신을 신뢰하게 되면 길을 인도할 것이다. 그를 인간이자 상사로 인정할 때 그는 당신을 신뢰할 것이다. 비로소 당신이 자신의 일을 도와주고 있다고 느낄 것이다. 당신이 상사를 존중하지 않으면 그도 당신을 무시하게 된다. 당신이 아군인지 적인지 그도 느낄 수 있다. 이는 당신이 상사를 싫어한다면 그도 당신을 마찬가지로 느끼게 될 것이라는 이야기다. 그렇게 되면 상사가 당신을 이끌어주기는커녕 오히려 앞날에 장애가 될 수도 있다. 상사에게서 공감할 수 있는 면을 찾아내는 것이 중요하다. 그러면 그도 당신의 좋은 점을 보게 될 것이다. 사실 이건 많은 이들에게 어려운 문제이기도 하다.[75] 상사에게 공감하는 기술의 중요성을 강조하는 것인데 이를 두고 어떤 사람들은 상사의 신발창을 핥는 행동이라고 여길 수도 있다. 하지만 상사에 대한 공감형 행동방식은 당신이 하는 일이나 동료들의 일을 성사시킬 가능성을 높인다. 그러니 단순히 아부라고 부르는 것은 부당하다. 즉, 당신을 지원해주는 힘을 위로부터 얻을 수 있다는 것이다. 함부르크의 언론인인 마르크 역시 이 같은 행동을 독려한다. "부서의 장이 문제가 많다고요? 그렇다 한들 불평은 전혀 도움이 되지 않습니다."[76] 오히려 부서의 사원들이 부장의 영향력을 인정하고, 그가 더 나은 결정을 내릴 수 있도록 지원하는 것이 현실적으로는 낫다고 본다. 이렇게 함으로써 자신이 현명한 결정을 했다는 생각에 상사도 체면을 지킬 수 있다. 이는 상사뿐 아니라 팀을 위해서도 이롭다. 딜레마에 처한 상사 때문에 회사가 초상집 같은 분위기에 휩싸이는 것보다는 이쪽이 훨씬 이로울 것이다.

지도자와 막후 실력자를 혼동해서는 안 된다. **막후 실력자**란 배후에 있는 권력을 말한다. 당신의 지도자는 이 인물에게 은밀하게 의존하고 있다. 나이 많은 상사일 수도 외부에서 온 조언자일 수도 있다. 당신이 내린 결정에 누가 지대한 영향을 미쳤는지 자문해보라. 막후 실력자에 대해 파악되었다면 당신의 프로젝트나 아이디어 혹은 관심사에 그를 끌어들여야 한다. 성공을 거둔다면 회사의 경영진도 당신의 발아래에 있는 것이나 다름없다. 막후 실력자의 의견에 반대할 경영진은 없기 때문이다. 이로써 당신은 천하무적이 될 수 있다.

다음으로는 **중위**의 역할이다. 이들은 분노를 유발시키는 일을 주로 맡는데 때로는 더러운 일도 그 안에 속한다. 이들은 개인적으로 동의

하지 않더라도 경영자의 입맛에 충실하게 지원을 해준다. 상관들에게는 다음과 같은 모토가 적용될 것이다. '중위가 지키고 있는 한 군이 자신을 내세울 필요가 없다.'

누군가는 결국 더러운 일을 맡아야만 한다

야스민은 무역회사의 팀장이다. 그녀는 직원들과 불쾌한 대화를 나눠야 할 때마다 토마스를 이용한다. "토마스, 에르만 씨를 찾아가 부자간의 대화를 청해보세요. 에르만 씨를 아들이라고 생각하고 얘기해보세요." 중위의 역할을 맡은 토마스는 그것이 정확하게 무엇을 의미하는지 알고 있다. 그는 에르만을 자신의 사무실로 불러 고함을 쳤다. "에르만 씨가 일해놓은 것을 보니 너무나 실망스럽군요. 제대로 하는 일이라곤 없고… 도대체 믿을 수가 없어요. 정말 화가 나는군요. 전에 나누었던 얘기는 대체 어디로 간 거죠? 당신은 정말 고집쟁이야!" 이렇게 한동안 시간이 흘렀다. 에르만은 가혹한 평가를 듣고 순간 얼어붙었다. 그러다 정신을 차리고 분노에 차서 상사에게로 가 자신이 당한 무례한 꾸지람에 대해 불평을 늘어놓았다. 야스민은 놀란 척을 했다. "토마스가 어떻게 말했다고요? 그렇게 무례한 말을 했어요? 그건 정말 말도 안 되는군요. 회사 안에서 그런 식으로 무례하게 말하는 것은 받아들일 수 없어요. 그런데 토마스가 말한 내용에 대해 생각해보는 건 어때요? 아주 중요한 지적인 것 같아요." 에르만은 불쾌한 가운데서도 조금은 마음이 풀려 야스민의 사무실을 나섰다. 그는 사회학에서 변체라고 부르는 규범의 위기에 처해 있었다. 오래된 행동양식은 더 이상 받아들여지지 않고 새로운 행동양식은 아직 형성되지 않은 것이다. 하지만 적어도 그가 여기서 배운 것은 있었다. 앞으로는 토마스를 조심할 것과 야스민에게서 도움을 받을 수 있다는 사실이다. 전통적인 '좋은 경찰, 나쁜 경찰'의 역할을 이해한 것이다. 야스민은 토마스를 자신의 사무실로 부른 뒤 문을 닫고 손뼉을 쳤다. "토마스, 훌륭해요! 이젠 누가 혼날 차례이지요?" 좋은 경찰, 나쁜 경찰은 중위와 함께 모의할 수 있는 권력게임이다. 위로 올라갈 수 있는 가능성이 있는 직원이라면 대부분 어느 단계에서는 중위라는 역할의 바늘구멍을 통과해야 한다. 그것은 어렵고 갈등이 생기기 쉬운 상황에 대한 일종의 테스트이기도 하다. 이를 통해 상관들은 직원들의 문제해결 능력을 파악하여 나중에 복잡한 문제가 생겼을 때 걱정 없이 이들에게 일을 맡길 수 있다. 슈투트가르트 자동차 회사의 한 부서 팀장인 노르베르트의 말을 들어보자. "편한 일은 누구나 쉽게 할 수 있잖아요. 우리는 까다로운 일을 통해 쭉정이와 알맹이를 구분할 수 있습니다."

다음 역할은 **들러리**다. 이들은 개인적 혹은 직업적 정보를 교환하고 가십거리를 사랑하며 누가 누구와 친하다는 둥 누가 막 이혼을 했다는 둥 여기저기 소문을 흩뿌리고 다닌다. 또한 자신의 일을 제대로 해내며 스트레스를 싫어하고 규칙에 따라 업무를 수행하는 그런 평범한 동료도 들러리에 속한다. 이들은 아무것도 파괴하지 않지만 혁신적인 창조자도 될 수 없다. 이들은 회사가 굴러가게끔 집단을 이루며, 누가 지도자가 되건 크게 상관없다. 경영 컨설턴트인 게르트루트는 경영진들 사이에도 이런 사람들이 많다고 한다. 냉소적이고 오만한 말투로 그녀가 말했다. "오늘날 리더십은 '태도를 제압함으로써 들러리들을 적에서 동지로 만드는 것' (중략…) 다양한 가치가 상존하는 상황에서 오갈 데 없는 사람들은 여전히 권력의 순종적인 추종자가 될 수 있는 가능성을 가지고 있다."[77]

들러리들은 쉽게 알아볼 수 있다. 주로 사람들이 많이 드나드는 커피머신 앞이나 흡연코너 등 비공식적이고 편한 이야기들이 오갈 수 있는 장소라면 어디서든 이들을 볼 수 있다. 이들은 모난 돌이 정 맞는다는 속담을 누구보다도 잘 이해하고 있으므로 타협을 추구하고 갈등을 피하려고 한다. 이들의 소통방식은 대체로 친절하지만 애매모호한데, 이는 직장생활에서 갈등과 공격의 빌미를 피하기 위한 노력의 일환이라 볼 수 있다. 이 같은 역할 행동에 대해 무지한 직장인은 자신도 모르는 사이 들러리들로 인해 막다른 골목에 놓일 수도 있다.

위계질서를 모르면 나쁜 카드를 쥐게 된다

롤프는 중간 규모의 IT회사의 경영이사이다. 새로운 프로젝트를 독려하기 위해 그는 많은 직원들 앞에서 여러 가지 조정해야 할 부분을 제안했는데, 직원들은 만장일치로 그의 의견에 동의했다. "훌륭한 생각이십니다." 롤프는 이 반응에 힘입어 자신의 아이디어를 밀고 나가 사주와의 회의에서 발표하겠다는 계획을 세웠다. 회의가 3일 후로 다가왔고 롤프는 자신의 생각을 밝히면서 전과 같이 직원들이 만장일치로 동의해줄 것을 기대했다. 하지만 사람들은 마치 얼어붙은 것처럼 그대로 있었다. 도대체 무엇이 잘못된 것일까? 사실 롤프를 지지했던 동료들은 그저 들러리 타입이었을 뿐이었다. 이들을 통해서는 트로피를 얻을 수 없다. 이들은 사주나 회사의 배후 권력자가 고개를 끄덕이거나 승인하는 것을 보지 않고서는 절대로 창문 밖으로 머리를 내밀지 않을 것이기 때문이다. 결정권을 쥔 사람이 긍정적인 신호를 보낼 때 비로소 롤프도 나머지 사람들에게서 그의 IT프로젝트에 대한 지원을 받을 수 있다.

그러므로 어떤 일을 추진하고 싶다면 결정권자를 당신의 편으로 만들어야 한다. 결정권자가 손가락을 치켜세우는 순간 나머지 사람들도 도미노처럼 당신을 향해 힘을 모아줄 것이다. 반대로 결정권자가 거부하면 어떤 다른 지원도 기대하기 힘들다. 다이아몬드 분석을 통하면 여러분은 이 같은 복잡한 관계를 이해할 수 있고, 기대와 달라서 현실에 실망하는 일이 없게 된다. 오히려 들러리 타입의 사람들이 당신에게 등을 돌린다면 자신의 분석 능력이 1등급이라는 사실을 확인할 수 있게 될 것이다. 또한 결정권자가 당신의 훌륭한 아이디어에 대해 부정적인 반응을 보인다고 해서 그것을 버릴 필요는 없다. 책상 안에 보관해 두었다가 1년 후에 살짝 수정하고 제목을 다시 붙인 다음 제출하면 근사한 아이디어라며 칭송할 지도자가 분명히 있을 것이다. 그 동안 주류의 분위기가 바뀌어 팀장이 당신의 아이디어를 느닷없이 칭송하기 시작하고, 들러리 동료들도 당신의 의견에 동조하는 행복한 시간이 다가올 수 있다. 헤르만은 새로 제출한 아이디어를 통해 재평가되는 행운을 맞이한 당신을 진정한 행운아라고 부른다.[78]

　다섯 번째는 **한 쌍**이라고 부르는 역할이다. 회사에서 어떤 지위에 있건 상관없이 서로 공감하며 지원하는 두 사람의 동료를 가리킨다. 회의시간에 두 사람은 서로를 칭찬한다. "당신처럼 정교한 프레젠테이션을 하는 사람은 본 적이 없어요." 그러면 상대가 대답한다. "도와주셔서 제가 더 감사하죠." 팀 내의 다른 직원들이 업무 실적에 그다지 감동받지 않고 있다 해도 이 한 쌍은 개의치 않는다. 좀 더 과장해서 말하자면 누구도 이들을 믿지 않지만 이들은 지속적으로 서로를 믿어준다. 물론 감정적으로 도움이 되고 인간적으로 아름다운 일이긴 하지만 현실에서 이 한 쌍이 설 자리는 그다지 많지 않다. 다른 동료들의 의견이나 태도를 무시하기 때문이다. 이 같은 타입의 직원은 자동차 산업 분야에서 많이 볼 수 있다. 몇 년 전 나는 독일의 자동차 공장에서 대형차 생산공들에게 한 쌍의 개념에 대해 설명한 적이 있다. 강연의 마지막에 자동차 장인이 큰 깨달음을 얻은 듯이 나에게 다가와 말을 걸었다.

"제가 정확하게 이해했는지 모르겠습니다만… 교수님이 말씀하시는 한 쌍의 동료란 서로의 불알을 흔들어주는 사이란 거죠?" 자동차공들의 와자지껄한 웃음소리에 이어 내가 답했다. "네. 그보다 더 나은 표현은 찾을 수 없을 것 같네요."

한 쌍의 동료라는 역할 다음에 오는 것으로 **왕따**를 언급하지 않을 수 없다. 왕따란 다음과 같은 특징을 가진 직원이다. 누구도 그 사람을 진지하게 대하지 않는다. 이미 자신의 경력에서 절정을 지났거나 한 번도 절정에 도달해본 적이 없다. 이들의 의견에 사람들은 거의 관심을 기울이지 않으며 보통은 예의 바르게 대하지만 은근슬쩍 이들의 말을 무시한다. 어쩌면 당신이 바로 그런 왕따일지도 모른다. 그 징후는 이러하다. 회의에서 당신이 말을 하는 중간에 자주 말을 끊거나 없는 사람 취급을 하는 경우다. "어이쿠! 벌써 11시 15분이네요. 잠시 쉬었다 하죠?" 그 말에 모든 사람이 한꺼번에 일어나 당신이 말을 마치기도 전에 회의실을 빠져나간다. 물론 휴식시간이 끝나도 당신에게 다시 의견을 요청하는 사람은 없다. 왕따가 되면 당신은 어떤 말도 할 수 없게 된다. 은행의 경영진들 사이에서는 이런 사람을 '오전 이사'라고 부르는데 이들에게 맡겨지는 업무는 중요하지 않은 것들뿐이다. 계약상 해고할 수는 없기 때문에 어쩔 수 없이 자리를 제공하는 것이다. 왕따 타입의 사람은 다음과 같이 알아볼 수 있다. 당신의 업무가 끝나기도 전에 이미 결정이 내려져 있다. "그래도 업무를 끝내주시죠. 다음에 필요할 수도 있으니까요." 그들은 당신을 이런 식으로 밀어낸다. 직접적으로 당신이 하찮은 사람이라고 말하지 않을 뿐 그것은 예의 바른 조롱이다.

금속회사에서 일하는 마이쉬는 회사를 귀찮게 하는 잉여 직원들이 아무것도 못 하게 처리하는 일을 맡고 있다. 마이쉬는 왕따들이나 좋아할만한 하찮은 일들을 그들에게 맡긴다. 마이쉬는 이 일을 부지런히 처리하면서 자신이 회사 중요 업무에 방해되는 것들을 해결하고 있다며 자랑스러워 한다. 그는 이것을 '회사의 평화를 위한 기여'라고 부른다. 드레스덴의 패션회사에서 일하는 모니케는《왕따 만들기》라는 보고서에서 다음과 같이 언급했다. "회사에서 주최한 파티에서 우리 여성 직원들은 새로운 직원 하나를 만취하게 만들었다. 만취한 그는 경영진 앞에서 헛소리를 함으로써 신뢰를 잃게 되었다. 그의 지적 능력과 멋진 외모는 도움이 되지 않았다. 그는 몰락했고 왕따가 되었지만 그건 우리 책임이 아니다." 그러니 조심하는 것밖에 방법이 없다. 특히 편한 상황일수록 더욱! 이레네는 이 같은 역할 고착에 대해 잘 알고 있다. "상사가 제게 계획에도 없던 행정 업무를 지시했는데, 남에게 전가할 수도 없어서 혼자 그 일을 해야만 했어요. 그런 후에 세부사항이 100% 만족스럽지 않다는 이유로 홀로 비판받아야 했답니다." 왕따의 함정에 빠지게 되면 상황은 악화된다. 회사에서 주류를 벗어난 외부 업무나 낯선 업무는 피하는 것이 상책이다. 하지만 왕따에 이르는 길로 잘못 빠지는 사람들이 종종 있다.

당신도 왕따가 될 수 있다

식품회사에서 근무하는 실비아는 동료들의 말에 약하다. 그들은 꿀을 잔뜩 바른 표현으로 그녀의 용기와 표현력에 찬사를 바친 다음 회의 때 경영진의 제안에 반대 의사를 밝히도록 부추겼다. "동료들을 위해 그래 줄 수 있겠죠? 우리가 뒤에 있어요." 하지만 회의시간이 되자 동료들은 경연진의 반응을 기다릴 뿐 실비아의 비판적인 의견에 아무도 편을 들어주지 않았다. 정말 힘든 일이었다. 실비아에게 힘이 되어주기는커녕 오히려 그녀를 곤궁에 빠뜨렸다. 그로 인해 실비아의 평판에 금이 갔다. 혁신적인 프로젝트마다 반대와 비판을 하는 인물로 찍힌 것이다. 상사들은 심지어 비판으로 인해 그녀가 처한 엉망진창의 상황을 가리켜 '인증된 자살시도'를 했다고 냉소하기에 이르렀다. 그것이 공정한 일인가? 그렇지 않다. 그녀가 그럴만한 잘못을 저질렀을까? 그것도 아니다. 그럼에도 불구하고 그녀는 왕따가 되었다.

심부름꾼에 속하는 젊은 직원들도 힘들기는 마찬가지다. 이들은 회사에서 주로 업무를 보조하는 역할임에도 불구하고 '서비스 직원'이라며 폄하되기 일쑤이다. 심부름꾼에 속하는 직원들은 회사의 야유회와 같은 행사를 자발적으로 조직하고, 사탕이나 집에서 만든 쿠키 등을 크리스마스 전에 회사 직원들에게 돌리는 등 경쟁이 치열한 조직 내에서 집단의 환심을 사기 위해 노력한다. 이들은 순한 양이다. 내 말에 오해 없길 바란다. 크리스마스 전에 집에서 구운 쿠키를 동료들에게 줄 필요가 없다는 것이 아니다. 자잘한 심부름꾼으로 전락하지 않으려면 특정한 동료에게 그 일을 맡길 수도 있어야 한다. "한 번 정도는 홈메이드 쿠키를 만들어 주시겠죠? 참, 전 마지팬 쿠키를 좋아한답니다." 물론 동료들에게 친절한 것은 팀의 분위기를 위해서 좋은 일이다. 하지만 지나치게 친절한 사람은 '무언가를 필요로 하는 사람'이라고 뒤에서 수군거림을 받기 쉽다. 즉, 집에서 만든 쿠키 같은 것으로 사람들의 환심을 사려 한다는 의심을 받을 수 있다. 기억하자. 도움을 주는 것은 좋지만 아낌없이 주지 말고 필요한 만큼만 제공해야 한다. 서로를 도와주려는 분위기는 한 명이 전담해야 하는 것이 아니라 모든 팀원들이 공통적으로 나눠야 하는 것이다.

마지막으로 폴스키의 다이아몬드 분석에 등장하는 역할은 **희생양**이다. 이것은 사내 폭력의 한 형태이며 지배당하고, 집단 괴롭힘(Mobbing, 모빙)을 당하는 역할이다. 상사가 자신의 우월감을 표출하기 위해 자신의 부하들을 괴롭히는 경우도 이에 속한다. 그들의 행동은 파괴적인데 그 결과는 재앙에 가깝다. 모함하고 괴롭히는 것은 사악한 모빙의 한 형태이기도 하다. 특히 직장에서 상사의 괴롭힘은 스트레스를 가장 많이 안겨주는 요소다. 프랑크푸르트 알게마인 차이퉁[79]의 저널리스트인 우르술라 칼스는 대부분의 경우, 모빙의 주체는 상사라고 말한다. 필립도 희생자 가운데 한 명이다. "저는 직장생활 내내 온갖 속임수를 다 당했는데 그 사실을 한참 후에야 깨달았어요. 제가 경험한 일을 한마디로 정의하자면 '모빙 당했다'라고밖에 할 수 없어요. 다른 동료 앞에서 제 평판을 추락시킬 만한 발언을 해서 저를 벙어리로 만들었고, 이 사건을 통해 저는 겁 많고 소심한 사람으로 인식되어 버렸죠. 나중에는 제가 사과를 해야 할 지경에 이르렀어요. 그 결과 사람들 뇌리에 게으르고 불충한 사람으로 낙인 찍혔어요." 이 같은 상황에 반격하려면 튼튼한 신경과 견고한 협력자가 필요하다. 이를 튼튼한 관계 관리라고 부른다. 이에 대해 다음 라운드에서 보다 자세히 살펴보겠다.

싱글 플레이어는 살아남을 수 없다

세자르는 회사 내 농업분야 부서의 장이다. 어느 날 슈르만을 비롯한 회사의 중역진들과 점심을 함께 하고 있었다. 디저트를 먹는 동안 그녀는 말했다. "저기 보세요. 3주 연속으로 회의에 참석하지 않은 동료들이네요. 저분들은 더 이상 우리와 같은 방향을 바라보고 있지 않은 것 같아요. 조금은 실망스럽네요. 저분들이 어서 우리와 같은 배에 타길 바랍니다." 그날 저녁, 그녀는 슈르만을 개인적으로 불러 이들을 한 배에 합류시킬 것을 종용했다. "당신은 사람들을 설득하는 능력이 있으니 성공할 거예요. 어떻게 해야 할지 잘 아시잖아요." 슈르만은 그 일을 맡기로 했다. 다음날 슈르만은 변절자들과 같은 테이블에 앉아 자신에게 부여된 통합의 역할에 몰두해 있었다. 그런데 중역진과 같은 테이블에 앉아있던 세자르가 그를 가리키며 상급 경영진들에게 이렇게 말하는 것이 아닌가! "저길 보세요. 저건 슈르만 씨잖아요! 지금 누구와 함께 있는 거죠? 정말 제 눈을 믿을 수가 없군요." 경영진들도 그녀의 말에 고개를 끄덕였다. 슈르만은 최선을 다해 노력한 자신이 결국은 패배자가 되었다는 사실을 꿈에도 알 수 없었다. 그러니 조심하시라.

심리학적인 측면에서 볼 때 한 팀에서 희생양이 나오면 나머지는 모두 안도의 한숨을 쉬게 되어있다. 희생양을 통해 죄인이 누구인지 확실해진다. 일이 잘못되면 그것은 희생양의 실수이거나 적어도 그의 개입에 의한 것이다. 그가 실패의 직접 원인은 아니더라도 문제를 미리 예방하지 못했다는 점에서 책임을 면할 수 없다. 만약 그가 상황을 통제하는 위치에 있었다면 제대로 돌보지 못했다는 점에서 역시 그의 책임이 크다. 희생양은 곤궁을 빠져나올 수 있었음에도 불구하고 진정으로 그것을 원하지 않았다고 여겨진다. 모든 잘못은 이제 그에게로 전가된다. 무서운 것은 팀 전체가 희생양에게 낙인을 찍고, 그 역할을 고정시킨다는 데 있다. 그들이 의식적으로건 무의식적으로건 그렇게 하는 것은 그 희생양이 자신이 될까 두렵기 때문이다. 다른 사람을 희생양으로 만들어 자신을 보호하는 것이다.

물론 당신이 희생양에게 도움을 주려 노력할 수 있겠지만 그러기 위해서는 절대적으로 네트워크가 필요하다. 조력자가 없다면 구조를 위한 시도를 할 수가 없다. 하지만 배후에 안정된 네트워크가 버티고 있다면 이야기가 달라진다. 그때는 공격자를 향해 희생양이 더 이상 혼자 운동장에 묶여 총알을 기다리는 무력한 존재가 아니라는 신호를 보낼 수 있다. 희생양에게 한발이라도 총을 발사하게 되면 무리 중 누구도 살아남지 못할 것이다. 이것만으로도 충분히 위협이 될 수 있다. 이렇듯 당신이 속한 네트워크는 희생양이 되는 것을 막아주고, 고립된 처지에 놓이지 않게 해준다. "자, 봤죠? 이런 상황에서 저는 희생양에 전혀 어울리지 않아요. 상사나 인사과 직원들도 역시 저와 같은 의견을 가지고 있답니다." 이 발언은 쓸데없는 악성루머를 퍼트리려는 동료의 호흡을 멎게 할 뿐 아니라 이들을 오갈 데 없이 만들 수도 있다.

이제 좀 감이 오는가? 이 미시적이고 사회학적인 분석 방식은 매우 흥미로우면서도 지당하다. 나도 개인적으로 직장에서 업데이트하는 의미로 일 년에 두 번씩 다이아몬드 분석을 한다. 이를 통해 내 행동을 비판할 사람이 누구인지 그 가능성을 점쳐볼 수 있다. 직업의 세계는 아름다움과 추함을 모두 가지고 있으며, 투명하고 예측 가능한 세계이기도 하다. 또한 분석이 정확하다는 것이 확인되면 그 사실은 당신을 안도하게 만들고, 몇몇 동료의 비열한 행위로 인해 실망하는 것을 막을 수 있다. 무엇보다도 좋은 건 직장에서 신뢰하고 편안하게 협력할 수 있는 인물들이 얼마나 많은지 확인할 수 있다는 것이다. 이 같은 아름다운 집단적 경험을 여러분도 해보기를 마음속 깊이 바란다.

자, 이제 여러분의 목록을 한번 살펴보길 바란다. 모든 동료들을 목록에 올리고 그들을 긍정적, 부정적 혹은 중도적인 역할로 표시했는가? 판단에 확신이 서지 않는다면 믿을만한 동료의 조언을 바탕으로 전체 그림을 그려보자. 그런 다음에는 무엇을 할까? 간단하다. 플러스 표시가 되어 있는 동료에게는 당신의 계획과 걱정을 털어놓고 지원 요청을 하라. 심부름꾼 역할을 하는 직원을 당신에게 긍정적인 역할을 하는 들러리 동료로 승격시키는 것도 괜찮다. 예를 들면 해당 동료들의 좋은 점을 주변에 알리거나 퍼트리는 거다. 긍정적인 동료의 지위가 높아질수록 당신의 직장생활도 쉬워질 테니까. 한편 중도적 성향의 동료라면 칭찬과 격려를 해주고, 내 편으로 끌어들이기 위해 직업적 조언을 해주는 것이 좋다. 반면 마이너스 표시가 되어 있는 동료에 관해서는 항상 의심하되 자신을 드러내지 않기를 바란다. 어느 곳에선가 무한한 참을성을 가진 이들이 당신이 칼을 뽑고 달려드는 상황을, 그게 몇 년이 될지라도 기다리고 있다는 사실을 명심해야 한다. 당신의 분석을 믿어라.

만약 다이아몬드 분석을 통해 당신의 직장 상사와 막후 실력자 모두가 마이너스 표시를 받는다면 그냥 포기하자. 이런 상황이라면 당신이 승진을 하거나 지원을 받게 될 가능성은 거의 없다고 보면 된다. 그렇다면 당신에겐 이제 세 가지 선택밖에 없다.

- 규칙에 따라 업무를 처리하고 상황에 적응하면서 당신이 가진 힘을 자녀를 기르거나 취미생활을 함께 하는 등 가정생활에 집중하는 것이 낫다. 그것을 통해 만족감을 얻을 수 있다. 개인적으로 나라면 이와 같은 선택을 할 것이다. 어떤 스타일의 상사를 만나게 될지 모르기 때문이다. 때로는 찬밥 신세가 될 수도 있다. 당신을 무시하고 승진을 막는 상사도 있겠지만 몇 년이 흐른 뒤에 그 자리로 옮겨온 다른 상사가 그전까지 살생부에 올라 있던 모든 이들에게 왕관을 씌워줄 수도 있다. 나 또한 경험했던 일이다. 사법부에서 수습직으로 일하던 초기에 상사는 나에게 앞으로 승진할 기회가 없을 테니 계약이 끝나면 다른 자리를 알아보는 것이 좋을 것이라고 말했다. 물론 우리가 서로 잘 어울리지 못했던 것은 사실이었다. 이 냉랭한 대화가 있고 나서 몇 달 후 나의 상사는 자신의 상관과 갈등상황에 놓이게 되었다. 그는 다른 부서로 이동했고 그에게 핍박당하던 부서원들은 갑자기 승진을 맞이하게 되었다. 나도 그중 한 명이었다. 세상은 매년 빠른 리듬으로 변하고 있다.
- 더 나은 미래를 위해 새로운 자리를 찾아보자. 만약 괜찮은 자리가 생긴다면 확실하게 자리가 굳혀질 때까지 아무에게도 말하지

말자. 자칫 이전보다 더 고립된 위치에 처하게 될 수도 있다. 그 누구도 그것을 원하지는 않을 것이다.

- 전략적인 반응을 보이거나 팀장의 자문가나 막후 실력자를 당신의 편으로 끌어들이자. 이들은 당신이 실력을 인정받지 못한 채 오해받고 있다는 것을 회사 내 권력자들에게 전달해줄 것이다. 또한 매우 가치 있지만 가장 어렵기도 한 상호관계의 법칙도 있다. 패배는 허락하지만 아예 시도를 하지 않는 것은 허용되지 않는다는 것이다.

혼자서 하는 일은 즐거움을 가져다주지 않는다. 우리는 네트워크 안에 포함될 때 힘든 시기를 안전하게 보낼 수 있다. 따라서 직업인의 세계에서는 싱글 플레이어보다 관계 매니저로 거듭나는 것이 무엇보다도 중요하다. 이제 시작해보라.

자신의 친구,
그리고
적을 알라!

· **관계 분석은 미리미리!**

다이아몬드 분석과 같은 거리 갱단에 대한 분석방법을 활용하면
된다. 이를 통해 미래에는 칼을 들고 적에게 달려드는 일 없이
골치 아프고 믿을 수 없는 동료로부터 거리를 둘 수 있게 될 것
이다.

· **친구인가 적인가?**

긍정적-부정적-중도적 성향 분석은 당신의 친구와 적이 누구인
지, 경계해야 할 사람이 누구인지를 보여줄 것이다.

- **자신에 대해서도 분석하자!**

  골치 아픈 상황에 당신의 곁에서 도와줄 수 있는 중위 역할이 곁에 있다면 혼자서 모든 것을 처리하지 않아도 된다. 또 스스로가 희생양과 왕따의 역할이 되지 않도록 조심하라. 이는 견고한 네트워크를 통해 충분히 예방할 수 있다.

- **도움과 친절을 적당히 베풀라.**

  도움을 주는 것은 좋지만 무한대로 베푸는 것은 좋지 않다. 너무 유난을 떨면 사람들은 당신이 뭔가 아쉬운 사람이거나 아부꾼이 아닐까 의심할 것이다.

3배수로
분석하기

• 과제 1

다이아몬드 분석을 시작하자. 당신의 동료를 막후 실력자와 지
도자, 중위와 들러리, 한 쌍, 왕따, 심부름꾼, 희생자로 구분해보
라는 것이다. 명심해야 할 것은 동료들이 모든 역할에 배분될 수
있게 해야 한다는 것이다. 종종 두 가지 역할에 다 어울리는 사
람을 발견할 수도 있다. 가령 한 동료는 70%는 중위이지만 30%
는 왕따에 속할 수도 있다.

- 과제 2

  스스로의 역할을 분석하자. 당신이 바라는 대로가 아닌 있는 그
  대로의 내 모습을 분석해보자.

- 과제 3

  긍정적-부정적-중도적 성향 분석을 시작하자. 다이아몬드 분석
  에서 긍정적인 성향을 보이는 사람의 이름 옆에는 플러스, 부정
  적인 성향의 동료 옆에는 마이너스 표시를 하고, 중도 성향에는
  동그라미를 친다. 다시 한번 상기시키자면 긍정적 성향의 사람
  은 당신이 실수를 한다 할지라도 번번이 잔소리를 하지 않는 사
  람이다. 부정적인 성향의 사람은 당신이 업무를 훌륭하게 마무
  리하더라도 비판을 멈추지 않는다. 중도적 성향의 동료는 겉보
  기에는 당신에게 무척 친절한 것처럼 보이지만 당신이 비를 맞
  을 때는 거들떠보지도 않는다. 최악의 상황에서는 최악의 동료
  가 된다.

ROUND **8**

인맥 없이는 백전백패!

위계질서를
무시하는 사람,
실용주의와
소속의 가치

관계 관리가 삶을 더 편하게 만든다

사비네는 관계 관리에 많은 신경을 쓴다. 관계 관리란 상대방의 소망이나 관심사를 염두에 두고 친밀함을 유지하며 타협과 소통을 기꺼이 해나가는 것을 말한다. 사비네는 이와 같은 관계의 원칙을 사생활에도 적용시키는데 특히 남편이 그녀가 원하는 것을 거절했을 때 유용했다. 예를 들어 그녀는 자동차에 대해 별 관심이 없지만 그녀의 남편은 돈이 없어서 살 수 없음에도 불구하고 비싼 자동차에 푹 빠져 있었다. 그녀는 그를 위해 주말에 멋진 포르셰 박스테 981을 렌트했고, 그는 주말 동안 멋진 드라이브를 즐길 수 있었다. 그리고 다음 주

내내 아내에게 헌신했다. 그 기회를 통해 그녀는 다시 한번 자신이 원하는 것을 얘기할 수 있었다. 어떻게 그녀의 청을 거절할 수 있겠는가? 결국 사비네는 승리했다.

사적인 영역에서 관계 관리가 얼마나 소중한지는 모든 사람이 알고 있다. 그에 못지않게 직업적인 영역에서도 관계 관리가 중요하다. 직장 내의 네트워크가 없다면 당신의 지성, 부지런함, 훌륭한 행동은 그 실체를 드러낼 수 없기 때문이다. 멋진 아이디어가 있어도 사람들의 귀에 들어갈 수 없고, 당신의 노력이 담긴 업무결과는 연기 속에 흩어질지도 모른다. 어떤 점에서 네트워크라는 건 회사에서 당신이 차지하는 위치를 알리는 커다란 스피커이자 확성기라고도 볼 수 있다. 네트워크는 무게가 있다. 당신의 말은 이를 통해 힘을 얻는다. 또한 네트워크는 과도한 처벌을 막아주는 중요한 역할을 한다. 동료나 상사가 아주 사소한 실수로 인해 막다른 길에 놓이는 것을 본 적이 있는가? 반대로 실수로 인해 회사에 금전적 손실을 입히거나, 자신의 업무를 기한 내에 마감하지 못했음에도 아무런 화를 입지 않은 사람이 있지 않은가? 왜일까? 비공식적인 직업 세계의 법칙이 적용되었기 때문이다. 네트워크에 둘러싸인 자는 살아남는 반면에 혼자 싸우는 외로운 늑대는 집단에서 쫓겨날 수밖에 없다. 아무리 큰 실수를 저질렀을지라도 이들이 경영진 또는 상관과 가까운 사이이거나 매우 중요한 인맥을 가지고 있다면 최소한의 비판만 받는다. 잔소리꾼도 입을 다물 정도다. 즉, 이들이 가진 네트워크가 자동적으로 충돌을 막아주는 것이다. 라인란트 팔라티나테 지역의 여경인 사라는 이를 진작에 깨달았다. "남자들의 게임 속에서 저는 바람 속에 날리는 깃털과도 같아요. 하지만 네트워크가 있어서 이 마초들로 득시글거리는 경찰 세계를 헤쳐 나갈 수 있었답니다." 기억하자. 상사들도 판단을 내릴 때 네트워크를 중요시한다는 사실을 말이다.

네트워크는 어떻게 결정하는가

직원 교육 도중에 한 상사는 부허 씨와 가르트너 씨 중에서 누구를 해고할 것이냐는 질문을 받았다. 가르트너는 업무 능력이 다소 약했다. 따라서 상사는 즉시 "가르트너요"라고 명료하게 밝혔다. 하지만 그는 가르트너가 아내가 다니는 테니스 클럽의 회원인 데다 두 사람이 일요일마다 복식조로 경기를 해왔다는 사실이 문득 떠올랐다. 상사는 다시 말했다. "아니, 부허 씨요. 그 양반이 제일 무능한 것 같네요." 왜 입장이 바뀌었을까? 상사는 가르트너 씨를 해고할 경우 자신의 아내와의 테니스 게임에 암운이 드리우리라는 것을 예상한 것이다. 상사의 말이다. "직업적 선택이 사생활에 영향을 미치지 않을지 고려할 필요가 있답니다." 물론 직업적 발전을 위해서 가장 중요한 것은 당신의 능력이지 레저시간이 아니다. 하지만 개인적인 구속력 또한 무시할 수 없다는 말이 하고 싶었다. 또한 공감대가 중요한 직장생활에서 개인 간의 화학작용 또한 무시할 수 없다. 이는 폭력적인 범죄 집단에도 마찬가지로 적용된다. 피해자에게 공감할수록 악당은 도덕적으로 악랄한 행동을 하기가 어려워진다. 가해자의 눈을 들여다보고 공감의 대화를 하는 것이 피해자를 위해서도 도움이 된다고 조언한다. 물론 극단적인 경우 피해자가 인질범과 '사랑에 빠지는' 악명 높은 스톡홀름 신드롬에 빠질 수도 있다. 지속적인 죽음의 공포에 직면한 사람이 매달릴 수 있는 마지막 구원의 심리라고 볼 수 있다. 역으로 피해자의 괴로움이 가해자의 영혼 속으로 스며들어 깊은 흔적을 남길 수도 있다. 나에게 치료를 받았던 한 범죄자는 다음과 같은 이야기를 남겼다. "피해자의 입장에 공감을 하게 되면서 범죄를 저지르고도 쾌락을 느끼지 못하게 되었어요." 그래야 마땅한 일이 아닌가.

공감의 측면에서 보자면 아우스부르크의 시청에서 일하는 마뉴엘에게는 여전히 배울 점이 많다. 아직 직장 내에서 자신의 권위적인 의견을 표출하는 방식을 선호하고 있기 때문이다. "저는 때로 지나치게 거칠고 비외교적인 방식으로 제 의견을 표출하기도 하고, 제가 말하고자 하는 바를 정확하게 전달하지 못할 때도 있답니다. 하지만 다른 사람들 앞에서 머리를 조아리는 것보다는 불편한 상황에서조차 분명하게 제 의견을 밝힐 때 사람들의 존중을 받을 수 있다는 것은 알고 있어요." 덕분에 마뉴엘이 무슨 생각을 하는지 모든 동료들이 잘 알고 있었다. 자신의 의견을 거침없이, 어떤 경우에는 묻지 않을 때도 표현하는 사람이니 당연했다. 하지만 그가 휘두르는 권위의 칼에 상처를 입을까 봐 아무도 그와 인맥을 맺지 않으려 했다.

그의 동료인 베로나도 비슷한 행동양식을 가지고 있었다. "조직 내 위계질서에 대해 함부로 입을 놀리다 보니 종종 나쁜 전령 취급을 받는답니다." 위계질서를 무시하는 그녀로 인해 눈치 없는 사람으로 찍히게 되거나 오해받을까 두려운 성공지향적인 상사나 동료들은 당연히 그녀를 피하게 되었다. 물론 비판의식을 가지고 걱정과 의심에 기반을 둔 사고를 하는 것도 필요하다. 하지만 팀원들 앞에서 공개적으로 비판하기보다는 사적으로 은밀하게 이야기함으로써 비판당한 사람의 체면과 권위를 구기지 않아야 한다. 신중한 접근이 그리 중요하지 않다고 말하는 상사나 동료에게도 마찬가지다. "항상 모든 것을 개방적으로 분명하게 얘기하세요." 이는 반대로 하라는 말과 다름없다.

그런데 어째서 수많은 직장인들이 네트워크 형성을 망설이는 걸까? 가장 큰 이유는 당장 처리해야 할 업무들이 눈앞에 쌓여있기 때문이다. 그들은 관계 형성을 단지 시간낭비라고 생각한다. 또 다른 이유는 회사 전체 직원들과 내부적인 관계망을 갖기를 혐오하기 때문이다. 인간적으로는 공감이 가지만 전략적인 관점에서 보자면 이러한 태도는 재앙에 가깝다. 왕따가 되면 직장생활에 뒤처질 수밖에 없고, 문제가 생길 시 집중적인 비판의 대상이 될 수도 있기 때문이다. 즉, 위급상황에서 당신을 도와줄 사람이 아무도 없는, 완벽한 희생양이 될 수 있다는 말이다. 이해가 되는가? 관계 관리란 당신의 직장생활을 위한 1급 예방책이자 안전보장의 지름길이다. 다른 이점도 있다. 시간을 절약할 수 있다는 것이다. 직장 내에서 비상시에 내 편이 되어줄 수 있는 사람에게 집중적으로 충실할 수 있다. 반면 겉으로는 동조하지만 진정한 힘이 되어주지 않는 동료들과는 거리를 두거나 관계를 맺지 않아도 되게 한다.

네트워크와 관련해서 개인적인 동질감과 프로페셔널리즘은 분리될 필요가 있다. 개인적인 동질감이 매우 핵심적인 역할을 하는 것은 사실이지만 직업의 세계에서는 당신의 현재 조건을 향상시켜줄 수 있는 사람에게 집중하는 것이 더 중요하다. 즉, 개인과 회사의 이익이라는 관점에 바탕을 둔 실용주의적 행동이 요구된다는 것이다.[80] 이 실용주의적 사고방식은 특히 가족 경영 회사에서 많은 도움이 된다. 여기서 우선시되어야 할 것은 엄격한 시간 관리다. 결정과정에서 궁극적으로 도움이 되지 않는 비공식적인 회사 내 친목 모임은 철저히 배경으로만 존재해야 할 요소이다. 그렇지 않으면 업무와 사생활이 장기적으로 공존하기 어렵다. 자신의 업무에 가장 중요한 사람과 참고인에 집중하는 것이 좋다. 사생활과 직장생활을 분리시켜야 할 필요는 또 있다. 사적으로 동료에게 편하게 털어놓은 이야기는 경쟁의 시기가 오면 당신에게 화살이 되어 돌아올 수 있다. 그 동료는 당신의 말을 폭로할 생각이 없었을 것이다. 하지만 몇 년 뒤 직장에서 다급한 상황에 놓였을 때 지

푸라기라도 잡아야 할 처지가 되면 살아남고자 당신에게 등을 돌릴 수도 있다. 경솔한 고백으로 당신의 직장생활을 힘들게 하지 말자.

부메랑을 경계하라!

자동차 회사에서 일하는 실비아의 다소 공격적인 대화법과 동료에 대해 사적으로 언급했던 몇 가지 부분들은 이후에 커다란 문제가 되어 그녀에게 돌아왔다. 희망부서를 신청한 직원들을 대상으로 공동 인터뷰를 진행하던 중 실비아의 경쟁 상대가 그녀의 경솔한 언행을 문제 삼아 공론화시켰기 때문이다. 실비아가 동료들을 향해 퍼부었던 신랄한 비판들을 부정하기에는 경쟁 상대가 폭로한 내용이 너무나 분명하고 상세했다. 하지만 실비아에게도 희망이 있었다. 인터뷰 심사위원 중 몇몇이 그녀의 네트워크에 속해 있었던 것이다. 그들은 실비아를 믿어주었고 상황은 잘 해결되었다. 현재 그녀는 자신이 내뱉은 말들을 뼈저리게 후회하고 있다. 보르도산 포도주 한 병을 앞에 두고 개인적이고 은밀한 분위기 속에 나눴던 동료에 대한 험담이 대수롭지 않을 것이라 여겼던 것을 반성했다. 그녀가 운이 좋지 않았더라면 아마 직장에서 사망선고를 받고야 말았을 것이다.

자, 이제 관계 관리를 시작해보자. 종이와 펜을 준비하는 것이 좋겠다. 지금부터 헤드비그 켈너가 중요하다고 단정했던 여러 질문들을 던질 것이기 때문이다.[81] 이는 특정한 사람들에 대한 질문이다. 일단 직장에서 만나는 사람들을 적어보자. 그리고 그들을 어떻게 알게 되었는지 자문해보자. 직장에서 당신이 힘든 상황에 처했을 때 도움을 받을 수 있도록 이들을 통해 견고한 네트워크를 만들어야 하기 때문이다. 여기엔 핵심적인 규칙이 있다. 사회적 네트워크는 당신이 그것을 필요로 하지 않을 때 만들어두어야 한다는 것이다. 그 네트워크의 힘이 급하게 필요할 때 서둘러 네트워크를 만들기 시작한다면 곤란하다. 동료들은 당신이 급할 때만 사람들 앞에 바짝 엎드리는 박쥐라며 손가락질 할 테니까.

Q1 당신의 직장에서 중요한 정보를 쥐고 있는 사람은 누구인가?

그는 훌륭한 네트워크를 갖추고 있는 상사 혹은 동료일 수도 있고, 시설 관리자 혹은 상사의 조력자일 수도 있다. 그가 회사의 중요한 정보들을 잘 알고 당신에게 미리 귀띔해줄 수 있다면 벼룩이 기침하는 소리까지도 다 들을 수 있지 않겠는가? 중요한 정보란 회사의 구조조정 혹은 당신에게 친화감이나 적대감을 갖고 있는 동료에 대한 정보 등을 말한다. 이러한 정보를 잘 활용한다면 무심결에 실수하지 않고 업무 분위기를 향상시킬 수 있을 것이다.

Q2 누구와 같이 성장하고 싶은가?

당신이 직장에서 처음 같이 일을 시작한 동료는 누구이며, 현재 그의 지위는 어떠한가? 당신을 비롯한 초창기 멤버들이 모두 같은 위치에 있다면 그것은 좋은 신호이다. 또한 다른 동료들보다 당신의 위치가 높다면 그만큼 성공적으로 자신의 경력을 구축해온 것이니 축하해야 할 일이다. 위험한 것은 반대의 상황이다. 당신을 제외한 모든 동료들이 당신보다 위에 위치하고 있다면 스스로 '나는 순한 양 타입인가' 진지하게 자문해보아야 한다. 그리고 신속하게 당신의 공격성 지수를 개발시켜라.

Q3 당신이 높은 자리에 있는 영향력이 큰 인물이라면 어떤 사람과 일하겠는가?

어떤 사람과 일하고 싶은지 결정했다면 계속해서 질문에 답해보자. 공식·비공식적 만남을 통해 이들과의 관계를 유지하고 싶은가? 당신이 직장에서 무엇인가를 이루고자 한다면 높은 지위에 있는 사람들에게 당신 자신과 아이디어를 어필해야 한다. 이들이 당신을 알고 호감을 보이면 보호막이 되어줄 것이다. 그런 인맥이 없는가? 왜 그럴까? 당신은 어째서 중요한 업무가 아니라 그저 일거리를 만들기 위한 목적으로 존재하는 듯한 의미 없는 회의나 업무에 배정되어 있는가? 이러한 질문에 비판적으로 대답해보길 바란다. 스스로 이 같은 무의미한 그룹에 쉽게 빠져들었거나 누군가 당신을 견제하기 위해 의도적으로 밀어 넣은 것일 수도 있다. 실제로도 이런 목적을 위해 문제가 많은 사람들로 구성된 업무팀 또는 그룹이 있기도 하다. 이들이 아무런 일도 하지 못할 거라는 것을 누구나 알고 있다. 단지 당신이나 다른 동료들의 역량을 약화시키기 위한 목적으로 만들어진 팀일지도 모른다. 어찌됐든 결국 모든 이들로부터 "속 빈 강정 같은 프로젝트팀이로군요"라는 악평을 듣게 될 것이다.

당신이 만약 그런 팀에 속하게 되었다면 방법은 하나밖에 없다. 책임 상사에게 면담을 요청해 현재 팀의 구성원으로는 절대 성공할 수 없다는 것을 깨달았다는 것과 그 때문에 이 팀에 속하는 것을 망설일 수밖에 없다는 사실을 강력하게 피력해야 한다. 이는 여러 가지 반응을 불러올 것이다. 그중 하나의 반응은 책임 상사가 그럼에도 불구하고 프로젝트를 밀고 나가는 거다. 그렇게 되면 적어도 당신은 자신이 상사에게 별로 중요한 사람이 아니며, 그와 함께하는 동안에는 성공에 대한 환상을 품을 수 없을 거라는 것을 깨닫게 될 것이다. 아니면 당신의 평가에 따라 상사가 팀의 구성원을 바꿔줄 수도 있다. 당신의 장기적 안목을 칭찬하며 팀의 나머지 구성원들은 그대로 둔 채 당신만 그 팀에서 제외시켜줄 수도 있을 것이다. 그의 관점으로 볼 때 팀의 일원으로 그들과 함께 나락으로 떨어지기에는 당신이 너무 아깝게 느껴질 수 있기 때문이다. 아무튼 상사가 보일 수 있는 반응과는 상관없이 항상 적극적인 자신의 모습을 믿고 따라야 한다. 경험을 통해 우리는 지식을 얻을 수 있으며 때론 용기에 대한 어마어마한 보상이 따르기도 한다.

Q4 누가 당신을 중요한 인맥에 소개시켜 줄 것인가?

중요한 인물들의 이름을 적은 다음 그들과 인맥을 갖고 있는지 확인해보자. 없다면 그 원인을 분석해보자. 당신에게는 경력 향상이 그다지 중요하지 않은 문제인가? 아니면 그런 사람들과 함께 하는 것이 피곤하다고 여겨지는가? 혹은 성향상 자신이 공감형이 아니라고 느껴지는가? 그들에게 거부당할까 봐 미리 피한 것은 아닌가? 모두 헛소리다. 그런 바보 같은 생각은 집어치우는 것이 좋다. 인맥이 없다면 실수나 갈등의 순간에 홀로 싸워야 한다. 정말로 그것을 원한단 말인가?

Q5 누구와 가까운 모습을 보여주고 싶은가?

상징적 상호주의론에 따르면 권력자 가까이에 있으면 그 힘이 반사되어 사람들이 당신의 능력을 더 잘 알아보고, 당신이 하는 말에 보다 귀를 기울일 거라고 한다. 영향력 있는 인맥이 있다면 그와 가깝다는 것을 보여주자. '천 마디의 말보다 한 장의 사진이 더 많은 것을 말해줄 수 있다'는 속담을 기억하자. 이는 피해자 연구학에서도 적용되는데, 내 사무실에는 뉴욕에서 갱스터들과 함께 찍은 2장의 사진이 걸려 있다. 사진 아래에는 '뉴욕의 갱스터들과 옌스 바이드너(왼쪽)' 같은 지문도 붙이지 않았다. 대충 봐도 그것이 무슨 사진인지 한눈에 알아볼 수 있기 때문이다. 누구든지 사진을 보면 범죄의 냄새와 에너지가 풍기는 것을 느낄 것이며, 어째서 저렇게 왜소한 사람이 무서운 범죄자들 옆에 멍 자국 하나 없이 서 있을 수 있는지에 대해 궁금해할 것이다. 이보다 더 훌륭한 효과를 기대할 수 있을까?

나는 어디에 속해 있는가?

중요 인맥에 관한 문제는 충분히 살펴보았다. 이제 관계 관리의 측면에서 조명해야 할 세 가지 구조적 요소를 질문을 통해 살펴보자.

Q1 정부기관이건 사회기관이건 당신의 직장에서 의견을 형성하는 데 있어서 가장 중요한 모임은 무엇인가? 당신도 그 모임에 참석하는가?

만약 대답이 '예스'라면 모든 것이 정돈되어 있는 상태라고 볼 수 있다. 하지만 대답이 부정적이라면 회의에 어떻게 하면 참석할 수 있을 것인지 계획하고, 당신이 관심 있다는 것을 누구에게 어필해야 할지 생각해보자.

Q2 당신의 회사에서 중요한 회의는 무엇인가? 부서별 회의에 정기적으로 참가하는가?

그렇지 않다면 어떻게 해야 참석할 수 있을까? 당신을 회의에 데리고 가서 임원들에게 소개할 수 있는 사람은 누구일지 생각해보자. 1번과 2번 질문을 당신의 연간 계획표 안에 포함시키고 답을 찾아보자.

Q3 당신의 직업에 도움 될 수 있는 사회적 인맥과 네트워크는 무엇일까?

업무를 위해 모여있는 것처럼 보이지만 실제로는 중요한 목소리들이 오가는 회사의 네트워크에 접근할 수 있는 방법이나 영향력 있는 특정 부서의 협의회 등에 가입하는 방법을 고려해보자. 더 나아가고 싶다면 당신의 관계 관리 방식을 효율적 소비자 반응으로까지 확대시키고, 믿을 수 있는 경쟁자와 협력할 수 있는 방법을 찾아보자. 이를 위한 전제 조건은 사람들을 공정하게 대하고 상호 간의 의무를 지키며 신뢰와 사업가로서의 매력을 상대에게 어필하는 것이다. "사업 상대를 짜증나게 할 뿐인 파워게임은 더 이상 필요하지 않으며 어떤 이익도 가져다주지 않습니다." 교역 분석가인 클리인과 라흐하머 씨의 말이다.[82]

그런데 효율적 소비자 반응의 모델은 다음과 같은 우화에서처럼 실패할 수도 있다. 닭이 어느 날 돼지에게 다가가 앞으로 서로 협력해서 '달걀'과 '햄'을 생산해보자고 제안했다. 돼지는 처음에 솔깃했지만 곧 의심에 사로잡혔다. "네가 달걀을 가져오고 내가 햄을 가져와야 한다고? 그건 내가 죽어야 한다는 소리 아니야?" 그러자 닭이 눈도 깜짝하지 않고 말했다. "그럼! 합병이란 건 바로 그런 거지!" 피 냄새가 나는가? 당신은 현재 어떤 네트워크에 속해 있는가? 그 안에서 완벽한 몫을 해내고 싶지만 정확하게 어떻게 해야 할지 갈피를 잡지 못하고 있는가? 그렇다면 당신에게 헤르만 쉐러가 쓴《빌 클린턴을 독일에 데리고 오는 법》을 권하고 싶다. 그의 조언은 보석처럼 귀할 뿐 아니라 내가 완벽하게 동의할 수 있는 내용으로 가득 차 있다.

쏘기 어려운 상대를 대하는 방법

마르셀은 경쟁자인 동료 헤드비그를 이기고 싶다. 마르셀은 현재 인테리어 디자인 분야의 감독관이 되기 위해 헤드비그와 경쟁하고 있는 중이었다. 그가 자신의 의도를 실천에 옮기기도 전에 헤드비그가 점심시간에 마르셀을 만나러 왔다. 마르셀은 자신이 제일 좋아하는 식당에서 그녀를 마주친 것에 불쾌함을 느꼈는데, 그녀가 앞자리에 앉아 말까지 시키자 불쾌감이 극에 달했다. "안녕하세요. 마르셀 씨! 우리가 감독관 자리의 최종 후보들이란 거 아시죠?" "네, 잘 알죠." 그는 무심하게 대답했다. 잠시 후 헤드비그는 자신의 인맥에 관한 약간은 섬뜩한 정보를 그에게 들려주었다. "그런데 제가 라이온스 클럽의 회원이라는 사실은 아세요?" 마르셀은 놀랐다. 자신도 라이온스 클럽의 회원이었던 것이다. 왜 하필 로타리 클럽이나 원탁 클럽이 아닌 라이온스란 말인가? 제기랄! 그녀를 공격하려던 계획이 완벽하게 틀어져 버리고 말았다.

한자동맹(Hanseatischer, 13~17세기에 독일 북쪽과 발트해 연안에 있는 여러 도시 사이에서 이루어졌던 연맹_역주) 정신으로 유명한 라이온스 클럽의 일원이 다른 회원을 공격하면 당사자뿐만 아니라 함부르크 라이온 스 클럽의 모든 여성 회원들이 그의 목을 치러 달려들 것이다. 같은 클 럽의 회원으로서 도움을 주지는 못할망정 방해공작을 펼치는 것은 절 대 용납할 수 없는 일이었다. 클럽 내의 여성회원들이 가진 네트워크 로 그의 목을 치는 것은 일도 아니다. 그가 저지른 행동에 대한 소문이 클럽 안에 퍼지게 되면 그의 명성에 치명상을 입게 될 것이었다. 헤드 비그는 한술 더 떠서 카드를 하나 더 꺼냈다. "그리고 이번 주에 제가 시의회 의원과 저녁식사를 했거든요." "아, 그러세요? 그거 재미있군 요." 마르셀은 더듬거리면서 어째서 자신은 시의원과 인맥이나 친분을 쌓지 못했을까를 한탄하고 있었다.

헤드비그의 인맥 자랑은 결코 헛되지 않았다. 그것은 마르셀을 불 안하게 만들었고, 한층 더 신중하고 예의 바른 태도로 헤드비그를 대 하게 만들었다. 결국 그는 자신의 경쟁자를 물리치려던 계획을 접기로 했다. 2주 후에 헤드비그를 불러서 이렇게 말했다. "우리가 지난번 레 스토랑에서 나누었던 대화를 한번 생각해보았는데요. 당신이 감독관 이 되도록 부서 차원에서 내가 지원해줄 테니 돌아오는 9월에 당신의 부서에서 우리 팀에 필요한 자금을 지원해주는 건 어떨까요? 만약 우 리 두 사람이 자리다툼을 한다면 이익을 보는 건 제삼자뿐이거든요." 그녀는 성공한 커리어우먼다운 태도로 대답했다. "당연히 동의해야 죠., 마르셀." 이는 인맥을 염두에 둔 동의의 특징이기도 하다. 즉, 자신이 동의하는 부분은 그대로 지키는 것이다.

전문적인 관계 관리의 첫 번째 단계는 당신에게 도움이 될 수 있는 동료에게 개인적으로 친근하게 말을 건네라는 것이다. 누군가가 당신에게 접근해서 한 발짝 앞으로 데리고 가줄 것이라고 믿고 기다리는 것은 소용없는 짓이다. 그건 절대로 오지 않는 누군가를 기다리는 사무엘 베케트의 연극 《고도를 기다리며》와도 같다. 그냥 편하게 자신의 관심을 표시하자. "죄송한데 여기 업무가 어떻게 되는지 간단히 브리핑해주실 수 있나요?" 이는 상대방을 전문가로 치켜세워주는 듯하므로 대화를 시작하기에 상당히 괜찮은 방식이다. 상대방의 대답을 잘 듣고 몇 가지 중요한 사항을 수첩에 적고 있으면 상대방은 생각할 것이다. '이 사람은 상당히 똑똑한 걸. 나중에 상사에게 추천해도 되겠어.' 이것으로 이미 당신은 네트워크의 중심에 들어갔다. 단 "미안하지만 시간이 없네요"와 같은 반응을 얻게 된다면 다른 문을 두드려보자. 여기서 산탄총 원칙을 활용해보는 것이다. 일단 여기저기 탄환이 흩어지면 누군가는 맞을 것이고, 그중에는 가슴을 열고 진지하게 질문을 받아들여줄 사람도 분명 있다.

여자들의 세계는 조금 다르다

공격성에 관한 설문조사 도중 내가 가진 네트워크에 대한 아름다운 이상에 구름을 드리운 여성도 있었다. 함부르크에 살고 있는 카롤리네와 그라츠에 살고 있는 마델라이네는 여성이다. 둘 다 건강 관련 회사에서 근무하지만 서로를 알지 못했다. 두 사람 모두 나에게 직장 내 여성들 간의 네트워크 부재와 지나친 자아비판 그리고 질투가 넘치는 환경 등에 대해 불평했다. 카롤리네는 "여자들은 자신들이 얼마나 부지런하고 멋지며 지적이고 민첩하고 강하고 매력적인지 몰라요. 워킹맘은 자신이 직장에서 반밖에 일하지 못하고, 가정에서도 엄마 역할을 반밖에 하지 못한다며 한탄하지요. 이런 자아비판은 결국 콤플렉스로 이어지고, 나중에는 다른 여성들이 성공하는 것을 견딜 수 없어 하기도 합니다." 마델라이네도 덧붙였다. "네트워크를 만들어봤자 다른 사람에게만 도움 되는 일 아닌가요? 다른 여직원을 도와줘 봤자 저에게는 별 도움이 되지 않는 거 아닌가요? 저는 상대를 질투하고 오명을 씌우는 이 같은 논리들을 직장에서 너무나 자주 접하고 있답니다." 마델라이네는 이러한 논리에 동의하지 않는 자신의 태도로 인해 직장에서 다른 여직원들과 자주 충돌한다는 사실에 한탄했다. "제가 스스로를 내세우고 자신의 권리를 당당히 주장하며 능력을 보이면 사람들은 저를 싫어해요. 속물이나 거만한 여자라고 부른답니다." 카롤리네는 사람들의 이러한 행동에 대해 질문을 던진다. "직장에서 인기 있는 사람이 되려면 자신을 모든 사람이 사용하는 정신적 쓰레기통으로 여기고 그냥 가만히 있어야만 할까요?" 두 여성 모두 이 점은 분명하다. 소속의 비용을 고스란히 떠맡지는 않겠다는 것이다. 하지만 직업 세계에서 힘들 때 서로 의지할 수 있는 여성들 간의 연대, 즉 네트워크를 간절히 바라고 있다.

공감능력과 '나를 보호해줘' 전략

간호 관리자인 할페르스와 같이 '미묘한 공통분자'를 통해 친밀감을 쌓는 것을 강조할지 말지는 전적으로 당신의 몫이다. 할페르스는 인터넷 검색을 하다가 자신의 남자 동료가 이탈리아 오페라 애호가라는 사실을 알게 되었다. 그래서 그녀는 그에게 자신이 지난번에 함부르크 시의 오페라 극장에 토스카를 보러 갔다는 얘기를 넌지시 건넸다. 그러자 그는 매우 개인적인 반응을 보였다. "내가 진심으로 눈물을 흘릴 수 있는 공간은 오페라 극장밖에 없답니다." 두 사람 사이에 비밀이 생겼다. 두 사람 간의 화학작용은 무난했고, 그렇게 인맥 쌓기를 위한 첫 단추가 끼워졌다. 또한 그녀는 그 남자 동료가 얼마나 칭찬에 약한지 알게 되어 놀라움을 감출 수 없었다. "남자란 거의 칭찬을 받지 못하는 존재인 것 같아요. 다른 남자 동료들로부터나 가정에서나 칭찬받을 일이 그리 많지 않죠. 같이 사는 배우자는 저주하지 않는 것을 칭찬으로 여기는 게 대부분이고요. 그러다 보니 '정말 귀여운 넥타이로군요'라거나 그와 비슷한 칭찬을 간혹 해주면 그 남자 동료는 내색하지 않겠지만 속으로는 으쓱한답니다. 그 후로는 당신에게 공감하지 않을 수 없게 되겠지요."

쾰른의 패션 산업계에서 일하는 도리스는 소녀시절의 전략을 성인이 된 지금까지도 활용하고 있다. "저는 인생에서 청춘기의 영향을 가장 크게 받았어요. 과거에 저는 밤새도록 디스코텍에서 놀다가 아침이 되어서야 남자친구들의 보호를 받으며 집으로 돌아오곤 했죠. 놀다가 종종 마지막 기차를 놓치면 아침 5시까지 기차역 벤치에서 잠들곤 했는데 남자친구들이 지켜준 덕분에 안전하게 집으로 돌아올 수 있었답니다. 고맙다는 표시로 저는 친구들의 뺨에 수줍은 키스를 해주었죠. 저는 그 당시 사용했던 백기사 전략을 요즘에도 사용한답니다. 그것을 '나를 보호해줘!' 전략이라고 부르는데, 그러면 남자들은 저를 위해 전력을 다해줍니다. 물론 요즘에는 그들에게 키스 대신 유머와 칭찬으로 화답을 하지요."

내 편이
없 다 면
질 수밖에 없 다

· 솔로로 살고자 하는 건 의미가 없다!

비공식적인 직업의 법칙을 기억하라. 외로운 늑대는 문제가 생
기면 가장 먼저 비판의 집중 포화 대상이 된다. 반면 네트워크를
가진 사람에게는 보다 관대하다. 누구도 조력자들과의 관계를
한꺼번에 망치고 싶어 하지 않기 때문이다.

· 적절한 시기에 네트워크를 구축해야 한다.

당신이 필요로 하지 않는 시기에 네트워크를 구축하자. 비상시
엔 뒤늦게 네트워크를 찾아 헤맨다 해도 혼자 남겨질 뿐이다.

- 네트워크! 네트워크! 네트워크!

  당신의 직업적 발전을 위해 중요한 사람들을 찾아내서 접근하자. 각종 산업행사에 참석하고 산업협회의 일원이 되자. 네트워크를 구축하고 확장하는 데는 여러 방법이 있다.

- 산탄총 원칙에 따라 지원 세력을 찾아보자!

  더 넓은 범위에 도움을 청할수록 도움을 줄 수 있는 조력자를 발견할 가능성은 더 커진다.

관계를
유지하고
인맥을 구축하기

- 과제 1

관계 관리에 관해 다음과 같은 5가지의 질문에 답해보라. 1) 당신의 회사에서 중요한 정보를 가진 사람은 누구인가? 2) 누구와 같이 동반상승하고 싶은가? 3) 높은 지위와 영향력을 가지고 있는 사람 중 누구와 같이 일하고 싶은가? 4) 중요한 그룹에 당신을 소개시켜줄 사람은 누구인가? 5) 누구와 가까운 곳에 서고 싶은가? 이를 통해 당신의 네트워크에서 어떤 인맥이 가장 중요한지를 판단할 수 있다. 이제 남은 것은 이들의 마음을 얻는 것이다. 쉽지 않은가?

- **과제 2**

  당신의 직업적 환경에서 어떤 회의, 어떤 비공식 모임이 중요하다면 네트워크의 도움을 받아서 미래에 그 모임에 참석할 수 있는 가능성이 있는가? 물론 이를 위해서는 인내심과 긴 호흡이 필요하다.

ROUND **9**

나는 슈퍼히어로다!

엘리트적
나르시시즘,
칭찬목록과 시체 놀이

사소한 악의는 일상을 달콤하게 한다

미리암은 무역 체인회사의 사무직원으로 일하고 있다. 그녀는 스스로를 자신감이 넘치는 슈퍼우먼이라고 생각하는데, 이러한 태도는 일상생활에서도 잘 드러난다. 미리암은 슈퍼에서 쇼핑카트를 제자리에 돌려놓지 않는 버릇이 있었다. 그날도 미리암은 사람들의 통행을 방해하지 않는 선에서 쇼핑카트를 원래 보관소가 아닌 그 언저리에 두고 나왔다. 그러자 몇 초 후에 메르세데스를 타고 온 은발의 운전자가 그녀의 몰상식함을 꾸짖는 소리가 들렸다. 하지만 그녀의 대답은 전형적인 독일인의 대답과는 거리가 멀었다. "그건 당신의 일이 아닌가요? 여기서 일하는 분 같으신데요?" 은발의 신사는 당황하여 말을 잇지 못했다. 대단한 반격이었다. 사실 그의 복장은 너무나 우아해서 슈퍼마켓의 종업원이라고 볼 사람은 아무도 없었다. 나에게 감히 충고를 하다니. 미리암은 만족스러운 미소를 지었다. 그녀는 제대로 이름값을 한 것이다. 그 행동이 옳은 것일까? 물론 아니다. 그렇다면 그 행동으로 그녀의 기분이 좋아졌을까? 당연하다. 그녀는 잘 알고 있었다. 사소한 관습의 파괴야말로 자신의 내면적 평화를 위해 도움이 된다는 것을 말이다. 그녀에겐 도덕적 가책이라고는 없었으며 단지 '이름이 곧 운명'이라는 옛말을 따랐을 뿐이다(미리암의 성 보에제(Boese)는 독일어로 '나쁘다'라는 뜻_역주). 내가 하고 싶은 말이 바로 이거다. 당신의 이름이 '천사'를 뜻할지라도 간혹 일상에서는 미리암처럼 행동해보자.

지금까지 이 책을 읽어온 독자라면 이제 좀 더 높은 수준의 공격성을 발휘할 준비가 되었을 거라 믿는다. 그러나 내용 중에는 아마도 당신이 실제로 따라 하기에 어려운 행동들도 있었을 것이다. 그런 의미에서 이번 라운드에서는 '자신감'에 집중해보고자 한다. 자신감을 통해 당신이 목표를 향하는 길에 불어오는 세찬 바람을 잘 견뎌내고, 스스로를 단련시키기를 바란다. 강한 자신감과 자신에 대한 믿음이 당신에게 필요한 용기를 주고, 스스로의 경계를 넘어설 수 있게 해줄 것이다. 중요한 것은 어떤 상황에서도 가벼운 윙크를 날릴 수 있는 자신감과 약간의 반어적 태도를 유지하는 것이다. 자동차 딜러인 아흐메트는 곰곰이 생각한 끝에 다음과 같이 말했다. "제 유일한 약점은 눈빛이랍니다." 에너지 회사의 직원인 율리케는 자신의 비언어적 소통방식에 대해 자신감이 넘쳤다. "제 미소를 처음 보면 그저 다정해 보이겠지만 종종 상어의 미소로 변하기도 한답니다. 다정한 포옹에서 시작해 점차 상대의 목을 조르는 것과 같지요."

이 라운드의 좌우명은 '자신의 장점과 단점을 모두 포함하여 스스로를 칭찬하라'이다. 심리학에서도 과장이나 허상이 배제된 나르시시즘적 성향을 환영한다. 여기에는 진지하고 위트 넘치는 자신감, 인정받고자 하는 욕구와 함께 자신의 중요성을 자각하고, 자신의 위치를 제대로 세울 수 있는 자기 확신 등이 포함된다. 이 같은 품성[83]은 경쟁을 좋아하고 자신감이 넘치며 사회적 지위를 추구하는 사람들에게서 볼 수 있다. 반면에 과장된 자부심과 자기중심적 태도, 동료들에게서 끊임없이 칭찬받고자 하는 성향 등은 소위 말하는 '엘리트적 나르시시즘'이다. 이 같은 불쾌한 타입의 인간형은 직장생활에서 흔히 볼 수 있는 타입 중 하나인데, 우리의 공격성 설문조사에서도 이러한 행동은 거듭 비판의 도마 위에 오른다.

- 이들은 사악한 즐거움과 이기심으로 가득 차 있어요. 날카롭게 상처 주는 방식으로 터프하다는 명성을 얻고 싶어 하지요.
- 이들은 중상모략이나 등에 비수를 찌르는 방식에 대해 전혀 양

심의 거리낌을 느끼지 않는 것 같아요. 자신의 성공을 드러내놓고 축하하는가 하면 실패한 사람들에 대해서도 기쁨을 숨기지 않죠.

• 삼자를 희생시켜 자신들의 사익을 추구하는 데 전혀 거리낌이 없는 것 같아요. 이들의 중상모략을 좋아하는 기질과 멍청함은 때로 오만함과 결합되기도 한답니다.

• 이들은 비만이나 거식증과 같은 타인의 약점을 많은 사람들 앞에서 까발리는 것을 즐기며, '우리는 당신의 내면을 정말 좋아해요'와 같은 말을 쉽게 내뱉기도 해요.

• 처음부터 실패의 가능성이 높은 일인데도, 그들은 성공의 기준을 터무니없이 높게 잡아버려요. 그리고 동료가 실패하면 비난을 일삼아요.

• 동료들이 잘못된 결정을 하도록 틀린 정보를 제공한 다음 나중에 그것을 비난해요.

이 책에서 얻은 지식을 통해 앞으로는 피해자로 전락하지 않고, 위와 같은 '동료'를 식별하는 것이 수월해졌을 것이다. 나아가 당신은 이들의 성공 가도에 브레이크를 걸 수도 있어야 한다. 이런 사람들이 승진하게 되면 상사로서 엘리트적 나르시시즘을 마음껏 발현하려 할 것이고, 회사에 역효과를 가져올 것이기 때문이다. 하지만 이들과 싸우려면 상당한 자신감이 필요하다. 자신의 위치를 내세우려면 자기확신을 갖고, 나르시시즘에 빠진 상대의 날카로운 공격으로부터 스스로를 방어할 수 있어야 하기 때문이다. 과거 독일 총리였던 헬무트 슈미트의 예를 통해 진정한 자부심이 무엇인지 살펴보자. 젊은 시절의 그는 지도교수가 권하는 대로 논문의 방향을 정하지 않고, 교수가 명예박사가 되면 그때 다시 생각해보겠다고 침착하게 대답했다고 한다. 독일 재벌가문의 여류 명사의 사례도 자부심에 관한 좋은 예가 될 수 있다. 나는 그녀가 운영하는 기업체에서 강연을 한 뒤 그녀에게 지도자의 행동에 대한 책의 서평을 부탁했다. 내 생각에는 그녀만큼 그 서평에 적합한 사람이 없을 것 같았다. 책의 제목은《여성들이 지위를 쟁취하는 법》이었다. 부유한 주택들이 늘어선 함부르크 근교의 엘베강 유역을 지나면서 그녀는 불쾌하다는 듯이 대답했다. "이봐요. 젊은이! 나는 지위를 쟁취하는 법에 대해 써줄 말이 전혀 없답니다. 난 늘 높은 자리에서 살아왔으니까요!" 윙크와 함께 내뱉은 이 자부심 넘치는 표현이 굳이 사업가 집안 출신만의 전유물이라고 생각할 것은 없다. 이보다 더 은근한 방식으로 자부심을 표현할 수도 있을 테니까 말이다.

스스로를 높이는 법

마티아스는 전기 회사의 구매협상 담당이었다. 그는 이 일에 꽤 수완이 있는 편이었다. 하지만 한없이 작아지는 기분이 드는 날이 종종 있었다. 심리적으로 매우 위축된 날이었고, 몸속 세포 하나하나가 '오늘은 일진이 좋지 않아'라고 외치는 것 같았다. 그런데 바로 그런 기분이 드는 날, 복잡한 협상을 2건이나 앞둔 것이었다. '제기랄! 오늘은 분명히 실패할 것 같아.' 성공적인 거래를 위해 꼭 필요한 자신감이 오늘 그에게는 없었다. '오늘은 그냥 집에서 쉴까?' 그는 고민했다. '의무감으로 괜히 집을 나섰다가 일을 망치느니 회사에 병가를 내고 협상을 미루는 것이 좋지 않을까?' 하지만 마티아스에게는 플랜B가 있었다. 사무실에서 그는 잠가두었던 서랍을 열고 A4 용지를 한 장 꺼냈다. 종이 위에는 마티아스의 33가지 장점이 적혀있었다. 모두 고객이나 동료, 상사나 사적인 인연들로부터 들은 칭찬이었다. 그가 개인적으로 알고 지낸 코치의 조언에 따라 자신에 대한 너그러운 표현들을 모아두었던 것이다. 누군가가 자신의 실적이나 행동을 칭찬하면 그것을 적어두었다. 또 동료가 감사의 표시를 하거나 상사가 그의 신중한 소통방식을 칭찬한 것도 적었다. 칭찬의 종류는 외모에 관한 것일 수도 있고(오늘 매우 프레시해 보이네요), 내면적 성격에 관한 것일 수도 있으며(우리는 당신의 경험에 많이 의지하고 있어요), 특정한 행동이거나(그런 상황에서도 고객을 놓치지 않다니 정말 대단하군요), 사소한 선행에 의한 것일 수도 있다. 하지만 시간이 지나면서 칭찬의 목록은 슈퍼히어로처럼 힘이 커진다.

슈퍼히어로의 선행 목록을 보고 있는데도 불구하고 여전히 비참함을 느낀다면 거기에 적힌 장점들을 찬찬히 곱씹어 보자. 거기에는 '똑똑한 친구일세', '묘사하는 능력이 매우 훌륭해' 혹은 '정말 민첩하고 용모도 훌륭한 데다 약자에게도 공평하군요'와 같은 칭찬이 적혀 있을 것이다. 처음에 마티아스는 대부분의 칭찬들이 과장되어 있고, 다른 사람들도 마찬가지로 생각할 것이라고 여겼다. 그러다가 '아니지. 이건 자화자찬이 아니라 다른 사람이 나에 관해 한 말이잖아!'라는 결론에 도달한다. 그리곤 하나씩 다시 목록에 적힌 칭찬을 읽어보는 것이다. 그러던 중 그는 두 번째 깨달음에 도달한다. '그래, 사실 객관적으로 그 안에 얼마간의 진실이 있겠지.' 그는 계속해서 칭찬 목록들을 읽기로 한다. '전략에 재능이 있음', '사람들을 배려함'과 같은 여러 가지 내용이 적혀 있다.

슈퍼히어로 목록의 2/3를 읽기도 전에 칭찬의 놀라운 효력이 펼쳐지기 시작했다. 마티아스의 표정은 말 그대로 피어났고, 가슴은 쫙 펴진 것이다. 그는 스스로에게 말하기 시작했다. "솔직히 넌 객관적으로 정말 근사한 녀석이야." 그는 유쾌하고 아이러니한 기분에 웃음을 감출 수가 없었고, 우울했던 기분도 날아가 버렸다. 나머지 목록까지 굳이 다 읽을 필요조차 없었다. 어느새 그의 손은 전화기로 향했고, 협상 파트너와의 대화가 시작되었다. "슈베르트 씨, 안녕하십니까? 오늘은 우리 모두에게 아주 멋진 하루가 되겠네요."

이와 같은 동기부여 방식을 상호반응 이론에서는 '긍정적-라벨 붙이기'라고 부른다. 당신은 이제 자비의 우표를 선물 받았다. 뮌헨의 저자인 플로리안 란겐슈아이트도 낙천적인 관점을 옹호한다.[84] "이 세상에 존재하는 부정적인 요소를 모른 척하거나 억눌러서는 안 된다. 하지만 항상 그것에만 집중하는 것은 아무런 이득이 없다. 낙천주의자는 복잡한 상황 속에서도 현실을 직시하고 그 속에서 최선을 다하는 사람이다." 자신에 대한 관점에서도 마찬가지다. 편집자이며 저자인 카티는 칭찬문화를 칭송한다.[85] "인격적·업무적인 면에서 동료들의 인정을 받는 사람은 비판을 잘 받아들일 뿐만 아니라 그것을 인정하고 변화를 위한 실천할 줄 안다. 이때 비판을 적대적인 것이 아닌 정당하고 건설적인 것으로 받아들일 수 있게 하는 기반이 바로 칭찬이다." 칭찬의 체크목록에 대해 카티는 다음과 같이 권유했다. 1) 모든 좋은 것들과 모든 사람들을 칭찬하자. 2) 칭찬을 하는 사람이 명심해야 할 것은 적시에 현실적인 칭찬을 베풀어야 한다는 것이다. 3) 칭찬은 짧을수록 좋다. 그래야 의욕이 더 커지고 분명해진다. 자, 그리 힘든 목록은 아니지 않는가?

칭찬목록의 놀라운 효력

당신의 슈퍼히어로 목록은 어떻게 작성되었는가? 자신의 장점은 배우자나 동료 혹은 친구, 가족 등에 물어보는 것이 좋다. 직접 물어보는 것이 무례하진 않을까 걱정된다면 일단 주변 사람들에게서 크고 작은 칭찬을 받을 때까지 기다려보자. 대신 당신의 칭찬을 어느 정도 확보할 때까지 시간이 좀 걸릴 수도 있다. 하지만 괜찮다. 어찌 됐든 자신의 슈퍼히어로로 목록을 채울 수 있을 테니. 목록이 작성되면 작게 접어 지갑에 넣어두자. 교통 체증으로 짜증 날 때마다 꺼내어 읽어볼 수 있도록. 버스나 지하철로 출퇴근할 때 읽어도 좋다.

이를 심리분석학에서는 내면화 과정이라고 부른다. 칭찬목록을 읽고 난 뒤에는 자기 자신을 미친 듯이 좋아하게 된다는 이론이다. 반복해서 읽다 보면 놀랍게도 자기충족적 예언의 심리학적 메커니즘에 빠져들게 된다. 인간이란 존재가 썩 유쾌하지만은 않다는 것을 알고 있더라도 당신은 점점 이러한 긍정적 요소들을 믿고 싶어진다. 긍정목록은 당신의 직장에서의 가능성과도 결합된다. 그 이면에는 유명한 '토마스의 정리(Thomas-Theorem, 1928)'가 있다. '만약 어떤 상황을 실제라고 가정한다면 결과적으로 그것은 현실이 된다.' 즉, 당신이 어떤 상황을 실제라고 믿는다면 현실적 결과로 이어질 수도 있다는 것이다. 스스로 믿고 싶은(혹은 되고 싶은) 것이 있다면 슈퍼히어로로 목록에 꼭 적어두길 바란다. 머릿속에 긍정적인 목록을 새겨둔다면 당신은 어떤 갈등 상황에서도 살아남을 수 있다.

어떤 경우에 당신은 실수로 인해 비판을 받을 수도 있다. 하지만 상대방의 날카로운 비판에 충격받을 필요는 없다. 아마 그들은 당신의 다이아몬드 분석과 긍정-부정-중도 성향 분석을 통해 마이너스 표시를 받은 사람일 테니. 예의 바른 태도로 집중하며 고개를 끄덕여주고, 상대를 자극하지 않는 전형적인 자기방어적 어법으로 다음처럼 말해라. "당신이 말한 부분이 중요하다는 것에는 저도 동의합니다. 저도 생각해 볼게요." 하지만 속으로는 다른 생각을 하고 있다. "흥! 그래 봤자 2가지 단점일 뿐이야. 아직 내게는 33가지 장점이 있어. 이 정도면 경기에서 엄청난 스코어로 이기고 있는 거잖아." 멋지다. 사실 당신이 지닌 슈퍼히어로 목록을 떠올려보면 고작 몇 가지 비판 정도는 얼마든지 받아줄 만하지 않은가.

비판을 진지하게 받아들이되 그것에 상처받지는 말아야 한다. 이는 진정한 예술이라 할 수 있다. 하지만 이것은 당신이 자신의 힘을 강화시키는 동시에 자신에 대한 비판을 의식적으로 크게 받아들이지 않을 때 비로소 가능해진다. 거인이 되어 비판이라는 난쟁이를 굽어보라는 것이다. 또한 필요하다면 비판에 바르게 대응해야 한다. 그렇다고 해서 잠 못 이루는 숱한 밤을 보내거나 걱정에 시달릴 필요는 없다. 어딜 가든 당신의 잘못을 찾아내는 사람들이 항상 있기 때문이다. 누구도 완벽하게 인정받지는 못한다. 그러니 50% 이상이기만 해도 괜찮은 편이다. 당신의 성격을 보여줄 수 있는 까칠한 면은 되도록 지키는 것이 좋다.

늘 최악을 준비하라!

또 다른 분석을 해보자. 당신이 직장에서 괴롭힘이나 부당한 취급을 받는다고 상황을 설정해보자. 그 상황에서 당신은 분명 민첩하고 날카롭게 대응할 수 있었음에도 불구하고 상대방의 반응이 두려워 바보처럼 가만히 있었다. 즉, 상대방에게 확실히 넘지 말아야 할 선을 알려주는 대신에 마치 상대방에게 복종하겠다는 의미의 침묵을 보인 것이다. 왜일까? 이는 상처받는 것에 대한 두려움, 부메랑처럼 돌아올 반격에 대한 공포에서 비롯된 것이다. 이 같은 공포는 당신의 경력에 방해만 될 뿐이니 쫓아내야 한다. 당신이 타인에게서 받을 법한 최악의 공격이 무엇일지 생각해보자. 아마 당신이 떠올리기만 해도 눈물이 터질 것처럼 죄의식을 느끼고 있는 직업적 혹은 개인적 부분을 건드리는 것일 거다. 다른 사람이 알게 되면 몹시 불쾌해질 것 같은 어떤 진실을 건드리는 것 말이다. 자신이 정말 깊게 상처받을 것 같은 내용을 생각해보고 그중에서 두 가지만 골라보자. 그리고 그 두 가지만은 확실하게 비밀로 하자. 아무리 친한 동료라 할지라도, 소중한 배우자라고 할지라도 끝까지 발설하지 말아야 한다. 왜냐하면 분명히 오고야 말 싸움에서 상대는 반드시 당신의 가장 아픈 부분을 공략할 것이기 때문이다. 그렇게 되면 상대를 용서하기가 더 어려워진다. 최선의 전략은 비밀을 지키는 것이다.

한편 당신의 두 가지 불쾌한 진실은 어떻게 다루면 될까? 지금부터 다음과 같이 해보자. 상대로부터 심각한 비판이 가해질 것 같은 상황이 오면 실제로 대화가 시작되기 전에 화장실로 간다. 그리고 거울 속 자신의 눈을 들여다보며 날카로운 톤으로 말해보는 거다. "자, 여러분. 저를 때려 주십시오. 제 뺨을 치고 저를 완전히 망쳐주세요." 그리고 상대가 할 수 있는 최악의 발언으로 그 두 가지를 떠올려보자. 당신의 영혼 깊숙이 상처를 남길 수 있는 두 가지. 그런 다음 회의장에 가서 앉으면 된다. 사방에서 정말로 가혹하게 비판하는 소리가 들리고, 적이 무자비하게 공격해오겠지만 당신은 그 자리에 앉아 이렇게 생각할 것이다. '세상에, 이 사람들 진짜 무자비하게 날 때리는구나. 견디기 힘드네. 그렇지만 이 루저들은 이보다 더한 비판을 할 수 있다는 걸 모르는군.' 어쩌면 당신이 가장 두려워하던 부분을 이들이 건드리지 않은 것에 대해 살짝 실망할지도 모른다. 하지만 그렇더라도 충격을 받거나 두려워 벌벌 떠는 일은 절대 일어나지 않을 것이다. 이것을 우리는 '맷집 키우기'라고 부른다. 당신도 시도해보시길.

'맷집 키우기'는 당신의 민첩한 반응을 위한 전제조건이다. 이를 통해 당신이 쉽게 무너지지 않는 사람이라는 것을 보여주고 스스로 용기를 얻을 수도 있다. "혹시 이것보다 좀 더 똑똑한 방식은 없나요?" 약간 성희롱하듯 접근하는 선수에게 피트니스 트레이너인 크리스티아네가 쏘는 말이다. 그러자 그 선수는 즉각 사과를 한 뒤 물러났다. 심리학에서는 이를 공격자의 정체 밝히기라고 말한다. 배우이자 코치인 루츠는 이 같은 여성들의 민첩한 방어능력을 좋아하는데, 이는 '못된 여자들이 앞서 나간다'라는 그의 모토와도 일맥상통한다.[86] 그에 따르면 여성들이 자신의 욕망을 당당히 내세우고, 의견을 주장하고, 스스로를 표현하고, 존중받으면서 실천능력을 높이려면 단순히 남성들과 같아서는 안 된다고 한다. 자신의 가능성을 믿고 가끔은 불편함에 도전할 수 있을 때 여성들도 최고의 가치를 발현할 수 있는 것이다.

그럴 힘이 부족한 이들에게 우슈카는 에너지통을 채워야 한다고 조언한다.[87] 이 에너지통은 힘과 의욕을 불러일으키는 15개의 목록으로 채워진다. 곧 다가올 해변에서의 휴가에 대한 기대일 수도 있고, 최고의 헤드폰을 통해 천재 음악가의 연주를 듣는 즐거움일 수도 있으며, 햇살 좋은 날에 숲속을 달리는 즐거움 혹은 네일아트일 수도 있다. 우슈카의 모토는 '스스로를 제대로 대접하는 것으로 직장에서 느끼는 분노를 순화시킨다'라는 것이다. 모든 것은 일과 삶의 조화를 위한 것이다. 이 가치관을 받아들여보자.

자신의 길을 걷고 목표를 달성하며, 더 이상 다른 사람이 내 빵에 올린 버터를 앗아가는 걸 묵인하지 않기로 결심했다면 이제 당신은 필요할 때마다 사용할 수 있는 멋진 도구를 가지고 있는 셈이다. 조언자인 클라우스는 자신만의 방식으로 이것을 실천하고자 했다. "적은 것에서 많은 것을 창조하고 거기에 당신만의 새로움을 보탠다. 당신은 어느새 거대한 변화를 이끌며 자신이 살아있다는 것을 매일 느끼는, 이 나라에서 가장 독창적인 인물이 되어 있을 것이다. 미래는 오직 살아있는 이들의 것이다."[88] 만약 어떤 결정을 내려야 할지 확신할 수 없다면 클라우스는 시체 놀이를 생각해보라고 유머러스하게 권유하기도 한다.[89] "카지노에 가보면 넥타이는 8시 30분 방향으로 풀어지고 셔츠의 겨드랑이 부분이 얼룩진, 루저의 냄새를 가득 풍기는 사람을 꼭 보게 된다. 그의 표정은 자신이 루저가 되었다는 사실조차 모르는 듯하다. 이미 그날 저녁에 죽었기 때문이다." 성공을 하고 싶다면 그 사람과 정반대의 행동을 취하면 된다. 신중해야겠지만 시도해볼 만한 가치는 분명 있다. 예를 들면 한 동료가 당신에게 어떤 아이디어를 제안했다. 듣자마자 그 아이디어가 절대 실현되지 못할 거라는 것과 완벽하게 실패할 거라는 사실을 간파한다. 그러니 '어리석은 아이디어'를 따르는 대신에 정반대로 생각해보자. 즉, 시체가 된 아이디어를 당신의 영감으로 대체하는 것이다. 혹시라도 성공의 가능성이 보이는 어떤 아이디어가 떠오르면 다음 회의에서 제안해보자. '시체'가 당신의 성공에 기여한 바를 인정하여 그에게 다시 일어설 수 있는 기회를 부여해보는 건 어떤가. 공격성이 넘칠 뿐만 아니라 정의롭기까지 한 행동이 아닌가.

호랑이 굴에 들어가도 정신 바짝 차리기

- 스스로를 칭찬하자.

  그렇지 않으면 그 누구도 당신을 칭찬하지 않을 것이다! 슈퍼히어로 목록으로 자존심을 키우길 바란다. 그러다 보면 힘든 상황에서도 오색찬란하게 반짝일 수 있다.

- 비판을 진지하게 받아들이되 상처는 받지 말자!

  늘 최악을 준비하고 있다면 그 어떤 것도 당신을 해치지 못한다. 비판을 받는 상황에서도 반드시 기억하자. 당신은 좋은 사람이라는 것을.

- **항상 쿨함을 유지하자!**

  비판에 진지한 관심을 보이되 반응은 부드러운 표현으로 하는 것이 좋다. "비판에 감사드립니다. 꼭 생각해볼게요." 이보다 더 자연스러운 표현은 없다! 그리고 진정한 답변은 곰곰이 생각한 뒤 하루나 이틀이 지나고 밝히는 것이 낫다. 상대방이 도발하는 경우 가장 큰 승리는 상대의 도발을 무시하는 것임을 명심하자.

슈퍼히어로

자신감으로

무장하기

· 과제 1

자신의 슈퍼히어로 혹은 칭찬 목록을 만들자. 단, 혼자 고민할 것이 아니라 당신의 배우자나 동료, 친구나 가족에게 당신의 장점이 무엇인지 물어보자. 물어보기 부담스러우면 누군가 당신을 칭찬해줄 때까지 기다리면 된다. 이것은 매우 중요한 일이다. 당신이 들은 칭찬을 항상 적는 습관을 만들자. 그러다 보면 당신의 슈퍼히어로 목록은 자연스럽게 늘어날 것이다. 덧붙이자면 칭찬 목록을 자주 읽을수록 자기충족적 예언의 힘이 커지고 내면의 자신감도 커질 것이다.

- 과제 2

자신에게 가장 충격을 주는 부정적인 피드백이 무엇인지 생각해 보자. 또한 다른 사람들이 당신에게 취할 수 있는 가장 큰 언어적 처벌이 무엇일지도 생각해보자. 어떤 비판이 당신에게 깊은 상처를 주는가? 당신의 아픈 부분을 소중히 여기고 가장 큰 비밀로 간직하자. 자신의 가장 아픈 부분이 무엇인지 알면 앞으로 어떤 불쾌한 비판을 받게 되더라도 감추고 싶은 깊은 상처가 드러나는 것보다는 나으므로 그 여파가 덜할 것이다.

- 과제 3

에너지통을 채우자. 에너지통이란 당신에게 힘과 에너지를 주는 것들의 목록이다. 여기서 목록을 만드는 것보다 더 중요한 것이 있다. 만든 목록을 자신에게 올바른 방식으로 실천에 옮기는 것이다. 또한 일과 생활의 조화를 지키도록 하라. 먹고 마시고 즐기며 삶을 향유하라!

ROUND **10**

경쟁자를 위한
장미 한 다발

골키퍼의 집중력,
예방적 거짓말과
무언의 공통점

이제 성공이 코앞이다. 9라운드에서 여러분은 직장에서 스스로를 내세울 다양한 기회가 있다는 것을 알게 되었다. 만약 그중에서 제일 중요한 것이 무엇이냐고 묻는다면 나는 전부라고 대답할 것이다. 여러분은 이제 다음과 같은 사실을 안다.

- 당당한 자신의 모습을 행동으로 어떻게 보여줄 것인지, 자신의 힘을 어떤 식으로 분명하게 보여줄 것인지를 안다.
- 누군가가 당신의 삶을 힘들게 하고 공격하는 것을 어떻게 막아야 하는지 안다.

- 효율적인 네트워크를 만들고 자신감을 보여주며, 직업적 환경 속에서 어떤 사람들과 일할 것인지를 정확하게 분석할 줄 안다.
- 당신의 관점을 잘 표현하고 도를 넘지 않는 방법을 안다.
- 부당한 동료에게 맞서 자신을 방어할 줄 알고, 누군가에게 분노를 터트리기보다는 구조적 문제에 적절하게 대처할 줄 안다.

이번 라운드에서는 지금까지의 중요한 요점들을 간략하게 정리하고 조목조목 밝힐 것이다. 당신의 직업 세계라는 존재의 문을 여는 열쇠이자 전채요리의 역할을 할 것이다. 나의 조언을 실천할 수 있는 용기를 키우기 바란다. 실수로 너무 멀리 간다 해도 크게 상관없다. 다음 날 사과하면 될 일이다. 실수란 어떤 면에서는 반성 의지를 북돋우기 때문에 당신에게 도움이 되기도 한다. 스스로 지나친 행동을 인정하고 사과를 구한다는 것은 인간의 위대한 면이기도 하다.

만약 힘이 다 빠져버렸다면 걱정하지 말고 예방적 휴식의 시간을 취하라. 심각하게 병에 걸려 2주 동안이나 병상에 누워지내야 하는 때가 오기 전에 병가를 내고, 이틀 동안 쉬기를 권한다. 몸의 소리에 귀를 기울이면 몸에 무리가 온 것을 초기에 알 수 있다. 시간이 허락하는 범위 내에서 '직업적 시간 거짓말'을 하라. "난 너무 지쳤어요"라거나 "도저히 할 수 없어요"라고 하는 대신에 "베를린에 전화 회의가 있어서요"라거나 "지금 도시철도를 타고 가는 중이에요" 혹은 "지금 프로젝트 매니저한테 가는 길이에요"라는 식의 사소한 거짓말로 자신만의 휴식시간을 만드는 것이다(물론 프로젝트 매니저와는 사전에 이야기를 해놓아야 할 것이다.). 성공적인 직업인이 되는 길은 마라톤 경주와도 같으며 완주하는 데 있어서 자그마한 트릭은 때로 도움이 되기도 한다. 이를 통해 다른 사람이 찬양하는 슈퍼히어로의 모습을 지키는 것이다.

개인적으로 나는 기본적인 규칙을 존중하는 사람이다. 실용적이며 유용하기 때문이다. 기본적인 규칙들을 통해 나는 동료 혹은 상사들과의 갈등을 초기에 파악하고, 적절한 반응을 통해 문제를 해결할 수 있었다. 하지만 다행히도 예의 바르고 공정한 분위기가 나의 일상생활에 지배적이었으므로 이런 기본적인 규칙을 거의 사용할 필요가 없었다. 공정함이 지배적인 곳에서는 강제력을 동원할 필요가 없다. 사실 직장생활에서 일어나는 문제의 80% 이상은 다른 사람들과의 협조를 통해서 해결할 수 있다. 다만 하드코어 괴짜들을 다루어야 하는 힘든 상황에는 가시 돋친 장미가 필요하다. 중요하고 경쟁이 치열한 상황에서 당신의 직장 내 경력이 진일보할지 정체될지 결정되기 때문이다.

이런 상황에서는 단 한 번의 실수로 운명이 결정되는 골키퍼처럼 정신을 바짝 차리고 골대를 사수해야 한다. 함부르크에서 자주 회자되는 말이 있다. '한자동맹 도시의 정직한 상인과 일반 상인의 차이점이 뭘까? 둘 다 자기 할머니라도 팔 사람들이지만 한자동맹 도시의 상인들은 소비자에게 배달까지 해준다는 점이 다르다.' 이 점을 명심하자. 책에서 말하는 공격성이 한자동맹 도시의 상인들이 할머니가 위험에 처하는 것을 막아주는 것처럼 당신에게 발생할 갈등요소들을 미연에 방지하도록 돕는다. 기본적인 규칙을 많이 따를수록 실천능력은 커지고 파워게임이나 경쟁, 긍정적인 공격성의 영역에서 승리할 가능성이 높아진다. 그러나 규칙을 따르지 않고 자신의 원칙에 따라 길을 간다 해도 성공과 만족의 가능성은 열려 있을 것이다.

규칙 1 권력을 통해 선행을 주장하라!

긍정적으로 자신을 내세우는 것에는 도덕적인 개념을 밑바탕에 깔고 있어야 한다. 그것은 자신의 힘을 이용하여 다른 사람을 깔아뭉개는 출세주의자와는 다르다. 안하무인으로 행동하는 동료의 행동은 제지되어야 하겠지만 당신의 멋진 프로젝트 아이디어 혹은 배려심 넘치는 태도는 존중되어야 한다. 당신이 지원과 도움을 베푸는 것은 모두 회사를 위해서이기 때문이다. 당신의 실행력을 통해 회사가 개선되면 그것은 당신에게도 회사에게도 모두 좋은 일이다. 또한 사업의 성공을 통해 많은 세금을 확보함으로써 사회도 혜택을 받게 되므로 사회적 불평등이 줄어드는 긍정적인 결과를 얻게 된다. 바람직한 트라이앵글이 아닌가.

규칙 2 승리 가능성이 없다면 파워게임을 피하라!

논쟁에 돌입하기 전에 당신이 어느 정도 원하는 것을 내세울 만한 네트워크를 구축하고 있는지 확인해보라. 처음부터 가능성이 70% 이상이라면 좋겠지만 51%만 넘겨도 노력해볼 만한 가치는 있다. 승리의 가능성을 점치기 어려운 프로젝트인데 동료나 상사가 당신을 끌어들이려 한다면 조심하는 것이 좋다. 그렇지 않으면 승리의 가능성이 30%도 안될 법한 혁신적인 프로젝트에 갇혀버린 섬유업계 영업사원 발렌티나 같은 처지가 될지도 모르기 때문이다. 그 프로젝트에 발렌티나를 끌어들이면서 상사들은 아무런 담보도 해주지 않았다. 그저 프로젝트가 실패할 경우 다음과 같이 피드백만 전달할 예정이었다. "결과가 정말 실망스럽군요." 반면 기대보다 훨씬 성공적이었다면 성공의 영광은 자신이 차지하고 당신에게는 가벼운 감사 인사만 건넸을 것이다. 부당한 일이다. 하지만 이 책을 이미 읽은 당신은 더 이상 함정에 빠지지 않는다. 다이아몬드 분석을 통해 동료나 상사가 마이너스 표시를 받은 사람이라면 이들의 제안을 회의적인 눈으로 바라볼 것이기 때문이다.

규칙 3 자신의 위치를 구축하라!

자루에 든 고양이는 누구도 기꺼이 사려 하지 않을 것이다. 당신이 제공할 수 있는 것을 분명히 말하라. 상사들은 그것을 기억하고 있다가 적재적소에 당신을 찾을 것이다. 스스로의 위치를 밝히지 않으면 당신이 어떤 사람인지 알 수가 없다. 그러므로 당신의 장단점을 사람들에게 알리고 혹시라도 부적절한 업무에 배치받아 제대로 일할 수 없는 상황에 처하지 않도록 하자. 자신의 위치를 정하지 않으면 동료들의 표적이 되는 일은 없겠지만 승진의 가능성도 막는다.

시멘트 회사 직원인 클레멘스는 동료들이 좋아하지 않는 방식으로 자신의 위치를 밝혔다. "저를 시키기의 달인으로 부르셔도 돼요. 전 시키기에 일가견이 있답니다. 제 손으로 하는 일이 거의 없을 정도니까요." 한편 그의 상사는 고지식한 성격의 소유자다. "저는 사무실의 의자 높이를 살짝 낮춰서 앉습니다. 그렇게 하면 앉은 자세가 좀 더 위용 있어 보이거든요." 이 두 사람 모두 뮌헨에서 조경 회사를 운영하는 리즈베트의 태도에서 배울 점이 있을 것 같다.

리즈베트는 바이에른 뮌헨 축구팀의 원칙, 즉 상대방의 경쟁력을 약화시키기 위해 상대팀의 최고선수를 영입하는 전략을 자신의 회사에 도입했다. 그녀는 우선 자신의 회사 소유주에게 경쟁사의 간부가 퇴사를 고려하고 있다는 것을 알렸다. 여직원 네트워크를 통해 확보한 정보다. 그녀는 경쟁사의 간부에게 높은 연봉의 자리를 제안했고, 결국 그가 자신의 회사에서 일하도록 만드는 데 성공했다. 이 일을 통해 리즈베트는 회사에서 자신의 입지를 굳건히 다질 수 있었다.

반면 마르크는 자신의 입지를 굳히는 데 알레르기 반응을 보이는 사람이다. 회사에서도 가장 끝에 서기를 원하며, 혼자 알아서 일하는 것을 선호한다. 그는 '캐시미어 스웨터 전략'이라고 부르는 나름의 방식을 추구하는데, 이는 대책 없이 서투른 행동으로 왕따가 되기를 자청하는 것이나 다름없다. "나랑 같이 사는 여자의 캐시미어 스웨터를 60도 정도의 물에 담가 세탁기에 두 번 돌렸어요. 예상대로 그다음부터는 세탁기 근처에도 못 가게 하더군요." 그의 방식은 자신의 무능력을 전면에 내세우는 것으로 권유하고 싶지는 않다.

규칙 4 걱정과 제동 걸기를 일삼는 불평분자를 피하라!

조력자 증후군으로 인해 가망이 없는 동료에게도 도움을 주고 싶어 안달이 난다면 그래도 좋다. 단, 근무시간이 아닌 나머지 시간을 할애하길 바란다. 교회에서 봉사단체에 소속되어 있거나 사회봉사 활동을 한다면 말리지는 않겠지만 힘든 상황을 직장으로 끌어들이지는 말자. 부정적인 에너지가 당신의 직장생활에 영향을 줄 수도 있기 때문이다. 또 늘 걱정하며 제동을 거는 사람들, 잔소리꾼에게는 거리를 두는 것이 당신이 할 수 있는 최선의 선택이다.

인테리어 디자이너 사무실에서 일하는 도로티아는 걱정을 일삼는 다른 직원들에게 배신당한 경험이 있다. "현재 업무와는 관계없지만 즉흥적으로 떠오른 멋진 아이디어를 실현시키기 위해 노력하고 있었어요. 당시 팀원들은 제 제안을 거들떠보지도 않았죠. 그러던 어느 날, 회의 전에 제 제안서를 회사 경영진에 제출해버린 거예요. 게다가 제안서의 9가지 보완점을 바로 그다음 날 제출하라고 요구를 해왔죠. 제가 보완 자료를 즉각 제출하지 못하자 팀원들은 경영진 앞에서 저에게 헌신과 에너지가 부족하다며 대놓고 비판하더군요."

투정꾼들은 의도가 어떻든 간에 당신을 끌어내리는 데 성공하고 만다. 이들의 한탄 섞인 태도는 마치 끈끈이 풀처럼 당신에게도 달라붙을 것이다. 그러니 신경 쓰지 말자. 그렇지 않으면 재정관리부에서 일하는 하디와 같은 경험을 하게 될 테니. "저는 직원들이 바꾸기 힘든 어려운 상황에 대해 한탄하는 걸 견딜 수가 없어요. 불평분자들의 투덜거림이 듣기 싫어서 가끔 일부러 그들을 회의에서 빼기도 한답니다. 덕분에 우리 업무에 확실한 진전이 있었지요."

규칙 5 맷집을 키워라!

당신에게 닥쳐올 최악의 상황에 대처하려면 자신의 성격이나 이력에서 가장 큰 약점이 될만한 것이 무엇인지 판단해야 한다. 직장생활을 하다 보면 맷집 없이 견디기 힘든 상황이 온다. 직장에서 요구되는 업무나 동료와의 관계가 어려울수록 당신의 어깨가 무거워지기 때문이다. 권투선수들은 맷집을 기르는 것이 주먹을 날리는 것보다 더 중요하다고 말한다. 그들의 말이 맞다. 유리로 된 턱을 가지고 있다면 힘이 센들 소용이 없다.

롤란드는 '불편한 진실'에 대해 이야기한다.[90] '부둥켜안고 상대를 탐색하는 시기는 끝났다'라는 것이다. 하지만 거기에도 한계는 분명히 있다. "한없이 맞고만 있는 사람은 없답니다." 주류 무역상인 후베르쿠스가 자신의 절친이자 동료를 떠올리며 한 말이다. "제가 못마땅했던지 그 친구는 제가 아끼던 최고의 와인을 샐러드소스로 다 써버렸죠. 제가 와인에 대해 아무것도 모른다고 놀렸던 게 짜증이 났던 모양이에요. 그런 도발적인 방식으로 자신의 무지함을 증명하더군요."

규칙 6 소문의 물레방아에 재빨리 반응하라!

당신에 관한 소문이 돌 때 그저 앉아서 기다리는 우를 범하지 말자. 그 소문이 사람들의 입에 오랜 시간 회자되는 동안 항변하지 않으면 결국 당신의 동료나 상사들도 이를 심각하게 받아들이고, '어느 정도는 사실이겠지'라고 의심하게 된다. 그러니 지저분한 루머를 듣게 되면 즉시 대처하자. 그리고 상황을 정리하는 힘을 발휘해야 한다. 상사에게 가서 당신이 겪은 부당한 상황을 알리고, 네트워크의 도움을 받아 소문을 바로 잡자. 루머를 퍼트린 악당을 찾는 것보다 중요한 건 그의 증오가 당신을 해치지 않도록 하는 것이다. 그러면 이 실패를 경험 삼아 앞으로는 당신을 건드리지 않을 것이다.

하지만 절대 혼자서 소문과 싸우지는 말자. 당신은 패배할 수밖에 없다. 익명의 적과 싸우고 있다는 현실을 잊어선 안 된다. 광고회사에서 일하는 바스티안은 이를 누구보다도 잘 알고 있었다. 그는 루머의 피해자가 되어본 경험을 토대로 경고했다. "루머는 당신의 경력에 아주 부정적인 영향을 미치지요. 당신이 회사를 떠나려 한다거나, 권력을 잃었다거나, 게으르다거나, 회사 돈을 마음대로 유용한다거나, 소아성애자 혹은 성적소수자라거나 하는 종류의 루머 말입니다. 이런 루머들을 무시해서는 안 됩니다. 그런 루머가 돈다는 것은 당신을 공격하려는 자가 있다는 뜻이거든요. 하나는 분명합니다. 루머가 당신의 귀까지 들려온다는 것은 이미 모든 사람들이 여러 번 들었다는 거예요."

규칙 7 당신의 방어논리를 완벽하게 구축하라!

기습공격을 받았을 때 사용할 수 있는 2~3가지의 민첩한 대응공식을 준비하라. 가장 좋은 것은 상대의 과장된 비난을 간단하게 제압하는 것이다. 하지만 기습적으로 공격을 받았는데 어떻게 간단히 제압할 수 있을까? 공격자는 분명 이 순간을 위해 오랜 시간 준비해왔을 텐데 말이다. 이런 상황에서는 다음의 방식대로 대처해보자. 놀란 모습을 보이지 말고 감정을 억제하며 조용히 말하는 거다. "당신의 얘기에는 분명 중요한 내용이 담겨 있네요. 잘 생각해볼게요." 그런 다음 그 사람의 비판을 진지하게 받아들인다는 느낌을 주기 위해 수첩에 무엇인가를 적는다. 사실 그의 비판을 진지하게 받아들여야 하는 건 맞다. 비록 수첩에 적은 내용은 "이 비판쟁이 망할 녀석! 내가 꼭 기억하겠어. 원수는 외나무다리에서 다시 만나는 법이야!"겠지만 말이다. 이럴 경우 반드시 암호나 약자를 사용해 누군가 우연히 수첩을 보더라도 내용을 알아채는 일이 없도록 하자.

또 다른 멋진 방어논리는 "지금 아무리 머릿속을 뒤져봐도 당신이 지적한 심각한 비판에 대한 답을 찾을 수가 없어요. 집에 가서 생각해보고 내일 아침에 이메일로 답변을 드릴게요"라고 말하는 것이다. 그런 다음 두 문장의 단답형 답신을 보내거나 상대가 정신을 차릴 수 없도록 방대한 양의 정보와 답변을 보내는 방법을 사용하면 된다. 하지만 절대로 하지 말아야 할 것은 심술궂은 질문에 끊임없이 성실하게 답변해주는 것이다. 그것은 당신을 한없이 약하게 만들 뿐이다. 밤베르크 출신의 IT 업체에서 일하는 마렌은 언어로 복수하는 기술을 완벽하게 터득했다. 어떤 동료가 회의시간에 그녀의 발표에 대해 "개선의 여지가 있네요"라고 말하면 그녀는 곧바로 쏘아붙였다. "며칠 전 당신이 없을 때 누군가 당신의 분석력 결핍에 대해 비판하더군요. 그때 전 당신을 옹호해주었답니다. 그런데 오늘은 약간 회의가 드네요." 이를 통해 그는 하나의 교훈을 얻었다. 공식적으로 마렌을 비판하는 사람은 누구든 그 대가를 치러야 한다는 사실을 말이다!

규칙 8 적을 분석하라!

그리고 업데이트를 게을리하지 말라. 직장에 적이 없다면 모든 일이 순조롭게 풀릴 것이다. 이 시간을 즐기되 경계를 늦추지 말자. 아름다운 시간은 반드시 지나가기 마련이다. 한 번쯤은 신뢰하는 동료나 상사에게 혹시 주변에 당신을 탐탁지 않아 하는 사람이 없는지 물어볼 필요도 있다. 만약 (그럴 가능성이 매우 높을 테지만) 적을 찾았다면 그에게 도발적으로 다가가지 말자. 약 올리지도 말자. 상황만 악화시킬 뿐이다. 아무 의미 없는 일이기도 하고 대신 이들을 공손하게, 교양 있게 대하자. 그렇다고 이들을 신뢰해서는 안 된다. 이들과 최선의 거리를 지키고 적이 건네는 초콜릿을 먹어서도 안 된다. 당신의 적이 레스토랑에 초대한다면 자신의 몫은 분명히 계산하거나, 그보다는 아예 초대에 응하지 않는 쪽을 택하자. 가족이나 친구와 선약이 있다는 핑계를 대는 것이 좋겠다. 솔직히 말해보자. 적과 레스토랑에서 식사를 하는 것이 당신에게 도움이 될 것이라고 생각하는가? 그는 당신에게 전혀 호감을 품고 있지 않다.

스위스의 마케팅 전문가인 게르부르기스는 적의 이치에 관한 다음과 같은 농담을 기억하고 있다. "11명의 사람이 헬리콥터에서 내려온 줄에 매달려있다. 남자가 10명, 여자가 1명이다. 줄은 10명밖에 감당할 수 없으므로 1명을 줄에서 떨어뜨려 추락시키기로 한다. 하지만 누구를 떨어뜨릴지 결정하지 못하는 사이에 힘이 점점 빠지고 있었다. 남자들의 시선은 힘없는 여성에게로 향하고 있었다. 그때 여자가 감동적인 연설을 시작했다. 여자는 아이들과 남편을 위해 야단법석 떨지 않고 보상을 기대하지 않으며 희생하는 데 익숙한 존재라면서 자신이 자발적으로 뛰어내리겠다고 말했다. 눈에 눈물을 글썽거리며 단지 사랑하는 사람들에게 자신이 용감했다는 걸 전해달라고 부탁하자 남자들은 감동의 도가니에 사로잡혔다. 그리고 이들은 모두 박수를 치기 시작했다."

규칙9 네트워크를 잘 관리하라!

또한 관계 관리란 항상 개인적인 영역이라는 사실을 명심하라. 네트워크 상의 동료나 상사와 가까이하고 자주 모습을 보여야 한다. 심리학에서도 단순히 모습을 보여주는 데서 오는 효과에 대해서 이야기한다. 우리는 누군가를 자주 만나면 그 사람이 일상의 한 부분이 되고 편안하게 느끼게 되어 그를 더 좋아하게 된다. 물론 시도 때도 없이 자신을 드러내는 사람은 관계에 그리 성공적일 수 없다. 오히려 칭찬을 아끼지 않고 대화 속에서 상대와 비슷한 점을 티 나지 않게 드러낼 때 관계에 성공하는 경우가 많다. 비슷한 관심사를 갖는 사람들끼리 모이고 싶어 하는 경향이 있기 때문이다. 스포츠를 취미로 삼는 사람은 그저 집에서 혼자 노는 것을 좋아하는 뚱뚱한 사람보다는 스포츠를 취미로 삼은 사람에게 공감한다.[91] 그러니 사람들에게 관심을 갖고 그들의 건강이나 기타 사항에 대해 물어보자.

그런 의미에서 골치 아픈 직장생활에서 공격성 지수가 여러분의 인식과 센스를 갈고 닦는 데 도움이 되길 바란다. 이제 여러분은 단단히 무장되었다. 부당한 이들의 행동을 자제시키는 데 힘을 기울이되 스스로 불친절하고 부당한 사람이 되지 않도록 하자. 당신과 회사 그리고 사회를 위해 자신이 어떤 사람인지를 내세우라. 이것이 바로 윈-윈 전략이다. 더 이상 좋을 수는 없다. 즐거운 시간이 되길 빈다.

공격성을 가진 사람이
시민으로서의 용기도
발휘할 수 있다!

이 책에는 피해자 연구학의 기본적 관점이 포함되어 있다. 당신이 직장생활에서 피해자가 되지 않기를 바라는 것이다. 힘든 직장생활을 이겨내는 데 도움이 될 수 있는 행동이나 사고패턴을 제시한 것도 이 때문이다. 이 같은 요법은 사회적으로도 놀랍고 긍정적인 반향을 일으킬 수 있다. 직장에서 당당하게 자신을 내세울 수 있는 사람이 사회적으로도 자신의 목소리를 낼 용기를 가질 수 있기 때문이다. 간단히 말해 자신을 내세울 수 있는 힘이 시민으로서의 용기를 키워준다.

시민적 용기는 다른 사람들이 폭력이나 집단 괴롭힘을 당하고 있을 때 혹은 물리적인 피해를 당하고 있을 때 적절하게 개입하기 위해 필요한 기술이다. 어느 사회에서나 매우 중요한 부분으로 사회의 냉담함과 정반대 입장에 있다. 하지만 여기에도 동전의 양면성이 적용된다. 위험에 처한 사람들을 위해 용기를 내서 도움을 주려면 공격적인 폭력배들에게 맞서야 하며 이는 위험한 일일 수도 있기 때문이다. 도움을 주려다가 오히려 당신이 공격적인 사람들의 타깃이 될 수도 있다. 폭력범들을 대상으로 한 반공격성 훈련을 10년 동안 해오면서 내가 경험한 바로는 폭력적인 범죄자들은 시민적 용기 따위를 상관하지 않는다. 오히려 이들은 시민적 용기를 가진 사람이 회사 내에서 이들이 자행하는 파워게임이나 못된 행동, 공금횡령이나 누군가를 '쏘는' 짓을 방해한다고 여긴다.

용기 있는 행동은 공격자들로부터 미움받을 수 있는 확실한 방법이다. 물론 그렇다고 해서 피해자가 부당한 처신을 받는 것을 보고도 그들의 운명에 맡겨둔 채 모른 척하라는 얘기는 아니다. 직장이든 거리든 간에 시민적 용기는 사회에서 매우 중요한 부분이다. 보고도 못 본 척하는 것은 폭력에 동조하는 것이나 다름없기 때문이다. 하지만 자신이 피해자가 되지 않기 위해서는 다음 두 가지의 전제조건을 충족시킬 필요가 있다.

1. 우위성을 확보하라.

공격자들은 자신들보다 힘이 센 그룹에 대해서는 공격을 자제해야 한다는 사실을 기막히게 잘 알고 있다. 폭력적인 범죄자들이 자기들보다 힘의 우위에 있는 세력 앞에서 얼마나 순순히 물러서는지를 알게 되면 놀라게 될 것이다. 그러니 아무 일도 일어나지 않은 것처럼 느긋한 태도를 유지하라. 사건이 발생할 경우 당신이 비록 힘의 우위에 있더라도 혼자 개입하지는 말고, 경찰을 부르거나 휴대폰으로 상황을 촬영한 다음 증인의 역할을 하라. 회사에서 부당한 일을 경험한 경우라면 상사들 혹은 네트워크 동지들 그리고 인사부서의 직원들에게 상황을 알리고 그에 맞춰 대처하라.

2. 당신의 퇴각을 미리 계획하라.

특히 거리에서 범죄자들과 마주친 경우라면 이들이 당신을 쫓아올 확률이 높으므로 퇴로를 반드시 열어두어야 한다. 당신의 개입이 사건을 종결시키는 것이 아니라 쥐와 고양이의 추격전을 불러올 수 있기 때문이다. 환상에 빠지지 말자. 그저 당신은 생쥐일 뿐이다. 그러니 영웅놀이는 그만두고 부디 조심하라.

시민적 용기를 가진다는 것은 긍정적인 의미에서 타인의 삶에 적극적으로 개입한다는 의미이다. 이런 태도는 전형적인 방식도 아니고, 일상의 안락함과도 거리가 멀다. 버스나 지하철을 놓쳐 직장에 지각하는 일이 발생할 수도 있기 때문이다. 당신과는 상관없는 일에 끼어들었다는 이유로 나중에 형사고발 등을 당할지도 모른다. 또 법원에 증인으로 출석하여 범죄자들의 사악한 눈초리를 감당해야 할 수도 있다. 간단히 말해 시민적 용기는 커다란 불안과 많은 노력을 요구한다. 그럼에도 불구하고 고통받은 피해자들과 법적 규칙의 관점에서 많은 이들이 당신에게 감사할 것이다. '보고 듣고 행동하라!' 여기서 좋은 점은 시민적 용기에 따라 행동하다 보면 자신감이 덤으로 생긴다는 것이다. 살다 보면 언제나 모든 것을 참고 살 수는 없는 노릇이니 당신의 정신건강에도 긍정적 효과가 있지 않겠는가.

하지만 세상 모든 사람들이 모두 긍정적인 공격성을 보일 수는 없다. 그렇다면 기부문화가 세계적으로 최고 수준인 독일에서 이 같은 수동성, 도움을 망설이는 경향은 왜 생기는 것일까? 아마도 다음과 같은 이유가 결정적일 것이다.

- 고도로 전문화된 독일 사회에서는 전문가들을 지나치게 신뢰한다. 전화 한 통으로 즉각적인 도움을 청하는 방식으로 개입하기보다는 전문가가 사건 현장에 등장하기를 기다린다.
- 독일처럼 언론과 소통이 광범위한 사회에서는 많은 사람들이 일상적인 갈등을 '나쁜 영화의 한 장면'처럼 여기는 경향이 있으며 사고가 나도 도움을 주는 않는다고 말한다.
- 게다가 스트레스가 넘치는 상황에서 침착함을 지키는 것을 미덕

으로 삼는 시대의 분위기도 무시할 수 없다. 관심을 보이지 말고 자신을 조절하라. 그리고 실수하지 말라. 이와 같은 경향이 피해자를 돕는 것을 더욱 망설이게 하는 원인이 된다.

- 시민적 용기란 약자와 피해자들의 편에 확실하게 서는 것이기도 하다. 경쟁과 상대의 팔꿈치를 함부로 치는 사회에서는 투쟁을 일삼는 강한 승자를 찬양한다. 누구도 패배자의 편에 서기를 원하지 않는다. "그 사람이 내 도움을 받을 자격이 있는지 잘 모르겠네요." 도움 주기를 거부하는 동료의 슬픈 논리이다.

시민적 용기는 개인에게 많은 것을 요구한다. 무엇보다도 직장에서 혹은 사회적 갈등의 상황에서 싸움에 대한 우리의 본능을 극복해야만 하는 것이다. '얼른 도망가! 위험한 것 같아!' 하지만 시민적 용기에서 우리는 새로운 점을 발견할 수 있다. 그것은 물질적인 것이 아니라 자신이 뭔가 긍정적인 일을 한 데서 오는, 자기 자신을 당당하게 마주 볼 수 있다는 확신이다. 시민적 용기는 많은 장점을 가지고 있는 도덕적으로 수준 높은 능력이다. 시민적 용기를 갖고 있는 사람은 스스로를 자부심이 넘치고 당당하게 자신을 내세울 수 있는 사람으로 묘사한다. 무엇보다도 이들은 이 같은 특성을 사생활에서나 직장생활에서 긍정적인 측면으로 사용한다. 즉, 시민적 용기를 가진 사람은 자신의 입지를 내세우는 데 능숙하다는 점에서 직장생활에서도 성공을 거둘 확률이 높다는 것이다.

여러분의 직장생활과 개인생활, 사회생활 등 모든 면에서 성공을 거두길 바란다.

여러분을 응원하는
옌스 바이드너

직장인들을 위한 공격성 자가 테스트

당신은 정말로 적절한 공격성 지수를 가지고 있는가? 다음은 직장 내 경쟁과 갈등이 심한 상황에서 당신을 좋아하지 않는 동료나 상사가 있을 때 적절하게 대처할 수 있는 능력이 있는지에 대한 질문이다. 다음의 질문에 '예스' 혹은 '노'로 대답하라. 대답이 '예스'라면 1점을 적고, '노'라면 아무것도 적지 않으면 된다. 중요한 건 현재 당신이 생각하는 대로 대답해야 한다는 것이다. 과거는 중요하지 않다. 미래에 당신이 원하는 것이 무엇인지도 역시 중요하지 않다. 자신에게 솔직하게 대답하라. 결과를 다른 사람에게 알려줄 필요는 없다. 자, 이제 시작!

Q1 당신은 당신의 90%의 좋은 점은 무시한 채 당신의 부정적인 10%에 대해 강조하고 비판하는 동료를 멀리하고 있는가?

Q2 당신은 목표를 향해 긴 호흡으로 다가가고 있는가?

Q3 당신의 직장 동료나 상사가 당신의 입지와 취향, 당신이 어떤 목표를 가지고 있으며 장점은 무엇인지에 대해 잘 알고 있는가?

Q4 아무리 많은 도움을 주더라도 당신의 적은 항상 당신에게 못되게 군다는 사실을 알고 있는가?

Q5 여행경비를 속인다거나 사업상의 접대를 했다는 식의 사소한 속임수를 쓰는 행동은 나중에 당신에게 부메랑으로 돌아올 수 있다는 걸 아는가?

Q6 당신은 사람들 앞에서 비판을 받을 때 분노를 느끼는가?

Q7 당신은 미래에 문제의 소지가 생길 수 있음을 예견할 수 있는가?

Q8 당신은 가장 중요한 상사나 동료에게 눈치 없이 실수하지 않기 위해 미리 상황을 파악하는가?

Q9 당신은 항상 중요한 회의에 참석하려고 노력하는가?

Q10 당신은 사생활과 직장생활을 항상 구별하는가?

Q11 문제가 생기기 전에 도움이 필요할 경우를 대비해 네트워크를 구축하는가?

Q12 당신의 친절함이 이용당하지는 않고 있는가?

Q13 당신은 직장생활의 골칫거리는 그저 무시한다고 해서 사라지는 것이 아니라는 것을 알고 있는가?

Q14 당신은 직장생활의 일반적인 상황에서 사용할 수 있는 민첩한 반응을 준비해두고 있는가?

Q15 당신이 크게 저항하지 않는다는 이유로 직장 동료들이 추가업무를 맡기지는 않는가?

Q16 당신은 사소한 업무에 '노'라고 말하는 법을 배웠는가?

Q17 당신에게 가해지는 공격을 개인적인 감정으로 받아들이지 않을 수 있는가?

Q18 당신은 직장생활의 걱정거리를 분명하고 예의 바른 문장으로 표현할 수 있는가?

Q19 당신이 착하고 순한 양 역할을 내려놓으면 주변에서 분노의 반응을 보일 것이란 사실을 알고 있는가?

Q20 당신은 상사나 동료에게 나쁜 소식을 전하는 전령의 역할을 거부하는가?

Q21 당신은 모든 사람이 좋아지기를 바라는가?

Q22 간혹 심각한 문제에 대해 감히 '노'라고 말할 수 있는가?

Q23 '일을 많이 하다 보면 실수를 할 수도 있다'라는 것이 당신의 모토인가?

Q24 개인적으로 언어적 공격을 받았을 경우 겉으로는 침착하고 사려 깊은 표정을 유지할 능력이 있는가?

Q25 상사나 동료에 대한 비판을 부추기는 동료에 대해 의심해본 적이 있는가?

Q26 미래에 당신에게 해를 끼칠 수 있는 동료와 얘기하는 것을 피하는가?

Q27 당신은 혹시 '내 행동이 신문 1면에 헤드라인으로 등장하면 어떨까?'라는 생각을 하며 직장 내 업무를 수행하는가?

Q28 직장 내의 팀에서 당신의 역할이 무엇인지 알고 있는가?

Q29 당신은 이메일로 비판적이나 부정적인 메시지를 보내는 것을 피하는가?

Q30 당신은 기회가 전혀 없다고 판단되면 파워게임에서 물러나는가?

Q31 당신은 누가 동료를 기꺼이 돕는 자비로운 동료인지 알고 있는가?

Q32 당신은 과거에 당신에게 못되게 군 동료에게 도움 주는 것을 피하는가?

Q33 당신은 적이 누구인지 알고 있는가?

Q34 당신은 도움을 적당히 조절해 베풀 줄 아는가?

Q35 당신은 자신의 장점을 상사들에게 의식적으로 혹은 신중하게 언급하는가?

Q36 당신은 묵묵히 맷집을 키움으로써 비판을 이겨내는 편인가?

Q37 당신은 스스로를 방어하는 것이 번아웃 증후군으로부터 스스로를 지키는 방법이라고 생각하는가?

Q38 당신은 다음의 말에 동의하는가? '동료나 상사의 지위가 높고 권력이 높을 수록 비판에 더 민감하게 반응한다.'

Q39 당신은 관리자가 당신에게서 충성의 말을 기대할 것이라고 생각하는가?

Q40 당신은 못마땅한 상사나 동료가 있다면 공개적으로 이들을 비판하지 않을 수 있는가?

Q41 당신은 '혁신적인 기회'를 제공받게 되면 한 번쯤 의심하지 않는가?

Q42 당신은 직장에서 에너지 뱀파이어가 당신에게 접근해 기를 소진시킬 기회를 주지 않고 거리를 두는가?

Q43 비판의 집중포화를 받는 순간에 당신의 편이 되어줄 지위가 높은 사람이 직장 내에 있는가?

Q44 직장 내에서 70% 정도의 완벽함을 보이는 것만으로 당신에게는 충분한가?

Q45 당신은 프로페셔널리즘에 대한 강한 의지가 있는가?

Q46 무의식중에 다른 사람을 깔아뭉개서라도 자신의 목표를 달성하고 싶은가?

Q47 당신은 당신의 적이 체면을 지킬 수 있도록 개인적인 자리에서만 비판을 가하는가?

Q48 당신은 갈등 상황에서 심각한 표정을 지으면서도 동시에 저녁 TV 프로그램에 대해 생각할 여유가 있는가?

Q49 당신이 생각하는 윈-윈 상황이란 상대방이 실제로는 이긴 것이 아님에도 그가 자신이 이겼다고 생각하는 상황인가?

Q50 당신은 동료나 상사에 대해 체스판의 말처럼 분석하는 버릇이 있는가?

Q51 당신은 의도치 않게 누군가를 상처 주면서까지 자신을 내세우고 싶은가?

Q52 당신은 공격성의 역설을 믿는가? 다시 말해 당신이 날카로운 성격이라는 것을 알면 동료들이 매우 공손해진다고 생각하는가?

Q53 당신은 10개의 프로젝트를 시작하면 그중 2개 정도는 과녁을 맞힐 것으로 기대하는 산탄총 원칙을 따르는가?

Q54 당신은 성공의 사다리에 오르기 위해서 적법성을 유지하는 것이 장애물이라고 생각하는가?

Q55 당신은 자존심이 추락하는 것보다 중요하다고 생각하는가?

Q56 불확실한 업무가 주어지면 의심이 드는가?

Q57 선한 의도라면 예의 바른 거짓말을 하기도 하는가?

Q58 당신은 직장생활에서 다이아몬드 분석과 같은 미시 사회학적인 역할 분석을 적용시켜본 적이 있는가?

Q59 당신은 동료나 상사가 성공적으로 업무를 수행했을 때 기꺼이 긍정적인 칭찬을 해주는가?

▎평가 ▎

자, 이제 당신의 점수를 합산하여 네 가지의 평가 중 어느 범주에 속하는지 확인해보자. 특히 중요한 부분은 테스트 결과가 자기 평가와 얼마나 일치하는지를 확인하는 것이다. 만약에 두 부분이 상호 일치한다면 미래에도 같은 결과를 유지해야 할지 아니면 어떤 변화가 필요할지 생각해보자. 또한 이 책이 변화에 어떤 도움이 될지도.

테스트 결과와 당신의 자체 평가 사이에 매우 큰 간격이 존재한다면 테스트 결과보다는 자신의 느낌을 따르는 것이 좋다. 결국 자신을 가장 잘 아는 것은 자기 자신이기 때문이다. 하지만 단지 테스트 결과에 만족하지 못하겠다면 다시 한번 은밀하게 테스트를 해보자. 결과가 더 좋게 나올 가능성이 높다. 연습이 더 나은 결과를 만드는 것이 아니겠는가?

그래도 테스트 결과에 만족하지 못하겠다면 당신이 '노'라고 대답한 질문에 대해 다시 한번 생각해보자. 당시에 왜 '노'라고 대답했나? 그저 연습 삼아서 대답한 것은 아니었기를 바란다! 아무튼 이 주제에 대해 조용히 생각해보기를 권한다. 아니면 이 책에서 적당한 부분을 찾아서 내용과 실례를 다시 한번 읽어보기를 바란다. 당신에게 발전 가능성이 보이는가?

당신은 공격적인 태도로 어떻게 자신을 당당하게 내세울 수 있을까? 누가 도움을 줄 수 있을까? 이런 질문들에 답을 찾아보기 바란다. 또한 당신의 공격성 지수를 증가시키는 일을 잊지 말기 바란다. 지금 당신은 제대로 공격적인 사람이 되어가고 있다.

0~14점

당신은 공격성 지수가 거의 없는 사람이다. 긍정적으로 말하자면 당신은 멋지고 공정하며 권력과 경쟁게임을 싫어할 뿐 아니라 관심도 없다. 만약 상황이 좋다면 당신의 직장생활이 순조롭게 진행되겠지만 그렇지 않다고 해도 당신의 세상은 크게 변함없을 것이다. 동료와 상사가 당신의 성품을 알아봐준다면(일명 잠자는 숲속의 공주 증후군) 좋겠지만 별다른 노력을 하지 않을 테니 그런 일은 일어나지 않을 것이다. 자신을 굽히거나 원칙에 따른 비판을 줄이거나 자기 PR도 절대 당신의 방식이 아니다. 특히 자기홍보는 너무나 창피한 일이다. 당신은 업무의 품질을 중요시하며 진지하고 실질적인 가치를 높이 산다. 직장에서의 가십이나 동료, 상사들 간의 싸움을 경멸한다. 그것은 당신의 세상이 아니며 될 수도 없다. 책에서 한 제안들은 당신이 품고 있던 공정하고 협력하는 업무환경과는 맞지 않을 것이다. 직장 내 문제들을 자세하게 묘사하고 있을 뿐만 아니라 문제들을 없애기보다는 받아들이라고 조언하고 있기 때문이다. 그러므로 이 책을 읽은 뒤 약간의 불쾌감을 느낄 수도 있다.

15~29점

당신은 낮은 공격성 지수를 가지고 있다. 당신은 직장에서 일어나는 일들을 대체로 잘 파악하고 있다. 게다가 직장생활의 공식적 구조에 동참할 준비도 되어 있다. 하지만 당신은 비공식적인 규칙에는 별로 동참하고 싶지 않다. 당신은 그것을 귀찮다 여기며, 업무 시간을 낭비하게 하는 요소라고 생각한다. 사실 비공식적인 모든 것들은 당신의 관점에서 봤을 때 무용지물에 가깝다. 물론 비공식적인 요소들이 직장에 존재한다는 사실은 잘 알고 있다. 장님은 아니기 때문이다. 단지 시간을 낭비하고 싶지 않을 뿐이다. 또한 동료나 상사에게 긍정적, 부정적 혹은 중도적 성향이라는 꼬리표를 붙여서 점수를 매기는 일은 선입견에 기반을 둔 야만적인 표현이라고 생각한다. 이 같은 사고방식은 새로운 것도, 인간적인 방식도 아니다. 당신의 눈으로 보자면 이 같은 분석은 당신이 속한 회의적이고 경쟁적인 사회의 일면일 뿐이며, 이 게임에 굳이 동참하고 싶지 않거나 매우 한정된 방식으로만 동참하는 게 전부다. 어떤 의미에서 이 책은 당신이 가진 비판적인 성향을 확인시켜줄 뿐 아니라 약간 더 공격적으로 만들어주기도 한다. 당신이 인정하고 싶지 않은, 불쾌하게 여기는 여러 인간관계의 상호반응들이 책에 묘사되어 있기 때문이다. 당신 속에 있는 이 같은 직업적으로 어두운 면에 대해서 당신은 지금까지 질문해보지 않았을 것이다.

30~44점

당신은 매우 단단한 공격성 지수를 가지고 있다. 그것이 직업 세계에서 어떤 역할을 할지, 또 자신은 어떤 행동을 해야 할지 잘 알고 있다. 그렇다고 당신이 꿰뚫어 보는 기존의 사회구조나 파워게임에 대해 아무런 비판 없이 항상 잘 받아들인다는 의미는 아니다. 하지만 당신은 그러한 직업적 현실에 대해 끊임없이 질문하고 고민하느라 시간을 허비하지는 않는다. 당신의 건강한 실용주의적 태도는 불쾌한 상황이나 경쟁조건에서도 당신이 큰 괴로움을 겪지 않도록 도움을 준다. 그러한 것들이 존재한다는 사실을 받아들인다. 당신은 이를 잘 파악하고 있고 필요하다면 게임을 능숙하게 습득할 수 있다. 또한 이런 사실을 자신의 이익을 위해서 사용하는 데에 그치지 않고 직장 세계의 구조와 관계 속에서 피해자가 될, 위험에 처한 동료나 상사에게 경고해주기도 한다. 비공식적으로 도움을 주는 것이다. 당신은 공격성과 따뜻한 심장을 적절하게 갖춘 사람이다. 이 같은 계몽적 도움은 당신에게 즐거움을 가져다주기도 한다. 신입사원이나 직장생활 초보자 혹은 순진한 동료들을 도와줄 수 있기 때문이다. 상당히 높은 공격성 지수에도 불구하고 이러한 점이 당신을 동료들 사이에서 인기 많은 사람으로 만든다. 그럴만한 가치가 있기 때문이다.

45~50점

당신은 높은 공격성 지수를 가지고 있다. 성공의 냄새를 맡을 수 있는 후각도 가지고 있다. 또한 직업 세계의 규칙을 잘 이해하고 있으며, 그 사실에 만족하고 있다. 당신은 직업 세계의 규칙에 질문하지 않고 그 안에서 어떻게 움직여야 할지 안다. 공식·비공식적 구조를 꿰뚫어 보고 직장생활에서 갈등 없이 성공의 사다리를 올라가기 위해 그것을 어떻게 사용해야 할지 잘 알고 있다. 어떤 점에서 당신은 인형조종가 혹은 실을 당기는 사람으로 볼 수도 있다. 간혹 다른 사람들을 왜곡시키는 위험한 일을 할 수도 있으므로 스스로에게 브레이크를 걸 수도 있어야 한다. 사실 사람들은 당신 앞에서 신중해야 한다. 예견된 성공의 사다리를 오르는 것은 당신의 야망과도 완벽하게 부합된다. 또한 당신은 자신에게 호의적인 사람에게는 지원을 아끼지 않는다. 하지만 당신의 적이 된다면 그 사람은 앞으로 옷을 더 껴입는 것이 좋을 것이다. 당신은 그러한 자신의 태도가 영리한 것이라 생각한다. 동시에 자신의 권위를 내세우며 불평을 일삼는 동료와 상사를 냉소적으로 바라본다. 이들의 행동을 당신은 용기 있고 솔직하다기보다는 그저 순진한 행동으로 여긴다. 당신은 누가 적이며 누가 친구인지를 잘 알고 있으며 이는 당신을 갑작스러운 액운으로부터 보호해준다. 당신은 자신의 직업적 태도에 편안함과 종종 자기만족감을 느낀다. 외부의 저항을 불가피한 것으로 받아들이며 자신이 경쟁에 최적화되어 있다고 느낀다. 당신은 직장 내에서 비록 억세다고 여겨질지 몰라도 공정한 사람이 되고자 한다. 그건 좋은 일이다.

참 고 논 평 목 록

1. 핑크 대학(Pink University) '크래쉬 코스(Crashkurs Durchsetzen)' 참고 www.pinkuniversity.de.

2. 틸만Tillmann 1996: 91

3. 틸만Tillmann 1996: 92

4. 라이네만Leinemann 2005: 61

5. 우테르묄레Utermöhle 2006: 222

6. 쉬르거스Schürgers 2012

7. 베버Weber의 논문

8. 마츠Matz 2011: 59

9. www.konfrontative-paedagogik.de 연구결과 참고

10. 헤크하우젠Heckhausen 1989

11. 하이트마이어Heitmeyer 2002

12. www.konfrontative-paedagogik.de 참고

13. 칸트Kant 2003: 41

14. 푸른숲Grünewal 2006: 60

15. 스토른Storn 2008: 1

16. 스프렝거Sprenger 2012

17. 람네크Lamnek 1997: 236

18. 바이드너Weidner 2011: 191

19. 슈나이더Schneider 1982: 25

20. 람네크Lamnek 1997: 261

21. 뮐러Müller 2009: 3

22. 안드레Andre 2012: 16

23. 바제크Vasek 2011

24. 고프만Goffman 1986

25. 보이스Boyes 2006: 98

26. 휘크Hück 2011: 40

27. 바흐Bach/골드버그Goldberg 2007: 14

28. 틸레Thiele 2012: 224

29. 틸레Thiele 2012: 67 f.

30. 헤르켄하트Herkenrath 2012

31. 라이네만Leinemann 2005: 278

32. 라이네만Leinemann 2005: 438

33. 휴버너-바인홀트Hübner-Weinhold 2011: 49

34. 코니프스Conniffs 2006: 9

35. 바츨라비크Watzlawick 2007

36. 블루머Blumer 1981: 80 et seq.

37. 쉘러Scheller 2009: 61

38. 쉘러Scheller 2009: 61

39. 틸레Thiele 2012: 144 ff.

40. 콜라Colla/숄츠Scholz/바이드너Weidner 2008

41. 바흐Bach 2007: 5 f.

42. 바흐Bach 2007: 13

43. 슈미트Schmidt 2008: 62

44. 팅글러Tingler 2005: 77

45. 로터Lotter 2008: 62

46. 엔드레스Endres 2007: 152

47. 엔드레스Endres 2007: 154

48. 슈라너Schranner 2009: 11, 33 f.

49. 파울스Pauls 2011

50. 에드 와츠케Ed Watzke 2011

51. 바이드너Weidner 2011, www.konfrontative-paedagogik.de

52. 질베르만Silberman/한스버그Hansburg 2005

53. 프롬 Fromm 1979

54. 바이드너 Waiter 2000: 9

55. 라플랑케 Laplanche/폰탈리스 Pontalis 1982: 478

56. 프로이트 Freud 1999: 187

57. 그래네 Greene 2001, 뤼르센 Lürssen/오프레스니크 Opresnik 2010, 시톤 Sutton 2008

58. 볼츠 Bolz/보스하르트 Bosshart 1995

59. 피셔 Fischer 2008: 4

60. 후렐만 Hurrelmann, 2006

61. 파블리크 Pawlik 2012, 바이드너 Weidner 2012

62. 켈너 Kellner 2000, 바이드너 Weidner 2011

63. 하우트칭거 Hautzinger 2008: 225

64. 헤르켄라트 Herkenrath 2011

65. 게오르그 George 2011: 23

66. www.welt.de/fernsehen/article11902647/Es-wird-immer-krimi, Neller-corrupt-and-spiessiger.html

67. 쉐러 Scherer 2011: 24

68. 코니프 Conniff 2005: 85

69. 파렐리 Farrelly 2008

70. 라이너만 Leinemann 2005: 418

71. 비버 Biver 2012

72. 바흐 Bach 2007: 57

73. 피회퍼 Viehöfer 2006: 310

74. 틸레 Thiele 2012: 58

75. 그로트 Groth 2010: 80

76. 헤르비크 Herwig 2012: 59

77. 휠러 Höhler 2011: 13

78. 쉐러 Scherer 2012

79. 칼스 Kals 2010

80. 밀 Mill 1976

81. 켈너 Kellner 2000

82. 클라인 Klein/라흐하머 Lachhammer 1996: 64

83. 헨젤러 Henseler 2000

84. 란겐슈아이트 Langenscheidt 2010: 147

85. 말브레히트 Albrecht 2012: 39

86. 헤르켄라트 Herkenrath 2012

87. 피트로프 Pittroff 2003: 121

88. 우테르묄레 Utermöhle 2006: 148

89. 우테르묄레 Utermöhle 2006: 22

90. 야거 Jäger 2009

91. 칼스 Kals 2012: 1

똑똑하고
쿨하게
버럭하기

펴낸날 초판 1쇄 2017년 9월 1일

지은이 옌스 바이드너
옮김이 이덕임

펴낸이 임호준
편집장 김소중
책임 편집 김민정 ┃ **편집 3팀** 김은정 이민주
디자인 왕윤경 김효숙 정윤경 ┃ **마케팅** 정영주 길보민 김혜민
경영지원 나은혜 박석호 ┃ **IT 운영팀** 표형원 이용직 김준홍 권지선

인쇄 (주)웰컴피앤피

펴낸곳 북클라우드 ┃ **발행처** (주)헬스조선 ┃ **출판등록** 제2-4324호 2006년 1월 12일
주소 서울특별시 중구 세종대로 21길 30 ┃ **전화** (02) 724-7675 ┃ **팩스** (02) 722-9339
포스트 post.naver.com/bookcloud_official ┃ **블로그** blog.naver.com/bookcloud_official

ⓒ 옌스 바이드너, 2017

ISBN 979-11-5846-183-6   03190

• 이 도서의 국립중앙도서관 출판예정도서목록(CIP)은 서지정보유통지원시스템 홈페이지(http://seoji.nl.go.kr)와
  국가자료공동목록시스템(http://www.nl.go.kr/kolisnet)에서 이용하실 수 있습니다. (CIP제어번호: CIP2017020654)

• 북클라우드는 독자 여러분의 책에 대한 아이디어와 원고 투고를 기다리고 있습니다.
  책 출간을 원하시는 분은 이메일 vbook@chosun.com으로 간단한 개요와 취지, 연락처 등을 보내주세요.

북클라우드 는 건강한 몸과 아름다운 삶을 생각하는 (주)헬스조선의 출판 브랜드입니다.